Stollenwerk

Bestattungsgesetz Rheinland-Pfalz

Bestattungsgesetz Rheinland-Pfalz

Kommentar

von

Detlef Stollenwerk
Verwaltungsfachwirt und Sachgebietsgruppenleiter
des Fachbereichs Bürgerdienste der Verbandsgemeinde Pellenz

3. Auflage

KSV Medien

MIX
Papier | Fördert gute Waldnutzung
FSC® C019821
FSC
www.fsc.org

KSV Medien setzt bei der Herstellung überwiegend auf digitale Prozesse.
Dabei stehen eine effiziente Produktionsabwicklung und der verantwortungsvolle Umgang mit den eingesetzten Ressourcen im Fokus.

Bibliografische Information der Deutschen Nationalbibliothek
Die Deutsche Nationalbibliothek verzeichnet diese Publikation in der Deutschen Nationalbibliografie; detaillierte bibliografische Daten sind im Internet über http://dnb.dnb.de abrufbar.

Konrad-Adenauer-Ring 13 · 65187 Wiesbaden
info@ksv-medien.de · www.ksv-medien.de

Satz: C.H.Beck.Media.Solutions · Nördlingen
Druck: Druckerei C.H.Beck · Nördlingen

ISBN 978-3-8293-2107-5

Inhalt

TEIL 3 **ORDNUNGSWIDRIGKEITEN, ÜBERGANGS- UND SCHLUSSBESTIMMUNGEN**

Abkürzungsverzeichnis

a. A.	=	andere Auffassung
Abs.	=	Absatz
Art.	=	Artikel
BAG	=	Bundesarbeitsgericht
BauGB	=	Baugesetzbuch
BestG-DVO	=	Landesverordnung zur Durchführung des Bestattungsgesetzes
BGB	=	Bürgerliches Gesetzbuch
BGBl.	=	Bundesgesetzblatt
BSG	=	Bundessozialgericht
BVerfG	=	Bundesverfassungsgericht
BVerwG	=	Bundesverwaltungsgericht
bzw.	=	beziehungsweise
DA	=	Dienstanweisung für Standesbeamte und ihre Aufsichtsbehörden
DGVZ	=	Deutsche Gerichtsvollzieher (Zeitschrift)
d. h.	=	das heißt
DVBl.	=	Deutsches Verwaltungsblatt (Zeitschrift)
FamRZ	=	Zeitschrift für Familienrecht
ff.	=	fortfolgende
GemO	=	Gemeindeordnung Rheinland-Pfalz
GewArch	=	Gewerbearchiv (Zeitschrift)
GG	=	Grundgesetz
GVBl.	=	Gesetz- und Verordnungsblatt
i. S. d.	=	im Sinne des
JUS	=	Juristische Schulung (Zeitschrift)
LG	=	Landgericht
LKRZ	=	Zeitschrift für Landes- und Kommunalrecht, Hessen, Rheinland-Pfalz, Saarland
LV	=	Landesverfassung Rheinland-Pfalz
LVO	=	Landesverordnung
LWG	=	Landeswassergesetz
MDR	=	Monatsschrift für Deutsches Recht (Zeitschrift)
Nds.	=	Niedersachsen, niedersächsisch
NJW	=	Neue Juristische Wochenschrift
NVwZ	=	Neue Zeitschrift für Verwaltungsrecht
NVwZ-RR	=	Neue Zeitschrift für Verwaltungsrecht (Rechtsreport)
Nr.	=	Nummer
NRW	=	Nordrhein-Westfalen
NWVBl.	=	Nordrhein-Westfälische Verwaltungsblätter (Zeitschrift)
OLG	=	Oberlandesgericht
OVG	=	Oberverwaltungsgericht
POG	=	Polizei- und Ordnungsbehördengesetz
PStG	=	Personenstandsgesetz
PStV	=	Verordnung zur Ausführung des Personenstandsgesetzes
Rn.	=	Randnummer

Abkürzungsverzeichnis

RhPf	=	Rheinland-Pfalz
SGB	=	Sozialgesetzbuch
sog.	=	sogenannte
STGB	=	Strafgesetzbuch
StPO	=	Strafprozeßordnung
TA Grabmal	=	Technische Anleitung zur Sicherheit von Grabmalen
Thür	=	Thüringen, thüringisch
Urt.	=	Urteil
VG	=	Verwaltungsgericht
VGH	=	Verwaltungsgerichtshof
vgl.	=	vergleiche
VR	=	Verwaltungsrundschau (Zeitschrift)
VwVfG	=	Verwaltungsverfahrensgesetz
WEG	=	Wohnungseigentumsgesetz
WHG	=	Wasserhaushaltsgesetz
WiVerw	=	Wirtschaft und Verwaltung, Themenheft zum Gewerbearchiv
z. B.	=	zum Beispiel
ZfSH	=	Zeitschrift für Sozialhilfe

Literaturverzeichnis

Barthel, Bestattungsgesetz Niedersachsen, 3. Auflage 2014

Brüning/Spranger, Friedhofs- und Bestattungsrecht, Handbuch, Beck-Verlag, 2026

Gaedke/Barthel, Handbuch des Friedhofs- und Bestattungsrechts, 13. Auflage 2021

Reis, Neues Bestattungsrecht in Rheinland-Pfalz, Konsequenzen für die kommunale Praxis und die Friedhofssatzungen, Zeitschrift Gemeinde- und Stadt, 2026, 261 ff.

Spranger, Bestattungsgesetz NRW, 3. Auflage 2015

Spranger, Aktuelle Gesetzgebung und Rechtsprechung zum Friedhofs- und

Bestattungswesen, Zeitschrift Wirtschaft und Verwaltung, S. 43, 2024

Stelkens/Cohrs, Bestattungspflicht und Bestattungskostenpflicht, NVwZ 2002, 917

Stollenwerk, Die „herumliegende" Leiche, VR 2011, S. 272 ff.

Tresoret/Seifert, Die Sozialbestattung nach § 74 SGB XII, LKRZ 2010, S. 287 ff.

Vahle, Bestattungs- und Friedhofsrecht, Überblick, DVP 2009, 52.

Werther/Gipp, Friedhofs- und Bestattungsrecht Rheinland-Pfalz, Deutscher Gemeindeverlag, Mainz 1984

Zickau/Schorstädt, Das neue Bestattungsrecht in Rheinland-Pfalz, DÖV 2026, 183 ff.

Vorwort

Der Landesgesetzgeber hat das bisherige Bestattungsgesetz nach über 40 Jahren grundlegend geändert und modernisiert. In der amtlichen Begründung weißt er daraufhin, dass die gesellschaftliche Bedeutung der Themen Tod und Bestattung sich in den letzten Jahrzehnten verändert und weiterentwickelt haben. Im Zuge dessen ergeben sich neue Bedarfe und Herausforderungen. Ließen sich früher Verstorbene überwiegend nach tradierten christlichen Ritualen im Sarg auf den Friedhöfen bestatten, wird seit einigen Jahren deutlich, dass immer mehr Menschen den Wunsch haben, nach anderen Maßgaben oder Ritualen bestattet zu werden. Laut Gütegemeinschaft Feuerbestattungen e. V. wurden in Rheinland-Pfalz im Jahr 2023 78 % der Bestattungen als Urnenbestattungen durchgeführt.

Die wachsende kulturelle Vielfalt, religiöse Pluralität und Individualisierung hierzulande bringt auch die Tendenz nach alternativen Bestattungsritualen mit sich. Der Wunsch der Menschen nach alternativen Bestattungsritualen folgt aus religiösen oder weltanschaulichen Überzeugungen oder aus persönlichen Vorlieben. Aufgrund der in den letzten Jahren verstärkten Zuwanderung von Geflüchteten aus islamischen geprägten Regionen, stieg auch die Nachfrage bei den Friedhofsträgern nach islamischen Begräbnissen. Hinzu kommen immer wieder neue Bestattungsformen, welche im Ausland zugelassen werden, aber nicht in Rheinland-Pfalz, weshalb in der Praxis immer wieder Verstorbene Wünsche äußern, sich im Ausland bestatten zu lassen.

Der Gesetzgeber hat daher durch das neue Bestattungsgesetz grundlegende Änderungen vorgenommen. Neben der Aufhebung des allgemeinen Bestattungszwangs auf Friedhöfen wird die würdevolle Weiterverarbeitung der Asche, die Tuchbestattung und auch die See- und Flussbestattung zugelassen. Natürlich sind bei jeder Bestattungsart die Würde der verstorbenen Person und das sittliche Empfinden der Allgemeinheit zu achten.

Neu ist auch die Einführung von Ehrengräbern für Angehörige der Bundeswehr und die Möglichkeit der Bestattung von „Sternenkindern" auf Antrag. Genauer geregelt werden die verschiedenen Leichenuntersuchungsarten (Leichenschau, Obduktion, anatomische Sektion).

Jede umfassende Neuerung führt nicht selten zu positiven Rückmeldungen, aber auch zu Kritik, die im Gesetzgebungsverfahren von den beteiligten Institutionen und Verbänden geäußert wurde. So wird ein „Einbrechen" der Friedhofskultur befürchtet, was zur Folge haben kann, dass die neuen Bestattungsformen zur geringeren Auslastung der Friedhöfe führt, obgleich die Kommunen zur Vorhaltung von Friedhöfen verpflichtet sind.

Die Kirchen sehen die Privatisierung der Bestattungskultur durch Aushändigung der Totenasche in private Hände mit Folgeproblemen behaftet. So kann dies zum Beispiel zu Konflikten im Familienumfeld führen., Es fehlt der Weg der Solidaritätsbekundung durch die Gemeinschaft bei Bestattungsfeiern auf dem Friedhof und Menschen, die gedenken wollen, haben keine festen Orte dafür, die Toten bleiben somit nicht mehr durch ein Grab sichtbar. Der Gesetzgeber weist jedoch in diesem Zusammenhang darauf hin, dass bei den neuen Bestattungsformen in erster Linie der Wille des Verstorbenen entscheidend ist. Es erschließe sich nicht, warum der Wille der Verstorbenen nicht auch im Rahmen der Bestattungsform, natürlich unter Beachtung der Würde nach dem Tod, auch beim Erstellen eines Testaments ausschlaggebend sein sollte.

Der Verfasser sieht in einigen sehr liberal gehaltenen Gesetzesformulierungen noch Diskussions- und Regelungsbedarf, was wahrscheinlich noch zu Gesetzänderungen oder -ergänzungen führen wird. Dafür sieht der Gesetzgeber jedenfalls einen Evaluationszeitraum von fünf Jahren nach Inkrafttreten des Gesetzes vor.

Plaidt, im August 2026 — Detlef Stollenwerk

Bestattungsgesetz (BestG)

vom 22. September 2025 (GVBl. S. 554)

– Text –

Inhaltsübersicht

Der Landtag Rheinland-Pfalz hat das folgende Gesetz beschlossen:

TEIL 1

FRIEDHOFSWESEN

§ 1

Friedhöfe

(1) [1] Friedhöfe sind Einrichtungen, die den verstorbenen Personen als würdige Ruhestätte und der Pflege ihres Andenkens gewidmet sind. [2] Friedhöfe sind so zu errichten und zu gestalten, dass die Totenruhe gewährleistet und das Wohl der Allgemeinheit nicht beeinträchtigt wird.

(2) Träger von Friedhöfen können nur Gemeinden sowie Religions- und Weltanschauungsgemeinschaften, die Körperschaften des öffentlichen Rechts sind, sein.

(3) [1]Die Errichtung und die Erweiterung eines Friedhofs sowie die Wiederbelegung eines geschlossenen Friedhofs bedürfen einer schriftlichen oder elektronischen Genehmigung der Kreisverwaltung, in kreisfreien Städten der Stadtverwaltung (Genehmigungsbehörde); die Landkreise und die kreisfreien Städte nehmen diese und die weiteren der Genehmigungsbehörde nach diesem Gesetz übertragenen Aufgaben als Auftragsangelegenheit wahr. [2]Für Gemeindefriedhöfe kreisfreier Städte wird die Genehmigung von der Aufsichts- und Dienstleistungsdirektion erteilt.

§ 2
Gemeindefriedhöfe

(1) [1]Den Gemeinden obliegt es als Pflichtaufgabe der Selbstverwaltung, Friedhöfe zu errichten, zu unterhalten, zu erweitern, wieder zu belegen und Leichenhallen zu errichten, wenn hierfür ein öffentliches Bedürfnis besteht. [2]Sie regeln die Benutzung der Friedhöfe nach Maßgabe dieses Gesetzes und der aufgrund dieses Gesetzes erlassenen Rechtsverordnung durch Satzung.

(2) [1]Auf Gemeindefriedhöfen ist die Bestattung verstorbener Einwohnerinnen und Einwohner der Gemeinde zuzulassen. [2]Dies gilt auch für deren Angehörige in gerader Linie oder bis zum zweiten Grade in der Seitenlinie, welche zum Todeszeitpunkt nicht in der Gemeinde gewohnt haben, sofern deren Bestattung sachgerecht begründet werden kann. [3]Die Bestattung einer anderen in der Gemeinde verstorbenen oder tot aufgefundenen Person ist zuzulassen, wenn diese keinen festen Wohnsitz hatte, ihr Wohnsitz unbekannt war oder ihre Überführung an den Wohnsitz unverhältnismäßig hohe Kosten verursachen würde. [4]Die Gemeinde, in der eine Person verstorben oder tot aufgefunden worden ist, hat eine Bestattung auch aus Gründen der öffentlichen Sicherheit oder Ordnung zu dulden.

(3) Auf Gemeindefriedhöfen wird unabhängig von Konfession und Weltanschauung bestattet.

(4) [1]Die Gemeinden können ihre Pflichtaufgaben nach Absatz 1 auf Anstalten des öffentlichen Rechts oder andere Dritte, die auch private Rechtsträger sein können, übertragen, wenn diese gewährleisten, die Pflichten der Gemeinde als Friedhofsträger im gleichen Maße übernehmen zu können. [2]Dritte unterstehen der Rechtsaufsicht der jeweiligen übertragenden Gemeinde. [3]Die übertragende Gemeinde erlässt die Satzungen nach § 8.

§ 3
Friedhöfe und Bestattungsplätze der Religions- und Weltanschauungsgemeinschaften

(1) Kirchen, Kirchengemeinden und Kirchengemeindeverbände sowie andere Religions- und Weltanschauungsgemeinschaften, die Körperschaften des öffentlichen Rechts sind, können eigene Friedhöfe errichten, unterhalten, erweitern und wieder belegen sowie Leichenhallen errichten.

(2) Grabstätten in Kirchen der in Absatz 1 genannten Körperschaften sind als Bestattungsplätze zu genehmigen, wenn keine gesundheitlichen Gefahren bestehen.

§ 4
Private Bestattungsplätze

(1) [1]Private Bestattungsplätze sind Grundstücke, Anlagen oder Gebäude, die nicht für die allgemeine Bestattung gewidmet sind und keine Friedhöfe im Sinne dieses Gesetzes darstellen. [2]Auf privaten Bestattungsplätzen dürfen nur Grabmale und Grabeinfassungen entsprechend § 9 verwendet werden.

(2) Private Bestattungsplätze können nur ausnahmsweise errichtet, unterhalten, erweitert oder wieder belegt werden, wenn

1. ein berechtigtes Bedürfnis oder Interesse besteht,
2. öffentliche Interessen oder schutzwürdige Belange Dritter nicht beeinträchtigt werden und
3. eine würdige Gestaltung und Unterhaltung des Bestattungsplatzes während der Ruhezeit gesichert ist.

(3) [1]Die Genehmigung von privaten Bestattungsplätzen, deren Erweiterung oder Wiederbelegung erfolgt gemäß § 1 Abs. 3. [2]Jede Bestattung auf einem privaten Bestattungsplatz bedarf einer schriftlichen oder elektronischen Genehmigung durch die Genehmigungsbehörde.

(4) Die Veräußerung eines Grundstücks, auf dem sich ein privater Bestattungsplatz befindet, ist der Genehmigungsbehörde anzuzeigen.

§ 5
Begräbniswälder

(1) [1]Begräbniswälder außerhalb von umfriedeten Friedhöfen sind Friedhöfe auf festgelegten Waldgrundstücken, auf welchen ausschließlich Feuerbestattungen oder das Ausbringen der Asche zugelassen sind. [2]Sie bedürfen grundsätzlich keiner Einfriedung, müssen aber räumlich von der Umgebung abgegrenzt und als Friedhof erkennbar sein.

(2) In Begräbniswäldern auf umfriedeten Friedhöfen sind Erd- und Feuerbestattungen sowie das Ausbringen der Asche zugelassen.

(3) [1]Bei der Errichtung sind das Wasserhaushaltsrecht, der Gesundheitsschutz, der Naturschutz sowie die bodennutzungsrechtlichen Bestimmungen zu beachten. [2]Das Nähere zu Begräbniswäldern regelt die Friedhofssatzung oder Friedhofsordnung.

§ 6
Ruhezeit

(1) Für einen Friedhof, Teile eines Friedhofs oder private Bestattungsplätze wird mit der Genehmigung nach § 1 Abs. 3 oder § 4 Abs. 3 festgelegt, wie lange einzelne Grabstätten nicht erneut belegt werden dürfen.

(2) Die Mindestruhezeit für Erdbestattungen beträgt 15 Jahre, für Feuerbestattungen und das Ausbringen der Asche auf Friedhöfen oder privaten Bestattungsplätzen und das Ausbringen der Asche außerhalb von Friedhöfen fünf Jahre.

(3) Die Ruhezeit entfällt bei den sonstigen neuen Bestattungsformen nach § 11 Abs. 8.

(4) [1]Für Grabstätten auf Friedhöfen wird nach Maßgabe der Friedhofssatzung oder Friedhofsordnung ein öffentlich-rechtliches Nutzungsrecht, mindestens für die Dauer der Ruhezeit nach Absatz 2, eingeräumt. [2]Der Wunsch der Verantwortlichen nach § 13 Abs. 1 nach Verlängerung der Grabnutzungsdauer kann berücksichtigt werden.

(5) [1]Nach Ablauf der Ruhezeit auf Friedhöfen aufgefundene Ascheurnen, menschliche Überreste oder Aschen von verstorbenen Personen sind auf dem Friedhof an einer geeigneten Stelle beizusetzen, sofern keine Verlängerung der Grabnutzungsdauer oder eine Umbettung beantragt wird. [2]Nach Ablauf der Ruhezeit auf privaten Bestattungsplätzen aufgefundene Ascheurnen, menschliche Überreste oder Aschen von verstorbenen Personen sind von den Verantwortlichen nach § 13 Abs. 1 oder, wenn keine Verantwortlichen mehr vorhanden sind, von den Eigentümerinnen und Eigentümern der Grundstücke auf einem Friedhof beizusetzen.

(6) Nach Ablauf der Ruhezeit kann die Schmuckurne an die Verantwortlichen nach § 13 Abs. 1 ausgehändigt werden.

§ 7

Ruherecht für Angehörige der Bundeswehr in Ehrengräbern

(1) [1] Für Ehrengräber von Angehörigen der Bundeswehr, deren Tod während einer besonderen Auslandsverwendung eingetreten ist, ist in den Friedhofssatzungen (§ 8) vorzusehen, dass das Grab auch nach Ablauf der Ruhezeit auf Dauer bestehen bleibt (dauerndes Ruherecht). [2] Das dauernde Ruherecht ruht als öffentliche Last auf dem Grundstück. [3] Dies gilt nicht, wenn die verstorbene Person in einer mehrstelligen Wahl- oder Gemeinschaftsgrabstätte bestattet ist, in der nicht ausschließlich Angehörige der Bundeswehr beigesetzt sind oder werden.

(2) Die Gemeinde als Friedhofsträger hat die auf dem Friedhof liegenden Ehrengräber zu erhalten, instand zu setzen und zu pflegen, es sei denn, dies wird zeitweilig oder dauerhaft von den Verantwortlichen nach § 13 Abs. 1 oder Dritten übernommen (privat gepflegtes Grab).

(3) Die Gemeinde als Friedhofsträger hat auf Antrag der Verantwortlichen nach § 13 Abs. 1 das dauernde Ruherecht für ein bislang privat gepflegtes Grab zu gewähren und die Pflichten nach Absatz 2 zu übernehmen, wenn die erste festgelegte Ruhezeit abgelaufen ist.

(4) [1] Die Gemeinde als Friedhofsträger hat gegenüber dem Land Anspruch auf Erstattung des mit dem dauernden Ruherecht entstehenden Vermögensnachteils. [2] Die Höhe des Anspruchs bemisst sich nach der in der Friedhofssatzung festgelegten Grabnutzungsgebühr und der notwendigen, ortsüblichen Aufwendungen zur Graberhaltung. [3] Der Anspruch ist gegenüber dem fachlich zuständigen Ministerium geltend zu machen. [4] Der Anspruch gegenüber dem Land ist nachrangig, soweit ein Dritter für die Kosten aufkommt.

§ 8

Friedhofssatzung, Friedhofsordnung

Die Friedhofsträger regeln durch Satzung oder Ordnung insbesondere

1. die Nutzung des Friedhofs und dessen Einrichtungen,
2. die auf dem Friedhof zur Verfügung stehenden Grab- und Bestattungsarten,
3. den Erwerb und das Nutzungsrecht an Grabstätten,
4. die Beschaffenheit von Särgen, Ascheurnen und Bestattungstüchern,
5. die Gebühren,
6. die Aufbewahrung der verstorbenen Personen und der Totenasche bis zur Bestattung,
7. die Verfahrensweise der Nachbestattung noch vorhandener Leichen, menschlicher Überreste oder Aschereste bei Beendigung des Nutzungsrechts an einer Grabstätte oder nach Ablauf der Ruhezeit und
8. die Ruhezeit, sofern sie von der Mindestruhezeit abweicht.

§ 9

Verbot von Grabmalen und Grabeinfassungen aus Kinderarbeit

(1) [1] Die Friedhofsträger bestimmen durch Satzung, dass Grabmale und Grabeinfassungen aus Naturstein nur aufgestellt werden dürfen, wenn sie nachweislich ohne schlimmste Formen von Kinderarbeit im Sinne des Artikels 3 des Übereinkommens Nr. 182 der

Internationalen Arbeitsorganisation vom 17. Juni 1999 über das Verbot und unverzügliche Maßnahmen zur Beseitigung der schlimmsten Formen der Kinderarbeit (BGBl. 2001 II S. 1290, 1291) hergestellt worden sind. [2] Herstellung im Sinne dieses Artikels umfasst sämtliche Bearbeitungsschritte von der Gewinnung des Natursteins bis zum Endprodukt.

(2) [1] Der Nachweis im Sinne des Absatzes 1 Satz 1 kann erbracht werden durch

1. eine lückenlose Dokumentation, wonach die Grabmale oder Grabeinfassungen aus Naturstein ausschließlich in Mitgliedstaaten der Europäischen Union, weiteren Vertragsstaaten des Abkommens über den Europäischen Wirtschaftsraum oder der Schweiz hergestellt worden sind, oder
2. die schriftliche Erklärung einer Organisation, in der versichert wird, dass
   a) die Herstellung ohne schlimmste Formen von Kinderarbeit erfolgt ist,
   b) dies durch sachkundige und unabhängige Kontrolleurinnen und Kontrolleure regelmäßig und unangemeldet in Steinbrüchen und verarbeitenden Betrieben vor Ort überprüft wird, wobei die Kontrollen nicht länger als sechs Monate zurückliegen dürfen, und
   c) die ausstellende Organisation weder unmittelbar noch mittelbar an der Herstellung oder am Handel mit Naturstein beteiligt ist.

[2] Ist die Vorlage eines Nachweises nach Satz 1 unzumutbar genügt es, dass die oder der Letztveräußernde schriftlich

1. zusichert, dass ihr oder ihm keine Anhaltspunkte dafür bekannt sind, dass die verwendeten Grabmale oder Grabeinfassungen aus Naturstein unter schlimmsten Formen von Kinderarbeit hergestellt worden sind, und
2. darlegt, welche wirksamen Maßnahmen ergriffen worden sind, um die Verwendung von solchen Grabmalen oder Grabeinfassungen zu vermeiden.

(3) Eines Nachweises bedarf es nicht, wenn die oder der Letztveräußernde glaubhaft macht, dass die Grabmale oder Grabeinfassungen aus Naturstein oder deren Rohmaterial vor dem 28. Dezember 2019 in das Bundesgebiet eingeführt wurden.

§ 10

Schließung und Aufhebung von Friedhöfen und privaten Bestattungsplätzen

(1) [1] Friedhöfe, Teile von Friedhöfen und private Bestattungsplätze können für weitere Erdbestattungen und Beisetzungen der Asche verstorbener Personen gesperrt (Schließung) oder nach Ablauf der Ruhezeiten anderen Zwecken gewidmet werden (Aufhebung). [2] Schließung und Aufhebung von Gemeindefriedhöfen sind öffentlich bekannt zu machen.

(2) [1] Die Schließung ist der Genehmigungsbehörde anzuzeigen. [2] Religions- und Weltanschauungsgemeinschaften haben als Friedhofsträger die Gemeinde von der beabsichtigten Schließung zu unterrichten.

(3) [1] Die Aufhebung bedarf einer schriftlichen oder elektronischen Genehmigung durch die Genehmigungsbehörde. [2] Wenn an einer Nutzung des Friedhofs oder privaten Bestattungsplatzes zu anderen Zwecken ein zwingendes öffentliches Interesse besteht, kann die Genehmigung auch vor Ablauf der Ruhezeiten erteilt werden.

(4) Die Genehmigungsbehörde kann die Schließung oder Aufhebung eines Friedhofs, von Teilen eines Friedhofs oder eines privaten Bestattungsplatzes auch vor Ablauf der Ruhezeiten nach Anhörung der Gemeinde sowie des Friedhofsträgers oder der für den privaten Bestattungsplatz Verantwortlichen anordnen, wenn ein zwingendes öffentliches Interesse besteht.

(5) [1] Bei der Aufhebung eines Friedhofs, von Teilen eines Friedhofs oder eines privaten Bestattungsplatzes müssen die Leichen, menschlichen Überreste und die Ascheurnen, deren Ruhezeit noch nicht abgelaufen ist, umgebettet werden. [2] Auf Antrag der Verantwortlichen nach § 13 Abs. 1 muss die Umbettung auch nach Ablauf der Ruhezeit erfolgen, wenn das Nutzungsrecht an einer Grabstätte zum Zeitpunkt der Aufhebung noch besteht. [3] Für die Umbettung von privaten Bestattungsplätzen sind die Verantwortlichen nach § 13 Abs. 1 oder, wenn diese nicht mehr vorhanden sind, die Eigentümerinnen und Eigentümer der Grundstücke, verantwortlich; die Eigentümerinnen und Eigentümer der Grundstücke haben die Umbettung durch die Verantwortlichen nach § 13 Abs. 1 zuzulassen.

TEIL 2
BESTATTUNGSWESEN

§ 11
Bestattung

(1) Die Würde der verstorbenen Person und das sittliche Empfinden der Allgemeinheit sind zu achten.

(2) [1] Für Ort, Art und Durchführung der Bestattung ist der Wille der verstorbenen Person maßgebend, soweit gesetzliche Bestimmungen oder zwingende öffentliche Belange nicht entgegenstehen. [2] Bei verstorbenen Personen, die geschäftsunfähig waren oder das 14. Lebensjahr nicht vollendet hatten oder deren Wille nicht bekannt ist, ist der Wille der nach § 13 Abs. 1 Verantwortlichen maßgebend.

(3) [1] Jede Leiche muss durch die gemäß § 13 bestattungspflichtigen Verantwortlichen bestattet werden. [2] Leiche im Sinne dieses Gesetzes ist der Körper eines Menschen, der keine Lebenszeichen mehr aufweist und dessen körperlicher Zusammenhang durch den Verwesungsprozess noch nicht völlig aufgehoben ist, sowie der Kopf und der Rumpf als abgetrennte Teile des Körpers, die nicht zusammengeführt werden können. [3] Das Skelett eines Menschen einschließlich Kopf und Rumpf in skelettierter Form, werden wie eine Leiche behandelt. [4] Leichenteile sind alle übrigen abgetrennten Körperteile und abgetrennten Organe einer verstorbenen Person.

(4) [1] Auf ein tot geborenes oder in der Geburt verstorbenes Kind finden die Bestimmungen dieses Gesetzes entsprechende Anwendung, wenn das Gewicht des Kindes mindestens 500 Gramm beträgt oder das Gewicht unter 500 Gramm beträgt, aber die 24. Schwangerschaftswoche erreicht wurde. [2] Hat sich kein Merkmal des Lebens gezeigt und beträgt das Gewicht weniger als 500 Gramm und ist die 24. Schwangerschaftswoche nicht erreicht (Sternenkind), so ist eine Bestattung zu genehmigen, wenn ein Elternteil dies beantragt. [3] Auf Antrag jedenfalls eines Elternteils kann auch eine Beilegung des Sternenkindes zu der Leiche des gleichzeitig oder in kürzester Zeitabfolge verstorbenen Elternteils zwecks gemeinsamer Erd- oder Feuerbestattung erfolgen. [4] Ist kein Elternteil mehr vorhanden, können die Verantwortlichen nach § 13 Abs. 1 die Bestattung nach Satz 2 oder die Beilegung nach Satz 3 beantragen. [5] Über die Anträge nach den Sätzen 2 bis 4 entscheidet die örtliche Ordnungsbehörde des Bestattungsorts. [6] Ist die Geburt in einer medizinischen Einrichtung oder in Gegenwart einer Ärztin oder eines Arztes erfolgt, hat die medizinische Einrichtung, die Ärztin oder der Arzt auf die Möglichkeiten nach den Sätzen 2 bis 4 hinzuweisen. [7] Wird keine der Möglichkeiten nach den Sätzen 2 bis 4 in Anspruch genommen, hat die medizinische Einrichtung, die Ärztin oder der Arzt dafür Sorge zu tragen, dass ein Sternenkind unter würdigen Bedingungen bestattet wird. [8] Sammelbestattungen in angemessenem Zeitrahmen sind möglich, sofern die Sternenkinder unter würdigen Bedingungen gesammelt werden; ein würdiger Sammelort ist auf Verlangen gegenüber dem fachlich zuständigen Ministerium oder dem örtlich zuständigen Gesundheitsamt nachzuweisen. [9] Die Bestattung kann als Erd- oder Feuerbestattung,

auch auf einem speziellen Grabfeld für Sternenkinder auf einem Friedhof, erfolgen; der Bestattungsort ist zu dokumentieren.

(5) Für die aus einem Schwangerschaftsabbruch stammende Leibesfrucht gilt Absatz 4 mit der Maßgabe entsprechend, dass eine individuelle Bestattung nur mit Einwilligung der Frau erfolgen kann.

(6) [1] Leichenteile sind hygienisch einwandfrei und dem sittlichen Empfinden entsprechend mit der Leiche zu bestatten. [2] Ist dies nicht möglich, sind die Leichenteile in gesundheitlich unbedenklicher Weise und entsprechend den herrschenden sittlichen Vorstellungen zu beseitigen, soweit sie nicht notwendigen wissenschaftlichen Zwecken dienen.

(7) [1] Die Bestattung kann als Erd-, Feuer- oder Seebestattung vorgenommen werden. [2] Erdbestattung ist die Bestattung einer Leiche in einem Sarg oder in einem Leichentuch in einer Grabstätte. [3] Feuerbestattung ist die Einäscherung einer Leiche und die Beisetzung der Ascheurne in einer Grabstätte. [4] Der Friedhofsträger kann ober- oder unterirdische Grabkammern, Totenhäuser, Grüfte, Urnenwände oder ähnliche Einrichtungen als Grabstätten vorsehen sowie bestimmen, dass die Asche auf einer ausgewiesenen Fläche ausgebracht werden kann. [5] Seebestattung ist die Beisetzung einer Urne auf Hoher See oder in Küstengewässern nach den jeweiligen landesrechtlichen Vorschriften der Küstenländer für Seebestattungen unter Beachtung der Vorschriften für Küstengewässer und für Hohe See.

(8) [1] Ebenfalls zulässig sind die Flussbestattung, ein genehmigtes Ausbringen der Asche außerhalb von Friedhöfen, die Aushändigung der Ascheurne an bestimmte Personen zur privaten Aufbewahrung mit oder ohne Teilungsmöglichkeit der Asche zur würdevollen Weiterverarbeitung oder die Aushändigung von Teilen der Asche zur würdevollen Weiterverarbeitung (neue Bestattungsformen). [2] Die Flussbestattung ist die Beisetzung einer Ascheurne aus sofort wasserlöslicher Zellulose vom Schiff aus auf einem der oberirdischen Gewässer Rhein, Mosel, Lahn und Saar auf rheinland-pfälzischem Hoheitsgebiet, unter Beachtung der Vorschriften des Wasserrechts. [3] Voraussetzungen für die neuen Bestattungsformen gemäß Satz 1 sind, dass die verstorbene Person

1. ihren letzten Hauptwohnsitz in Rheinland-Pfalz hatte und
2. durch eine schriftliche Verfügung eine neue Bestattungsform bestimmt und eine Person für die Totenfürsorge benannt hat (Totenfürsorgeverfügung).

[4] Die Ausbringung der Asche außerhalb des Friedhofes oder eines privaten Bestattungsplatzes erfolgt durch die Bestatterin oder den Bestatter und bedarf der nachweislichen Zustimmung der Eigentümerin oder des Eigentümers des Grundstücks. [5] Die Nutzung des Grundstücks darf nicht gegen Entgelt erfolgen. [6] Die Ausbringung darf die Benutzung benachbarter Grundstücke nicht oder nur unwesentlich beeinträchtigen.

(9) [1] Wird die Totenfürsorgeverfügung nicht vollzogen, ist die Asche der verstorbenen Person durch die Verantwortlichen nach § 13 Abs. 1 auf einem Friedhof beizusetzen. [2] Satz 1 gilt auch, wenn Asche einer verstorbenen Person aufgefunden wird und die Totenfürsorgeverfügung dieser Person nicht vorgelegt oder nicht mehr vollzogen werden kann. [3] Kann aufgefundene menschliche Totenasche keiner verstorbenen Person zugeordnet werden oder sind für die aufgefundene Asche einer verstorbenen Person keine Verantwortlichen nach § 13 Abs. 1 vorhanden, ist § 13 Abs. 3 maßgebend.

(10) [1] Eine Entnahme von Teilen der Asche nach der Einäscherung, die Aushändigung von Ascheteilen oder Ascheurnen im Rahmen der neuen Bestattungsformen nach Absatz 8 Satz 1 erfolgt nach Vorlage der Totenfürsorgeverfügung an die darin bestimmte Person durch die Bestatterin oder den Bestatter. [2] Die Herausgabe von Ascheteilen und Ascheurnen aufgrund von Totenfürsorgeverfügungen ist zu dokumentieren. [3] Die nach der Entnahme von Teilen von Asche noch vorhandene Asche ist von den Verantwortlichen nach § 13 Abs. 1 auf einem Friedhof zu bestatten, wenn nicht die verstorbene Person

in der Totenfürsorgeverfügung hierfür eine neue Bestattungsform nach Absatz 8 Satz 1 verfügt hat.

(11) Sozialbestattungen oder ordnungsbehördlich angeordnete Bestattungen haben als Erd- oder Feuerbestattung auf einem Friedhof zu erfolgen.

§ 12
Tuchbestattungen

(1) [1] Verstorbene Personen können in Tüchern erdbestattet werden, sofern keine öffentlichen Belange entgegenstehen oder gesundheitliche Gefahren zu befürchten sind. [2] Eine Tuchbestattung aus nicht religiösen Gründen ist nur möglich, wenn die verstorbene Person dies schriftlich verfügt hat. [3] Bei Vorliegen eines Hinderungsgrundes nach Satz 1 kann die örtliche Ordnungsbehörde eine Bestattung im Sarg anordnen.

(2) [1] Die Friedhofsträger sollen nach Möglichkeit eigene Grabfelder für Tuchbestattungen ausweisen. [2] Auf einem Gemeindefriedhof kann ein solches Grabfeld auch zur Nutzung anderer Gemeinden ausgewiesen werden.

(3) [1] Der Transport der eingetuchten Leiche erfolgt in einem geschlossenen Sarg bis unmittelbar zur Grabstätte. [2] An der Grabstätte ist das Öffnen des Sarges zum Zwecke der Tuchbestattung zulässig.

§ 13
Verantwortlichkeit

(1) Für die Erfüllung der aufgrund dieses Gesetzes bestehenden Verpflichtungen sind die folgenden volljährigen Personen in ihrem Verhältnis zu der verstorbenen Person in der angegebenen Reihenfolge verantwortlich:

1. die von der verstorbenen Person zur Totenfürsorge benannte Person,
2. die Ehefrau oder der Ehemann oder die Lebenspartnerin oder der Lebenspartner,
3. die Kinder,
4. die Eltern,
5. die oder der sonstige Sorgeberechtigte,
6. die Geschwister,
7. die Großeltern,
8. die Enkelkinder,
9. die Person nach § 7 Abs. 3 Nr. 3 Buchst. c in Verbindung mit § 7 Abs. 3a des Zweiten Buchs Sozialgesetzbuch.

(2) Eine Bestattungsunternehmerin oder ein Bestattungsunternehmer oder eine dritte Person ist im Rahmen übernommener Verpflichtungen verantwortlich.

(3) Die Verantwortlichkeiten nach dem Polizei- und Ordnungsbehördengesetz bleiben unberührt.

§ 14
Benachrichtigungspflicht

[1] Wer eine verstorbene Person, ein tot geborenes oder in der Geburt verstorbenes Kind oder ein Sternenkind auffindet oder beim Eintritt des Todes anwesend ist, hat unverzüglich eine der in § 13 Abs. 1 genannten Personen oder die Polizei zu benachrichtigen. [2] Vom Auffinden eines Leichenteils ist die Polizei unverzüglich zu unterrichten.

§ 15
Leichenschau

(1) Jede Leiche ist zur Feststellung des Todes, des Todeszeitpunkts, der Todesart – nach natürlicher Tod, nicht natürlicher Tod oder ungeklärt – und der Todesursache von einer Ärztin oder einem Arzt äußerlich zu untersuchen (Leichenschau).

(2) [1] Jede Ärztin oder jeder Arzt ist verpflichtet, die Leichenschau vor Ort unverzüglich vorzunehmen und die Todesbescheinigung auszustellen und auszuhändigen. [2] Bei Sterbefällen in Krankenhäusern, vergleichbaren Einrichtungen und sonstigen Anstalten sind die dort tätigen Ärztinnen und Ärzte nach Satz 1 verpflichtet. [3] Ärztinnen und Ärzte des öffentlichen Gesundheitsdienstes können die Leichenschau vornehmen und die Todesbescheinigung ausstellen und aushändigen.

(3) Sind Anhaltspunkte dafür vorhanden, dass der Tod im ursächlichen Zusammenhang mit einer medizinischen Maßnahme eingetreten ist, dürfen die die medizinische Maßnahme veranlassenden oder durchführenden Ärztinnen und Ärzte die Leichenschau nicht durchführen.

(4) [1] Die Polizei oder die Staatsanwaltschaft ist von der leichenschauenden Ärztin oder dem leichenschauenden Arzt unverzüglich zu benachrichtigen, wenn

1. Anhaltspunkte für einen nicht natürlichen Tod vorhanden sind,
2. die Todesursache ungeklärt ist,
3. Anhaltspunkte vorhanden sind, dass der Tod auf eine außergewöhnliche Entwicklung im Verlauf einer Behandlung oder der Einnahme von Drogen oder Medikamenten zurückzuführen ist,
4. die Leiche nicht sicher identifiziert werden kann,
5. es sich bei der Leiche um ein Kind handelt, welches das 14. Lebensjahr noch nicht vollendet hat, es sei denn, der Tod kann zweifelsfrei auf eine Vorerkrankung zurückgeführt werden,
6. der Tod in amtlichem Gewahrsam eingetreten ist oder
7. bereits fortgeschrittene oder erhebliche Leichenveränderungen vorliegen.

[2] Bis zum Eintreffen der Polizei hat die leichenschauende Ärztin oder der leichenschauende Arzt vor Ort zu bleiben und dafür Sorge zu tragen, dass an der Leiche und deren Umgebung keine Veränderungen vorgenommen werden. [3] Vorgenommene Veränderungen an der Leiche oder deren Umgebung sind von der Ärztin oder dem Arzt zu dokumentieren.

(5) [1] Jede Person, in deren Beisein eine Person verstorben ist oder ein Kind tot geboren wurde oder die eine Leiche, ein totgeborenes Kind oder ein Sternenkind auffindet, hat die Leichenschau unverzüglich zu veranlassen; dies gilt für die Verantwortlichen nach § 13 Abs. 1 und 2 auch dann, wenn eine vorläufige Todesbescheinigung nach Absatz 6 ausgestellt worden ist. [2] Bei offensichtlichen Anhaltspunkten für einen nicht natürlichen Tod ist unverzüglich die Polizei zu benachrichtigen. [3] Tritt der Tod in einem Betrieb, einem Heim, einer Schule, einer Anstalt, einem Krankenhaus oder einer vergleichbaren Einrichtung ein, veranlasst die Leiterin oder der Leiter oder die Inhaberin oder der Inhaber dieser Einrichtung oder eine von ihr oder ihm hierzu befugte Person die Leichenschau.

(6) Erfolgt die Feststellung des Todes durch eine Ärztin oder einen Arzt während eines Einsatzes im Rettungsdienst, so ist sie oder er nur zur Ausstellung und Aushändigung einer vorläufigen Todesbescheinigung verpflichtet.

(7) [1] Vor einer Einäscherung ist grundsätzlich eine zweite Leichenschau als besondere amtliche Leichenschau durch Ärztinnen oder Ärzte des öffentlichen Gesundheitsdienstes

oder von diesen beauftragten Fachärztinnen oder Fachärzte für Rechtsmedizin oder Pathologie durchzuführen. [2]Die Person, welche die erstmalige Leichenschau durchgeführt hat, darf nicht die zweite Leichenschau vornehmen. [3]Absatz 4 gilt entsprechend.

(8) Bei Leichen, die

1. zur Einäscherung in ein anderes Land der Bundesrepublik Deutschland, in welchem keine zweite Leichenschau vor der Einäscherung vorgeschrieben ist, oder
2. ins Ausland

befördert werden sollen, ist ebenfalls eine zweite Leichenschau gemäß Absatz 7 durchzuführen.

(9) Die Kosten der Leichenschau haben die zur Bestattung Verpflichteten zu tragen.

(10) [1]Die Leichenschau kann verweigert werden, wenn die leichenschauende Ärztin oder der leichenschauende Arzt sich selbst oder eine in § 52 Abs. 1 der Strafprozessordnung bezeichnete Person der Gefahr einer straf- oder ordnungswidrigkeitsrechtlichen Verfolgung aussetzen würde. [2]Wird die Leichenschau nach Satz 1 verweigert, ist die jeweilige Ärztin oder der jeweilige Arzt verpflichtet, den Tod festzustellen, und hat sie oder er dafür Sorge zu tragen, dass eine andere Ärztin oder ein anderer Arzt die Leichenschau durchführt.

§ 16
Durchführung der Leichenschau

(1) Die Leichenschau ist unverzüglich und sorgfältig an der vollständig entkleideten, von Verbänden und Pflastern befreiten Leiche vorzunehmen.

(2) Dabei sind alle Körperregionen, einschließlich aller Körperöffnungen, wie zum Beispiel Mund, Augen, Nase, Ohren, insbesondere auch der Genitalbereich, der Rücken und die behaarte Kopfhaut, zu untersuchen.

(3) [1]Sind Anhaltspunkte für einen nicht natürlichen Tod vorhanden, ist von der Entkleidung abzusehen. [2]Pflaster, Verbände und medizinische Installationen dürfen nicht entfernt werden. [3]Eine begonnene Leichenschau ist abzubrechen. [4]Der Tod ist festzustellen. [5]§ 15 Abs. 4 ist anzuwenden.

(4) [1]Grundsätzlich ist die Leichenschau an dem Ort vorzunehmen, an dem der Tod eingetreten ist oder die Leiche aufgefunden wurde. [2]Befindet sich die Leiche an einer Örtlichkeit, an welcher die Leichenschau nicht ordnungsgemäß durchgeführt werden kann, und liegen keine Anhaltspunkte für einen nicht natürlichen Tod vor, kann sich die Ärztin oder der Arzt auf die Todesfeststellung beschränken, wenn sichergestellt ist, dass die ordnungsgemäße Leichenschau an einem geeigneten Ort durchgeführt wird.

(5) Bestehen Anhaltspunkte, dass die Leiche eine meldepflichtige Krankheit hat oder mit einer ähnlichen gefährlichen, übertragbaren Krankheit infiziert ist, die durch den Umgang mit der Leiche weiterverbreitet werden kann, oder sonstige Gefahren von der Leiche ausgehen, hat die leichenschauende Ärztin oder der leichenschauende Arzt

1. unverzüglich das örtliche Gesundheitsamt zu benachrichtigen,
2. die Leiche zu kennzeichnen und
3. die erforderlichen Schutzmaßnahmen zu treffen.

(6) [1]Der leichenschauenden Ärztin oder dem leichenschauenden Arzt und von dieser oder diesem hinzugezogenen Hilfspersonen ist zum Zwecke der Durchführung der Leichenschau der hierzu notwendige Zutritt zu Grundstücken, Gebäuden und Räumen zu gewähren. [2]Das Grundrecht der Unverletzlichkeit der Wohnung (Artikel 13 des Grundgesetzes) wird insoweit eingeschränkt.

(7) Wird der Zutritt nach Absatz 6 verwehrt oder die Ärztin oder der Arzt an der Durchführung der Leichenschau gehindert oder dabei behindert, gilt § 15 Abs. 4 entsprechend.

§ 17
Auskunftspflicht

[1] Angehörige der Heil- und Heilhilfsberufe, die die verstorbene Person vor deren Tod untersucht, behandelt oder gepflegt haben, die in § 13 Abs. 1 genannten Personen sowie Personen, die mit der verstorbenen Person zusammengelebt haben oder Kenntnis von Umständen des Todes haben könnten, sind gegenüber der leichenschauenden Ärztin oder dem leichenschauenden Arzt zur Auskunft über alle für die Leichenschau und die Ausstellung der Todesbescheinigung relevanten Umstände verpflichtet. [2] Diese Personen können die Auskunft verweigern, soweit sie dadurch sich selbst oder eine in § 52 Abs. 1 der Strafprozessordnung bezeichnete Person der Gefahr einer straf- oder ordnungswidrigkeitsrechtlichen Verfolgung aussetzen würden.

§ 18
Todesbescheinigung

(1) Die Todesbescheinigung dient insbesondere

1. der Bescheinigung des Todes einer Person,
2. dem Nachweis des Todeszeitpunkts und des Zeitpunkts der Leichenauffindung,
3. dem Nachweis der Todesursache,
4. der Identifikation der Leiche,
5. der für die Aufklärung von etwaigen Straftaten erforderlichen Mitteilung der Todesart,
6. der Prüfung, ob Infektionsgefahren vorhanden sind, welche Maßnahmen zur Gefahrenabwehr notwendig machen, sowie
7. Zwecken der Forschung und Statistik.

(2) Die leichenschauende Ärztin oder der leichenschauende Arzt hat die Todesbescheinigung vollständig, richtig und gut leserlich, unter Angabe der eigenen Kontaktdaten zur Sicherstellung der Erreichbarkeit für Nachfragen der Verwaltungs- und Strafverfolgungsbehörden auszufüllen.

§ 19
Obduktion

(1) [1] Die Obduktion ist die ärztlich fachgerechte Öffnung einer Leiche, die Entnahme und Untersuchung von Organen und Geweben sowie die anschließende Wiederherstellung des Leichnams. [2] Sie dient der Aufklärung von Todesursachen, Erbkrankheiten oder ansteckenden Infektionen, der Beweissicherung und der Überprüfung ärztlichen oder pflegerischen Handelns, ist Teil der Qualitätssicherung und liefert Daten zur Epidemiologie und für die medizinische Forschung.

(2) [1] Eine Obduktion darf nur durchgeführt werden, wenn die verstorbene Person schriftlich eingewilligt hat. [2] Besteht eine solche Einwilligung nicht, können auch die Verantwortlichen nach § 13 Abs. 1 schriftlich einwilligen, sofern dies nicht dem erkennbaren Willen der verstorbenen Person widerspricht. [3] Lehnt im Falle mehrerer gleichrangiger Verantwortlicher nach § 13 Abs. 1 eine oder einer von diesen die Obduktion ab, darf sie nicht durchgeführt werden.

(3) Auch ohne Einwilligung nach Absatz 2 können Obduktionen veranlasst werden, wenn diese

1. gesetzlich geregelt sind oder
2. zur Aufklärung von Todesursachen notwendig sind und das Interesse an der Durchführung der Obduktion die schutzwürdigen Interessen der verstorbenen Person und der Verantwortlichen nach § 13 Abs. 1 überwiegt.

(4) [1] Bei Kindern, die vor der Vollendung des sechsten Lebensjahrs verstorben sind, soll eine Obduktion durchgeführt werden, wenn die Todesursache nicht zweifelfrei erkennbar oder nicht zweifelsfrei bekannt ist. [2] Die leichenschauende Ärztin oder der leichenschauende Arzt trifft die Feststellung nach Satz 1 und informiert die Eltern oder sonstige Personensorgeberechtigte und das örtlich zuständige Gesundheitsamt über die nach Satz 1 durchzuführende Obduktion. [3] Vor der Obduktion ist eine zweite Leichenschau gemäß § 15 Abs. 7 durchzuführen, aufgrund deren Ergebnis dann eine Obduktion erfolgen soll, wenn weiterhin Zweifel gemäß Satz 1 bestehen. [4] Ergeben sich im Rahmen der zweiten Leichenschau Anhaltspunkte gemäß § 15 Abs. 4 Satz 1 Nr. 1 oder Nr. 3, so ist diese sofort abzubrechen und unverzüglich die Polizei oder die Staatsanwaltschaft zu benachrichtigen.

(5) Die Obduktion darf nur durch Fachärztinnen und Fachärzte für Rechtsmedizin oder Pathologie oder von Ärztinnen und Ärzten in Weiterbildung unter entsprechender Anleitung von Fachärztinnen oder Fachärzten für Rechtsmedizin oder Pathologie durchgeführt werden.

(6) Die Kosten der Obduktion sind, soweit gesetzlich nichts anderes bestimmt ist, von der Person zu tragen, die die Durchführung veranlasst hat oder in deren Interesse sie erfolgt.

(7) Ergeben sich im Rahmen der Obduktion Anhaltspunkte gemäß § 15 Abs. 4 Satz 1 Nr. 1 oder Nr. 3, so ist diese sofort abzubrechen und unverzüglich die Polizei oder die Staatsanwaltschaft zu benachrichtigen.

(8) Soweit es im Hinblick auf den Zweck der Obduktion erforderlich ist, dürfen Leichenteile zurückbehalten werden.

§ 20
Anatomische Sektion

(1) Die anatomische Sektion ist die Zergliederung von Leichen oder Leichenteilen in anatomischen Instituten zum Zwecke der Lehre und Forschung über den Aufbau des menschlichen Körpers.

(2) Eine anatomische Sektion darf nur durchgeführt werden, wenn

1. die verstorbene Person schriftlich eingewilligt hat,
2. nach der durchgeführten Leichenschau ein natürlicher Tod oder die Genehmigung der Staatsanwaltschaft nach § 159 Abs. 2 Strafprozessordnung vorliegt und
3. sie der Lehre des medizinischen oder naturwissenschaftlichen Nachwuchses gemäß Approbations- oder Ausbildungsordnung oder der Forschung dient.

(3) [1] Die anatomische Sektion darf nur von Fachärztinnen und Fachärzten für Anatomie oder unter deren ärztlicher Aufsicht und Leitung oder unter Aufsicht und Leitung von hauptberuflich tätigen wissenschaftlichen Personal der Hochschule, das im Rahmen medizinischer Studiengänge die Anatomie lehrt, durchgeführt werden. [2] Ergeben sich im Rahmen der anatomischen Sektion Anhaltspunkte gemäß § 15 Abs. 4 Satz 1 Nr. 1 oder Nr. 3, so ist diese sofort abzubrechen und unverzüglich die Polizei oder die Staatsanwaltschaft zu benachrichtigen.

(4) [1] Nach Beendigung der anatomischen Sektion haben die nach Absatz 3 für die Durchführung der Anatomie Verantwortlichen ein Protokoll schriftlich oder elektronisch anzufertigen, welches auch die Voraussetzungen nach Absatz 2 bestätigt. [2] Die Bestattung der Leichenteile ist durch das anatomische Institut, möglichst im Einvernehmen mit den Verantwortlichen nach § 13 Abs. 1, zu veranlassen, falls sich aus dem Willen der verstorbenen Person nicht etwas anderes ergibt. [3] Die Kosten der Bestattung sowie der Grabnutzung und -pflege hat das anatomische Institut zu tragen. [4] Soweit es zum Zwecke der Forschung oder der Lehre notwendig ist, dürfen Leichenteile zurückbehalten werden.

§ 21
Einsargung

(1) [1] Leichen sind nach Abschluss der Leichenschau unverzüglich einzusargen. [2] Leichen in medizinischen Einrichtungen können nach Abschluss der Leichenschau auch in Leichensäcken zur Aufbewahrung in Kühlräumen bis zur Überführung aufbewahrt werden. [3] Während der Überführung und außerhalb von Leichenhallen ist der Sarg geschlossen zu halten. [4] Eine Öffnung des Sarges ist grundsätzlich nur anlässlich der notwendigen Tätigkeiten von Bestatterinnen und Bestattern, der Abschiednahme in den Räumlichkeiten von Bestattungsunternehmen, anlässlich einer Einäscherung, anlässlich von Bestattungsfeiern sowie anlässlich einer Tuchbestattung direkt am Grab, zugelassen. [5] Die örtliche Ordnungsbehörde kann Ausnahmen zulassen.

(2) [1] Bestehen Anhaltspunkte gemäß § 16 Abs. 5, ist die Leiche unbeschadet anderer Rechtsvorschriften unverzüglich zu desinfizieren und einzusargen; der Sarg ist sofort zu schließen. [2] Er darf ohne schriftliche oder elektronische Genehmigung der örtlichen Ordnungsbehörde nicht wieder geöffnet werden.

§ 22
Überführung

(1) [1] Eine Leiche ist nach Ausstellung der Todesbescheinigung in eine Leichenhalle oder in speziell dafür vorgesehene Kühlräume zu überführen und dort aufzubewahren, sofern nicht eine Überführung in eine andere Einrichtung zur Durchführung einer richterlichen oder staatsanwaltschaftlichen Leichenschau, ärztlicher Maßnahmen oder wissenschaftlicher Untersuchungen erfolgt. [2] Die Überführung muss spätestens 36 Stunden nach Eintritt des Todes erfolgen. [3] Die Überführung der Leiche bei natürlichen Todesfällen ist durch die in § 13 Abs. 1 benannten Verantwortlichen zu veranlassen. [4] Wird von diesen Verantwortlichen niemand tätig, veranlasst die örtliche Ordnungsbehörde die Überführung der Leiche. [5] Die Kosten für die Überführung und die Aufbewahrung tragen die Verantwortlichen nach § 13 Abs. 1.

(2) Im Falle des § 15 Abs. 6 darf die Überführung nach Ausstellung einer vorläufigen Todesbescheinigung vorgenommen werden.

(3) [1] Zur Überführung von Leichen im Straßenverkehr dürfen nur hierfür besonders ausgestattete Särge und Bestattungsfahrzeuge verwendet werden. [2] Zur Überführung zum Zweck der Organspende können alle zugelassenen Rettungsmittel verwendet werden.

(4) Die örtliche Ordnungsbehörde kann Ausnahmen von den Verpflichtungen nach den Absätzen 1 und 3 zulassen, wenn gesundheitliche Gefahren nicht zu befürchten sind und eine würdige Überführung gesichert ist.

(5) [1] Für Leichen, die ins Ausland überführt werden sollen, stellt die örtliche Ordnungsbehörde des Sterbeorts einen Leichenpass aus. [2] Bei Überführungen innerhalb der Bundesrepublik Deutschland ist ein Leichenpass auszustellen, wenn dies durch Rechtsvorschrift vorgeschrieben ist.

(6) Im Falle von Ereignissen, die eine Bergung von vielen Toten zur Folge hat, kann von den Anforderungen nach Absatz 3 abgesehen werden.

§ 23

Warte- und Bestattungsfrist

(1) [1]Eine Leiche darf frühestens 48 Stunden nach Eintritt des Todes erdbestattet oder eingeäschert werden. [2]Die Erdbestattung oder Einäscherung muss innerhalb von 14 Tagen nach Todesfeststellung erfolgen. [3]In Fällen des § 159 der Strafprozessordnung hat die Erdbestattung oder Einäscherung spätestens innerhalb von 14 Tagen nach schriftlicher Genehmigung der Staatsanwaltschaft zu erfolgen. [4]Die Ausbringung der Asche nach § 11 Abs. 7 Satz 4 oder Abs. 8 Satz 1 und die Beisetzung der Ascheurne auf einem Friedhof oder privaten Bestattungsplatz haben innerhalb von sechs Monaten nach der Einäscherung zu erfolgen.

(2) [1]Die örtliche Ordnungsbehörde des Bestattungsorts kann die Bestattung vor Ablauf der in Absatz 1 Satz 1 bestimmten Frist anordnen, wenn jede Möglichkeit eines Scheintodes ausgeschlossen ist oder gesundheitliche Gefahren zu befürchten sind. [2]Sie kann die Bestattung auf Antrag vor Ablauf der in Absatz 1 Satz 1 bestimmten Frist zulassen, wenn begründete religiöse Gründe hierfür vorliegen oder die oder der Antragstellende ein sonstiges berechtigtes Interesse an der vorzeitigen Bestattung hat. [3]Die Frist nach Absatz 1 Satz 2 und 3 kann auf Antrag durch die örtliche Ordnungsbehörde verlängert werden, wenn gesundheitliche und hygienische Bedenken nicht bestehen. [4]Die Frist nach Absatz 1 Satz 4 kann auf Antrag durch die örtliche Ordnungsbehörde verlängert werden.

§ 24

Feuerbestattungsanlagen

(1) [1]Leichen dürfen nur in Feuerbestattungsanlagen eingeäschert werden, deren Betrieb nach Absatz 2 genehmigt ist. [2]Einäscherungen haben in einem hierfür geeigneten Sarg zu erfolgen.

(2) [1]Feuerbestattungsanlagen dürfen nur mit schriftlicher oder elektronischer Genehmigung der Aufsichts- und Dienstleistungsdirektion errichtet, wesentlich verändert und betrieben werden. [2]Die Genehmigung wird unbeschadet anderer Rechtsvorschriften erteilt, wenn die anerkannten Regeln der Technik und die Bestimmungen dieses Gesetzes beachtet sind. [3]Feuerbestattungsanlagen müssen über Leichenhallen verfügen.

(3) Die Genehmigung wird nur einer kommunalen Gebietskörperschaft, einem von kommunalen Gebietskörperschaften gebildeten Zweckverband oder einer juristischen Person des Privatrechts erteilt.

(4) Der Betreiber einer Feuerbestattungsanlage regelt deren Nutzung durch Satzung oder Ordnung.

§ 25

Ausgrabung, Umbettung

(1) Leichen, menschliche Überreste und Ascheurnen dürfen nach erfolgter Bestattung auf einem Friedhof oder privaten Bestattungsplatz nur aufgrund eines wichtigen Grundes, welcher das öffentliche Interesse an der Wahrung der Totenruhe überwiegt, vor Ablauf der Mindestruhezeit mit schriftlicher oder elektronischer Genehmigung der örtlichen Ordnungsbehörde ausgegraben, umgebettet, überführt oder nachträglich eingeäschert werden.

(2) Die Ruhezeit wird mit der Umbettung weder unterbrochen, noch beginnt sie erneut.

(3) Soll die Umbettung nicht innerhalb desselben Friedhofs erfolgen, muss der Nachweis einer anderen zur Verfügung stehenden Grabstätte vorgelegt werden.

(4) Die Ausgrabung oder Umbettung einer Leiche soll bis sechs Monate nach der Bestattung nicht vorgenommen werden.

(5) Im Falle einer nachträglichen Einäscherung ist die zweite Leichenschau nach § 15 Abs. 7 durchzuführen.

(6) Das Weitere ist durch Friedhofssatzung oder Friedhofsordnung zu regeln.

§ 26

Berufsausübung, Schutzmaßnahmen und Schweigepflicht beim Umgang mit verstorbenen Personen

(1) [1] Personen, die beruflich die Reinigung, Ankleidung oder Einsargung von Leichen vornehmen, die in Feuerbestattungsanlagen, anatomischen Instituten, Instituten der Pathologie oder Instituten der Rechtsmedizin mit nicht konservierten Leichen oder Leichenteilen umgehen oder die Tätigkeit einer Totengräberin oder eines Totengräbers ausüben, dürfen nicht zugleich in einem Heil- oder Heilhilfsberuf oder im Nahrungsmittel-, Genussmittel-, Gaststätten- oder Friseurgewerbe tätig sein oder beschäftigt werden; das Grundrecht der freien Berufsausübung (Artikel 12 Abs. 1 des Grundgesetzes) wird insoweit eingeschränkt. [2] Dies gilt nicht für Personen, die in anatomischen Instituten ausschließlich mit konservierten Leichen oder Leichenteilen umgehen, sowie für Ärztinnen und Ärzte, die in anatomischen Instituten, Instituten der Pathologie oder Instituten der Rechtsmedizin Leichenschauen durchführen; sie haben während dieser Tätigkeit geeignete Schutzkleidung zu tragen.

(2) Bestehen Anhaltspunkte gemäß § 16 Abs. 5, so sind von der Bestattungsunternehmerin oder dem Bestattungsunternehmer spezifische Schutzmaßnahmen im Rahmen des Infektionsschutzes gegen die Ansteckungsgefahr bei Umgang mit der verstorbenen Person zu treffen.

(3) [1] Die in Absatz 1 genannten Personen unterliegen der Schweigepflicht darüber, was ihnen im Rahmen ihrer Tätigkeit mit einer verstorbenen Person Persönliches über diese zur Kenntnis gelangt ist. [2] Die Verantwortlichen nach § 13 Abs. 1 können diese von der Schweigepflicht entbinden. [3] Die Schweigepflicht findet keine Anwendung, soweit Auskünfte zum Schutz eines höherwertigen Rechtsgutes zwingend erforderlich sind.

TEIL 3

ORDNUNGSWIDRIGKEITEN, ÜBERGANGS- UND SCHLUSSBESTIMMUNGEN

§ 27

Ordnungswidrigkeiten

(1) Ordnungswidrig handelt, wer vorsätzlich oder fahrlässig

1. entgegen § 1 Abs. 3 Friedhöfe ohne Genehmigung errichtet, erweitert oder wieder belegt,
2. entgegen § 4 Abs. 3 Satz 1 einen privaten Bestattungsplatz ohne Genehmigung errichtet, erweitert oder wieder belegt,
3. entgegen § 4 Abs. 3 Satz 2 eine verstorbene Person ohne Genehmigung auf einem privaten Bestattungsplatz bestattet,
4. entgegen § 4 Abs. 4 die Veräußerung eines Grundstücks mit privatem Bestattungsplatz nicht anzeigt,

5. entgegen § 9 ein Grabmal oder eine Grabeinfassung aus Naturstein aufstellt, das oder die nachweislich mit schlimmster Form von Kinderarbeit hergestellt worden ist,
6. entgegen § 10 Abs. 1 einen privaten Bestattungsplatz vor Ablauf der Ruhezeit anderen Zwecken zuführt,
7. entgegen § 10 Abs. 5 nach der Aufhebung eines privaten Bestattungsplatzes vor Ablauf der Ruhezeit eine Leiche, menschliche Überreste oder eine Ascheurne nicht umbettet,
8. als Träger einer medizinischen Einrichtung oder als Ärztin oder Arzt entgegen § 11 Abs. 4 Satz 6 der Hinweispflicht nicht nachkommt,
9. entgegen § 11 Abs. 4 Satz 7 bis 9 oder Abs. 5 ein Sternenkind oder eine Leibesfrucht aus einem Schwangerschaftsabbruch nicht würdig sammelt oder würdig bestattet,
10. entgegen § 11 Abs. 6 handelt,
11. entgegen § 11 Abs. 7 bis 9 eine verstorbene Person oder die Asche einer verstorbenen Person nicht oder nicht ordnungsgemäß bestattet oder die Asche nicht ordnungsgemäß ausbringt,
12. entgegen § 14 der Benachrichtigungspflicht nicht nachkommt,
13. entgegen § 15 Abs. 2 als Ärztin oder Arzt die Leichenschau nicht oder nicht unverzüglich vornimmt oder die Todesbescheinigungen nicht ausstellt oder nicht aushändigt,
14. entgegen § 15 Abs. 4 als Ärztin oder Arzt die Polizei oder die Staatsanwaltschaft nicht oder nicht unverzüglich benachrichtigt, nicht bis zum Eintreffen der Polizei vor Ort bleibt oder nicht dafür Sorge trägt, dass keine Veränderungen vorgenommen werden,
15. entgegen § 15 Abs. 5 nicht oder nicht unverzüglich die Leichenschau veranlasst oder nicht oder nicht unverzüglich die Polizei benachrichtigt,
16. gegen die Bestimmungen des § 16 verstößt,
17. gegen die Auskunftspflicht nach § 17 verstößt,
18. entgegen § 18 Abs. 2 als Ärztin oder Arzt die Todesbescheinigung nicht vollständig, nicht richtig oder ohne Angabe der Kontaktdaten ausfüllt,
19. gegen die Regelungen des § 19 oder des § 20 verstößt,
20. entgegen § 21 einen Sarg offen lässt oder ohne Genehmigung öffnet,
21. entgegen § 22 Abs. 1 eine Leiche nicht oder nicht innerhalb von 36 Stunden nach Eintritt des Todes überführen lässt,
22. entgegen § 22 Abs. 3 eine Leiche nicht in einem Bestattungsfahrzeug überführt,
23. entgegen § 22 Abs. 5 eine Leiche ohne Leichenpass überführt,
24. entgegen § 23 Abs. 1 eine Leiche vorzeitig bestattet oder bestatten lässt, eine Leiche vorzeitig einäschert oder einäschern lässt oder eine Leiche oder Asche einer verstorbenen Person zu spät bestattet oder bestatten lässt,
25. entgegen § 24 Abs. 1 eine Leiche in einer nicht genehmigten Feuerbestattungsanlage einäschert oder einäschern lässt,
26. entgegen § 25 Abs. 1 eine Leiche, menschliche Überreste oder eine Ascheurne ohne Genehmigung oder entgegen § 25 Abs. 4 eine Leiche vor Ablauf von sechs Monaten ausgräbt oder ausgraben lässt,
27. gegen das Betätigungsverbot nach § 26 Abs. 1 verstößt,
28. entgegen § 26 Abs. 2 keine Schutzmaßnahmen trifft oder
29. gegen die Schweigepflicht nach § 26 Abs. 3 verstößt.

(2) Ordnungswidrig handelt auch, wer vorsätzlich oder fahrlässig einer aufgrund des § 29 Abs. 1 dieses Gesetzes erlassenen Rechtsverordnung zuwiderhandelt, soweit die Rechtsverordnung für einen bestimmten Tatbestand auf diese Bußgeldbestimmung verweist.

(3) Die Ordnungswidrigkeit kann mit einer Geldbuße bis zu zehntausend Euro geahndet werden.

(4) Zuständige Verwaltungsbehörde im Sinne des § 36 Abs. 1 Nr. 1 des Gesetzes über Ordnungswidrigkeiten ist

1. in den Fällen des Absatzes 1 Nr. 1 bis 4 und 6 die Genehmigungsbehörde und
2. im Übrigen die örtliche Ordnungsbehörde.

§ 28
Übergangsbestimmungen, Evaluation

(1) Die aufgrund des Bestattungsgesetzes vom 4. März 1983 (GVBl. S. 69), zuletzt geändert durch Gesetz vom 19. Dezember 2019 (GVBl. S. 341), BS 2127-1, erteilten Genehmigungen bleiben auch nach Inkrafttreten dieses Gesetzes bestehen.

(2) Zur Gewährleistung des dauernden Ruherechts nach § 7 sowie der neuen Bestattungsformen nach § 11 Abs. 8 Satz 1 soll innerhalb eines Jahres nach Inkrafttreten dieses Gesetzes eine Anpassung der Friedhofssatzungen und Friedhofsordnungen erfolgen.

(3) Dieses Gesetz soll fünf Jahre nach dessen Inkrafttreten evaluiert werden.

§ 29
Durchführungsvorschriften

(1) Das fachlich zuständige Ministerium wird ermächtigt, durch Rechtsverordnung

1. Anforderungen an Friedhöfe (§ 1 Abs. 3), private Bestattungsplätze (§ 4) und Leichenhallen (§ 2 Abs. 1) festzulegen,
2. Anforderungen an die zulässigen Bestattungsformen (§ 11 Abs. 7 und 8) festzulegen,
3. Anforderungen an die Leichenschau (§§ 15 und 16) und die Obduktion (§ 19) einschließlich der erforderlichen Verfahrensregelungen festzulegen,
4. das Nähere über Inhalt, Form, Ausstellung, Verwendung, Nutzung und Verbleib der vorläufigen Todesbescheinigung (§ 15 Abs. 6) und der Todesbescheinigung (§ 18) einschließlich der erforderlichen Verfahrensregelungen festzulegen,
5. Anforderungen an die Beschaffenheit von Särgen, Ascheurnen, Bestattungstüchern und die Einsargung (§ 21) festzulegen,
6. Anforderungen an Bestattungsfahrzeuge, Leichentransporte bei Tuchbestattungen (§ 12), Urnentransporte und die Überführung (§ 22) sowie die hierbei erforderlichen Dokumentationen festzulegen,
7. Inhalt und Form des Leichenpasses (§ 22 Abs. 5) und das Verfahren seiner Ausstellung und Verwendung zu bestimmen,
8. zu bestimmen, welche Dokumentationen, Nachweise und Verzeichnisse die Betreiber von Feuerbestattungsanlagen zu führen haben sowie die Aufbewahrungsfristen für Dokumentationen (§ 11 Abs. 10), die Todesbescheinigungen (§ 18 Abs. 1) und die Verzeichnisse festzulegen,
9. das Nähere zum Verfahren der Einäscherung anlässlich einer Feuerbestattung (§ 11 Abs. 7 und § 24) zu bestimmen,

10. das Verfahren der Entnahme von Ascheteilen, der Aushändigung der Ascheurne zur privaten Aufbewahrung oder zur Ausbringung außerhalb von Friedhöfen und der Flussbestattungen (§ 11 Abs. 8 und 10) zu bestimmen,
11. Schutzmaßnahmen bei Ansteckungsgefahr durch den Umgang mit Leichen (§ 16 Abs. 5, § 21 Abs. 2 und § 26 Abs. 2) festzulegen,
12. das Nähere über die Zuständigkeiten und das Verfahren einer pflichtigen Obduktion von Kindern (§ 19 Abs. 4) zu bestimmen,
13. das Verfahren zur Erstattung des Vermögensnachteils sowie Näheres zu den Aufwendungen zur Graberhaltung (§ 7 Abs. 4) zu bestimmen und
14. behördliche Zuständigkeiten zur Durchführung dieses Gesetzes festzulegen, soweit in diesem Gesetz keine Zuständigkeiten bestimmt worden sind.

(2) Die zur Durchführung dieses Gesetzes erforderlichen Verwaltungsvorschriften erlässt das fachlich zuständige Ministerium.

§ 30
Inkrafttreten, Außerkrafttreten

(1) Dieses Gesetz tritt am Tage nach der Verkündung in Kraft.

(2) Gleichzeitig tritt das Bestattungsgesetz vom 4. März 1983 (GVBl. S. 69), zuletzt geändert durch Gesetz vom 19. Dezember 2019 (GVBl. S. 341), BS 2127-1, außer Kraft.

(3) [1] Die Landesverordnung zur Durchführung des Bestattungsgesetzes vom 20. Juni 1983 (GVBl. S. 133), zuletzt geändert durch Verordnung vom 15. April 2020 (GVBl. S. 126), BS 2127-1-1, bleibt in Kraft. [2] Das fachlich zuständige Ministerium wird ermächtigt, die nach Satz 1 fortgeltende Landesverordnung durch Rechtsverordnung aufzuheben.

Landesverordnung zur Durchführung des Bestattungsgesetzes (BestGDVO)

vom 20. Januar 2026 (GVBl. S. 1)

– Text –

Inhaltsübersicht

Aufgrund des § 29 Abs. 1 und des § 30 Abs. 3 Satz 2 des Bestattungsgesetzes vom 22. September 2025 (GVBl. S. 554), BS 2127-1, wird verordnet:

§ 1
Friedhöfe, private Bestattungsplätze

(1) Friedhöfe und private Bestattungsplätze müssen so angelegt sein, dass sie den Belangen des Gesundheitsschutzes, des Umweltschutzes, der öffentlichen Sicherheit, dem Wohl der Allgemeinheit, des Städtebaus und der Landschafts- und Denkmalpflege gerecht werden.

(2) [1]Insbesondere muss die Bodenbeschaffenheit zur Leichenzersetzung geeignet sein, ohne dass die Gefahr von Geruchsbelästigungen oder des Eindringens von Zersetzungsprodukten in das Grundwasser oder Oberflächengewässer besteht. [2]Dies gilt nicht für Bestattungsplätze, die ausschließlich zur Beisetzung von Ascheurnen bestimmt sind.

(3) Friedhöfe und private Bestattungsplätze sind gegenüber Garten- und Hofflächen angrenzender Wohngrundstücke durch Anpflanzungen oder Einfriedigungen gegen Einsicht abzuschirmen.

(4) [1]Friedhöfe und private Bestattungsplätze dürfen nicht in Überschwemmungsgebieten, Wasserschutzgebieten oder Quellenschutzgebieten angelegt oder erweitert werden. [2]Die Genehmigungsbehörde nach § 1 Abs. 3 BestG kann Ausnahmen für Wasserschutz-

gebiete und Quellenschutzgebiete zulassen, wenn dies keine Auswirkungen auf die Gewässer hat.

§ 2
Bestattungsformen

(1) Um Feuerbestattung im Sinne des § 11 Abs. 7 des Bestattungsgesetzes (BestG) vom 22. September 2025 (GVBl. S. 554), BS 2127-1, handelt es sich auch, soweit die Aufnahme der Asche durch einen Baum oder andere Pflanzen, welche nach der Aufnahme eingepflanzt werden, erfolgt.

(2) [1] Die Totenfürsorgeverfügung nach § 11 Abs. 8 Satz 3 Nr. 2 BestG soll hinreichende Angaben zur Identifikation der erklärenden Person und das Datum der Abgabe der Erklärung enthalten. [2] In der Totenfürsorgeverfügung können mehrere Personen in einer festgelegten Reihenfolge aufgenommen werden für den Fall, dass die benannte Person nicht in der Lage oder nicht willens ist, dem Wunsch der verstorbenen Person nachzukommen.

(3) Unter einer würdevollen Weiterverarbeitung der Asche im Sinne des § 11 Abs. 8 Satz 1 BestG sind die Weiterverarbeitung von Ascheteilen zu künstlich hergestellten Edelsteinen oder anderen Schmucksteinen sowie die Schaffung von würdevollen Erinnerungsstücken wie Schmuckstücken, Keramiken oder Gemälden zu verstehen.

(4) Die Flussbestattung auf rheinland-pfälzischem Hoheitsgebiet nach § 11 Abs. 8 Satz 2 BestG darf insbesondere zur Einhaltung der Vorschriften des Wasserrechts nur erfolgen, wenn

1. es sich um Asche handelt, die in einer Feuerbestattungsanlage fachgerecht aufbereitet wurde, keine Metallteile und keine Schilder im Sinne des § 14 Abs. 3 Satz 1 enthält,
2. die notwendigen wasserrechtlichen Erlaubnisse und Genehmigungen erteilt wurden,
3. im jeweiligen Gewässer mindestens Mittlerer Abfluss besteht,
4. zu ausgewiesenen Freizeiteinrichtungen mit Wasserbezug ein Mindestabstand von 250 Metern eingehalten wird und
5. die Flussbestattung außerhalb der nach § 1 Abs. 1 der Landeshafenverordnung vom 10. Oktober 2000 (GVBl. S. 421, BS 75-50-15) in der jeweils geltenden Fassung festgelegten Hafengrenzen erfolgt.

(5) [1] Keine Flussbestattungen erfolgen

1. in den Bereichen der Messstellen am Rhein:
   a) Worms – Rhein zwischen Flusskilometer 444 und Flusskilometer 441;
   b) Mainz – Rhein zwischen Flusskilometer 499 und 496;
   c) Koblenz – Rhein zwischen Flusskilometer 591 und 588,
2. in den Bereichen der Messstellen an der Mosel:
   a) Koblenz – Mosel zwischen Flusskilometer 2 und 4,
   b) Fankel – Mosel zwischen Flusskilometer 59 und 62,
   c) Zell – Mosel zwischen Flusskilometer 88 und 91,
   d) Palzem – Mosel zwischen Flusskilometer 229 und 232,
3. in den Bereichen der Messstellen an der Saar:
   a) Kanzem – Saar zwischen Flusskilometer 6 und 9,
   b) Serrig – Saar zwischen Flusskilometer 23 und 26,

4. in den Bereichen der Messstelle Lahnstein an der Lahn zwischen Flusskilometer 136 und 133,
5. auf dem oberirdischen Gewässer Mosel, soweit das gemeinsam verwaltete deutsch-luxemburgische Hoheitsgebiet betroffen ist.

[2] Die Flussbestattung darf nicht von einem Schiff an einem Anleger erfolgen.

(6) [1] Die Flussbestattung darf ausschließlich von einer Bestatterin oder einem Bestatter durchgeführt werden. [2] Sie oder er kann hierzu mit Fahrgastschifffahrtsunternehmen zusammenarbeiten und eine Trauerfeier auf dem Schiff abhalten. [3] Die Beisetzung der Ascheurne im Wege der Flussbestattung ist insbesondere mit genauen GPS-Koordinaten durch die Bestatterin oder den Bestatter zu dokumentieren. [4] Die Dokumentation umfasst auch die Totenfürsorgeverfügung und ist mindestens 15 Jahre von der Bestatterin oder dem Bestatter aufzubewahren. [5] Dem Träger der Feuerbestattungsanlage, der für den Bestattungsort örtlich zuständigen Ordnungsbehörde und auf Verlangen auch den in § 13 Abs. 1 BestG genannten Personen ist eine Abschrift der Dokumentation zur Verfügung zu stellen. [6] Mit der Flussbestattung darf nur die Asche der verstorbenen Person beigesetzt werden. [7] Es dürfen keine Beigaben wie Beerdigungsschmuck, Kränze, Blumengebinde und dergleichen in den Fluss eingebracht werden. [8] Gemeinden und die in § 3 Abs. 1 BestG benannten Religions- und Weltanschauungsgemeinschaften können durch Satzung oder Ordnung Bereiche auf den in ihrem Eigentum stehenden Grundstücksflächen festlegen, die dem Andenken an die Verstorbenen gewidmet sind, die mittels Flussbestattung beigesetzt wurden.

(7) Bei Tuchbestattungen nach § 12 Abs. 1 BestG ist eine Holzschalung über dem Leichnam in die Grabstelle zu verbauen, so dass ein Luftraum entsteht, der die Verwesung des Leichnams entsprechend der Sargbestattung bewirkt.

(8) [1] Die Ascheurne zur privaten Aufbewahrung nach § 11 Abs. 8 Satz 1 BestG ist durch die Bestatterin oder den Bestatter an die in der Totenfürsorgeverfügung bestimmte Person zu übergeben. [2] Wenn es der in der Totenfürsorgeverfügung bestimmten Person nicht möglich ist, diese unmittelbar von der Bestatterin oder dem Bestatter in Empfang zu nehmen, kann die Aushändigung auch mittels Urnenversand durch dafür spezialisierte Transportunternehmen erfolgen. [3] Es muss gewährleistet sein, dass die Ascheurne nur an die in der Totenfürsorgeverfügung bestimmte Person ausgehändigt wird. [4] Die Aushändigung der Ascheurne ist durch die Bestatterin oder den Bestatter zu dokumentieren. [5] Die Dokumentation umfasst auch die Totenfürsorgeverfügung und ist mindestens 15 Jahre von der Bestatterin oder dem Bestatter aufzubewahren. [6] Dem Träger der Feuerbestattungsanlage, der für den Bestattungsort zuständigen Ordnungsbehörde und auf Verlangen den in § 13 Abs. 1 BestG genannten Personen ist eine Abschrift der Dokumentation zur Verfügung zu stellen.

§ 3

Ausbringung von Asche außerhalb von Friedhöfen

(1) [1] Das Ausbringen der Asche, die in einer Feuerbestattungsanlage fachgerecht aufbereitet wurde und keine Metallteile enthält, kann nach § 11 Abs. 8 Satz 1 BestG außerhalb von Friedhöfen sowohl auf privaten als auch auf öffentlich zugänglichen Flächen erfolgen. [2] Sind mehrere Eigentümerinnen oder Eigentümer vorhanden, müssen alle Eigentümerinnen und Eigentümer des Grundstücks der Ausbringung der Asche zustimmen. [3] Die Asche darf nicht auf mehrere Grundstücke aufgeteilt werden. [4] Sie ist entweder oberirdisch zu verstreuen oder lose, ohne Behältnis, in die Erde einzubringen. [5] Öffentlich zugängliche Flächen, auf welchen die Ascheausbringung erlaubt ist, müssen entsprechend gekennzeichnet sein. [6] Bei Veräußerung eines Grundstücks, auf welchem Totenasche ausgebracht wurde, hat die Veräußerin oder der Veräußerer der Erwerberin oder

dem Erwerber auf den Ascheausbringungsort, das Ausbringungsdatum sowie die bestehende Ruhezeit nach § 6 Abs. 2 BestG hinzuweisen.

(2) Die Flächen zur Ascheausbringung müssen sich eignen, um die Anforderungen des Wasserschutzrechts, Naturschutzes sowie der bodennutzungsrechtlichen Bestimmungen zu erfüllen.

(3) [1] Die Ausbringung der Asche außerhalb eines Friedhofes hat die Bestatterin oder der Bestatter insbesondere mit genauen GPS-Koordinaten zu dokumentieren. [2] Die Dokumentation umfasst auch die Totenfürsorgeverfügung und ist mindestens 15 Jahre von der Bestatterin oder dem Bestatter aufzubewahren. [3] Dem Träger der Feuerbestattungsanlage, der für den Bestattungsort zuständigen Ordnungsbehörde und auf Verlangen den Personen nach § 13 Abs. 1 BestG ist eine Abschrift der Dokumentation zur Verfügung zu stellen.

(4) Ausgeschlossen ist die Ausbringung der Asche in Naturschutzgebieten, Natura 2000-Gebieten, in Nationalparks und Kernzonen des Biosphärenreservats Pfälzerwald.

§ 4
Ascheteilung zur würdevollen Weiterverarbeitung

(1) [1] Die Öffnung der Ascheurne und die Entnahme von Ascheteilen zur würdevollen Weiterverarbeitung nach § 11 Abs. 8 Satz 1 BestG dürfen ausschließlich durch die Bestatterin oder den Bestatter erfolgen. [2] Nach der Entnahme ist die Ascheurne wieder dauerhaft zu verschließen.

(2) [1] Die Ascheteile dürfen von der Bestatterin oder dem Bestatter nur an die in der Totenfürsorgeverfügung bestimmte Person in getrennten Gefäßen ausgehändigt werden. [2] Diese Person hat die Herstellung der in der Totenfürsorgeverfügung benannten Erinnerungsstücke zu veranlassen und diese bei entsprechender Regelung in der Totenfürsorgeverfügung an die zum Empfang bestimmten Person oder Personen zu übergeben.

(3) [1] Die Entnahme von Ascheteilen und die Aushändigung von Ascheteilen sind durch die Bestatterin oder den Bestatter zu dokumentieren. [2] Die Dokumentation umfasst auch die Totenfürsorgeverfügung und ist mindestens 15 Jahre von der Bestatterin oder dem Bestatter aufzubewahren. [3] Dem Träger der Feuerbestattungsanlage, der für den Bestattungsort zuständigen Ordnungsbehörde und auf Verlangen den in § 13 Abs. 1 BestG genannten Personen ist eine Abschrift der Dokumentation zur Verfügung zu stellen.

§ 5
Grabarten

Auf Gemeindefriedhöfen sind Reihengräber zur Verfügung zu stellen.

§ 6
Leichenhallen

(1) Leichenhallen sind feste Bauwerke oder Räumlichkeiten in festen Bauwerken, die der Aufbewahrung von Leichen und Asche zur Vorbereitung und Durchführung der Bestattung dienen.

(2) [1] In Leichenhallen von Friedhofsträgern ist ein Raum für die Leichenschau, für die besondere zweite amtliche Leichenschau vor einer Einäscherung nach § 15 Abs. 7 und 8 BestG sowie für die besondere zweite amtliche Leichenschau von Kindern nach § 19 Abs. 4 Satz 3 BestG vorzuhalten. [2] Feuerbestattungsanlagen müssen Räume für die besondere zweite amtliche Leichenschau vor der Einäscherung nach § 15 Abs. 7 und 8 BestG vorhalten. [3] Zur Aufbewahrung von Leichen vorgesehene Räume müssen hell zu beleuch-

ten, gut zu belüften, kühl, leicht zu reinigen und zu desinfizieren sowie gegen Eindringen von Tieren und unbefugtes Betreten geschützt sein. [4]Leichenschauräume müssen darüber hinaus mit einem fugendichten Fußbodenbelag und einer Wasserzapf- und Wasserentsorgungsstelle ausgestattet sein. [5]Eine Verpflichtung zu baulichen Anpassungen wird damit nicht begründet.

(3) [1]In Leichenhallen von Friedhofsträgern sollen unter Einhaltung geeigneter hygienischer Schutzmaßnahmen rituelle Waschungen durchgeführt werden können. [2]Eine Verpflichtung zu baulichen Anpassungen wird damit nicht begründet.

(4) [1]Die Errichtung und der Betrieb von Leichenhallen auf Friedhöfen bedürfen der Genehmigung durch die für Friedhöfe zuständige Genehmigungsbehörde nach § 1 Abs. 3 BestG. [2]Die Genehmigung ist zu versagen oder kann widerrufen werden, wenn die gesetzlichen Vorschriften nicht eingehalten werden.

(5) Als Leichenhallen gelten auch die Leichenaufbewahrungsräume der Feuerbestattungsanlagen, der Krankenhäuser, des Instituts für Rechtsmedizin, des Instituts für Anatomie, der Pathologien, der Pflegeheime, der Hospize und der Bestattungsunternehmen.

§ 7
Todesbescheinigung

(1) [1]Die Ärztin oder der Arzt darf die Todesbescheinigung erst ausstellen, wenn sie oder er die Leiche persönlich untersucht hat. [2]Soweit erforderlich soll die Ärztin oder der Arzt Auskünfte über eine dem Tod vorausgegangene Erkrankung und die Todesumstände einholen.

(2) Die Todesbescheinigung ist in Schriftform nach dem Muster der Anlage 1 oder mittels eines vom fachlich zuständigen Ministerium veröffentlichten Online-Dienstes für die elektronische Todesbescheinigung auszustellen.

(3) [1]Wird die Todesbescheinigung schriftlich erteilt, ist der vertrauliche Teil der Todesbescheinigung in vierfacher Ausfertigung (Blatt 1 bis 4) auszustellen. [2]Blatt 1 und 2 werden von der Ärztin oder dem Arzt, die oder der die Leichenschau vorgenommen hat, in einem Fensterbriefumschlag verschlossen und zusammen mit dem nicht-vertraulichen Teil der Todesbescheinigung der nach § 13 Abs. 1 oder Abs. 2 BestG verantwortlichen Person ausgehändigt, die diese Unterlagen der Standesbeamtin oder dem Standesbeamten vorzulegen hat. [3]Blatt 3 hat die Ärztin oder der Arzt zusammen mit dem nicht ausgefüllten Obduktionsschein (Blatt 1 und 2) in einem Umschlag, der bei der Leiche verbleibt, zu verschließen. [4]Blatt 4 verbleibt bei der Ärztin oder dem Arzt. [5]Die Ärztin oder der Arzt, der die Obduktion nach § 19 BestG durchführt, hat den Obduktionsschein in zweifacher Ausfertigung (Blatt 1 und 2) nach dem Muster der Anlage 2 auszustellen und zusammen mit Blatt 3 des vertraulichen Teils der Todesbescheinigung an das für den Sterbeort zuständige Gesundheitsamt zu übersenden. [6]Wird keine Obduktion durchgeführt, so hat die Bestatterin oder der Bestatter den Umschlag nach Satz 3 vor der Bestattung an sich zu nehmen und an das für den Sterbeort zuständige Gesundheitsamt zu übersenden.

(4) [1]Die Standesbeamtin oder der Standesbeamte sammelt und ergänzt die ihr oder ihm nach Absatz 3 Satz 2 vorgelegten Todesbescheinigungen. [2]Sie oder er übersendet Blatt 1 und 2 des vertraulichen Teils der Todesbescheinigungen mindestens einmal monatlich an das für den Sterbeort zuständige Gesundheitsamt. [3]Das Gesundheitsamt überprüft die ihm zugeleiteten Todesbescheinigungen auf Vollständigkeit der Eintragungen, veranlasst notwendige Korrekturen und Nachträge und leitet die überprüfte Fassung von Blatt 1 und 2 an die Verwaltungsstelle Datenmanagementsystem Mortalität beim Statistischen Landesamt weiter. [4]Zudem erhalten das Statistische Landesamt und das Landeskrebsregister die für die jeweiligen Zwecke erforderlichen Daten. [5]Die Verwaltungsstelle Datenmanagementsystem Mortalität leitet die bearbeitete und digitalisierte Todesbescheini-

gung und Blatt 1 an die zuständigen Gesundheitsämter zurück. [6]Blatt 2 wird nach Abschluss der Arbeiten beim Statistischen Landesamt vernichtet. [7]Der nicht-vertrauliche Teil der Todesbescheinigung verbleibt in den in § 12 Abs. 1 genannten Fällen bei der örtlichen Ordnungsbehörde, die den Leichenpass ausgestellt hat; bei den neuen Bestattungsformen nach § 11 Abs. 8 BestG bei der örtlichen Ordnungsbehörde des Einäscherungsorts und ansonsten bei der örtlichen Ordnungsbehörde des Bestattungsorts.

(5) Auf Antrag kann das Gesundheitsamt und mit dessen Zustimmung ebenfalls die Verwaltungsstelle Datenmanagementsystem Mortalität beim Statistischen Landesamt Einsicht in die Todesbescheinigungen gewähren oder Auskünfte daraus erteilen, wenn

1. dies zur rechtmäßigen Erfüllung der Aufgaben der die Einsicht oder Auskunft begehrenden öffentlichen Stelle erforderlich ist,
2. die Antragstellerin oder der Antragsteller ein rechtliches Interesse an der Kenntnis der Todesumstände einer verstorbenen Person glaubhaft macht und kein Grund zu der Annahme besteht, dass durch die Offenbarung schutzwürdige Belange der verstorbenen Person oder ihrer Hinterbliebenen beeinträchtigt werden, oder
3. Hochschulen oder andere mit wissenschaftlicher Forschung befasste Stellen die Angaben für ein wissenschaftliches Forschungsvorhaben benötigen und dem wissenschaftlichen Interesse an der Durchführung des Vorhabens größeres Gewicht als den Belangen der verstorbenen Person oder ihrer Hinterbliebenen beizumessen ist.

(6) [1]In den Fällen des § 15 Abs. 6 BestG ist eine vorläufige Todesbescheinigung in dreifacher Ausfertigung (Blatt 1 bis 3) nach dem Muster der Anlage 3 auszustellen. [2]Blatt 1 verbleibt bis zum Abschluss der vollständigen Leichenschau in einem verschlossenen Umschlag bei der Leiche. [3]Blatt 2 ist für die nach § 13 Abs. 1 und 2 BestG verantwortliche Person bestimmt und Blatt 3 verbleibt bei der Ärztin oder dem Arzt, die oder der die vorläufige Leichenschau vorgenommen hat.

(7) [1]Wird die Todesbescheinigung elektronisch erteilt, ist durch die leichenschauende Ärztin oder den leichenschauenden Arzt sicherzustellen, dass die Identität der Leiche im weiteren Bestattungsverfahren mittels nicht ablösbarer und fälschungssicherer Kennzeichnung eindeutig erkennbar ist. [2]Die durch die leichenschauende Ärztin oder den leichenschauenden Arzt elektronisch erstellte Todesbescheinigung wird nach Abschluss automatisiert an das für den Sterbeort zuständige Standesamt (nicht-vertraulicher Teil) und das für den Sterbeort zuständige Gesundheitsamt (vertraulicher Teil) übermittelt. [3]Das Gesundheitsamt überprüft die ihm zugeleiteten Todesbescheinigungen auf Vollständigkeit der Eintragungen, veranlasst notwendige Korrekturen und Nachträge und leitet die überprüfte Fassung an die Verwaltungsstelle Datenmanagementsystem Mortalität beim Statistischen Landesamt weiter. [4]Zudem erhalten das Statistische Landesamt und das Landeskrebsregister die für die jeweiligen Zwecke erforderlichen Daten. [5]Die verantwortliche Person nach Absatz 3 Satz 2 erhält die Zugriffsdaten auf den nicht-vertraulichen Teil der Todesbescheinigung im Online-Dienst. [6]Die Verwaltungsstelle Datenmanagementsystem Mortalität im Statistischen Landesamt leitet die bearbeitete und digitalisierte Todesbescheinigung an die zuständigen Gesundheitsämter zurück. [7]Für den Fall, dass eine Obduktion ärztlich angezeigt ist, gibt die leichenschauende Ärztin oder der leichenschauende Arzt außerhalb des Online-Dienstes Blatt 3 der Todesbescheinigung in Papierform an die zuständige Polizei oder Staatsanwaltschaft weiter.

§ 8
Särge

(1) [1]Särge müssen aus festen Werkstoffen hergestellt und gut abgedichtet sein, so dass bis zur Bestattung keine Flüssigkeit austreten kann. [2]Der Sargboden ist mit einer ausreichend starken Schicht aufsaugenden Materials auszulegen. [3]Särge und ihre Innenausstattung müssen biologisch abbaubar sein und dürfen keinerlei für die Umwelt schädli-

che Stoffe enthalten. [4]Sie müssen so beschaffen sein, dass die Verwesung innerhalb der Ruhezeit möglich ist.

(2) [1]Zur Feuerbestattung dürfen nur Särge aus Vollholz oder festen, ökologisch unbedenklichen Werkstoffen verwendet werden, die eine ausreichende Stabilität für Transport und Einäscherung gewährleisten sowie den Anforderungen der Verordnung über Anlagen zur Feuerbestattung vom 19. März 1997 (BGBl. I S. 545) in der jeweils gültigen Fassung entsprechen. [2]Die Särge und ihre Innenausstattung, die Sargbeigaben und die Leichenbekleidung dürfen nicht aus Werkstoffen bestehen, die bei der Verbrennung stark rußen, giftige Gase oder starke Hitze entwickeln oder Schmelzrückstände hinterlassen. [3]Große nicht brennbare Metallteile am oder im Sarg müssen vor der Einäscherung entfernt werden.

(3) Särge, die nicht in die Erde eingebracht werden, sondern die oberhalb der Erde verwahrt werden sollen, müssen so beschaffen sein, dass während der Verwesung keine Zersetzungsstoffe austreten.

(4) [1]Für die Bergung oder für die Überführung einer Leiche in ein medizinisches Institut zu wissenschaftlichen Zwecken oder zur Durchführung einer Obduktion kann ein Transportsarg oder eine wasch- und desinfizierbare und mehrfach verwendbare Leichenhülle mit Roll- und Scherentrage verwendet werden. [2]Der Transportsarg oder die Leichenhülle ist nach jedem Gebrauch gründlich zu reinigen und zu desinfizieren.

§ 9
Urnen

(1) Ascheurnen für Bestattungen auf Friedhöfen und in der Natur, die ins Erdreich eingebracht werden, müssen biologisch abbaubar sein und dürfen keinerlei für die Umwelt schädlichen Stoffe enthalten.

(2) Ascheurnen, die in oberirdischen Grabstätten beigesetzt werden, müssen aus festem Material bestehen, welches sich nicht von alleine zersetzt.

(3) Ascheurnen für Flussbestattungen dürfen keine Metallteile oder andere das Gewässer gefährdende Stoffe enthalten.

§ 10
Bestattungstücher

(1) Bestattungstücher müssen aus biologisch abbaubarem und leicht verrottbarem, blickdichtem Material bestehen.

(2) Der Leichnam muss in das Bestattungstuch so eingewickelt sein, dass ein Lockern oder Lösen bei der Beisetzung auszuschließen ist.

§ 11
Bestattungsfahrzeuge, Leichentransportbehältnisse, Leichen- und Urnentransport

(1) [1]Bestattungsfahrzeuge nach § 22 Abs. 3 BestG sowie zur Überführung von Leichen bestimmte Särge oder Leichenhüllen müssen würdig gestaltet sein. [2]Der Leichenraum muss umschlossen und vom Fahrerraum getrennt sein; er muss gegen austretende Flüssigkeit abgedichtet sein und eine Befestigungsvorrichtung für den Sarg enthalten. [3]Der Leichenraum muss abwaschbar und für eine Desinfektion geeignet sein.

(2) [1]Wird eine Leiche an einen anderen Ort als den Sterbeort überführt und wurde die Todesbescheinigung schriftlich erteilt, ist der nicht-vertrauliche Teil der Todesbescheinigung und, wenn darin gesundheitliche Bedenken gegen die Überführung erhoben wer-

den, eine schriftliche Erlaubnis des Gesundheitsamts mitzuführen, aus der sich ergibt, welche Bedingungen und Auflagen bei der Überführung zu beachten sind. [2]Wurde die Todesbescheinigung in elektronischer Form erteilt, ist ein entsprechender Nachweis mitzuführen. [3]In den Fällen des § 15 Abs. 8 BestG ist zusätzlich der Nachweis über die zweite Leichenschau mitzuführen.

(3) Ascheurnen müssen nicht in einem Bestattungsfahrzeug transportiert werden.

§ 12
Leichenpass

(1) [1]Ein Leichenpass zur Beförderung einer Leiche ist auf Antrag der nach § 13 BestG Verantwortlichen von der örtlichen Ordnungsbehörde des Sterbeorts nach dem Muster der Anlage 4 auszustellen. [2]Dem Antrag sind folgende Unterlagen beizufügen:

1. die Sterbeurkunde oder eine Bescheinigung der Standesbeamtin oder des Standesbeamten über die Eintragung des Sterbefalls in das Verzeichnis der angezeigten, aber noch nicht beurkundeten Sterbefälle,
2. der nicht-vertrauliche Teil der Todesbescheinigung,
3. eine schriftliche Erklärung der Bestatterin oder des Bestatters darüber, dass die Leiche den Bestimmungen des Bestattungsgesetzes und dieser Verordnung entsprechend eingesargt und mit einem Bestattungsfahrzeug nach § 11 Abs. 1 überführt wird,
4. in Fällen des § 11 Abs. 2 Satz 1 die dort genannte Erlaubnis des Gesundheitsamts,
5. in Fällen des § 15 Abs. 8 BestG der Nachweis der Durchführung der zweiten amtlichen Leichenschau sowie
6. in Fällen des § 159 der Strafprozessordnung die schriftliche Genehmigung der Staatsanwaltschaft zur Bestattung.

(2) Soweit ein ausländischer Staat für die Beförderung in seinem Hoheitsgebiet weitere Angaben verlangt, sollen diese in den Leichenpass aufgenommen werden.

§ 13
Bestattungsvoraussetzungen

(1) [1]Eine Erdbestattung darf erst erfolgen, wenn die Todesbescheinigung ausgestellt wurde und das zuständige Standesamt den Sterbefall beurkundet oder die Zurückstellung der Beurkundung nach § 7 Abs. 1 Satz 1 der Personenstandsverordnung vom 22. November 2008 (BGBl. I S. 2263) in der jeweils geltenden Fassung vermerkt hat. [2]Bei ungeklärter Todesart ist zusätzlich die Freigabe durch die am Sterbeort zuständige Staatsanwaltschaft notwendig. [3]Diese Nachweise sind dem Friedhofsträger vorzulegen.

(2) [1]Eine Feuerbestattung darf erst erfolgen, wenn die Voraussetzungen des Absatzes 1 gegeben sind und zuvor eine zweite Leichenschau nach § 15 Abs. 7 BestG, die bei ungeklärter Todesart auch die Freigabe durch die am Sterbeort zuständige Staatsanwaltschaft umfasst, erfolgt ist und keine Bedenken gegen die Einäscherung bestehen. [2]Diese Nachweise sind dem Träger der Feuerbestattungsanlage und dem Friedhofsträger vorzulegen.

(3) [1]Die Flussbestattung, die Aushändigung der Ascheurne, das Ausbringen der Asche oder die Aushändigung von Ascheteilen nach § 11 Abs. 8 BestG darf erst erfolgen, wenn die Voraussetzungen des Absatzes 2 gegeben sind. [2]Diese Nachweise sind dem Träger der Feuerbestattungsanlage vorzulegen.

(4) [1]Bei nach § 19 Abs. 4 BestG zu obduzierenden Kindern darf eine Bestattung erst erfolgen, wenn die Voraussetzungen des Absatzes 1 gegeben sind und zuvor eine zweite Leichenschau als besondere amtliche Leichenschau, die bei ungeklärter Todesart auch die Freigabe durch die am Sterbeort zuständige Staatsanwaltschaft umfasst, erfolgt ist und

keine Bedenken gegen die Einäscherung oder Erdbestattung bestehen. [2] Diese Nachweise sind nach den Absätzen 1 bis 3 dem Friedhofsträger und dem Träger der Feuerbestattungsanlage vorzulegen.

(5) Bei Sternenkindern nach § 11 Abs. 4 BestG tritt an die Stelle der Todesbescheinigung eine schriftliche Bescheinigung der Geburtshelferin oder des Geburtshelfers, aus der sich ergibt,

1. wo und wann die Scheidung der Leibesfrucht vom Mutterleib stattgefunden hat,
2. dass das Herz nicht geschlagen, die Nabelschnur nicht pulsiert und die natürliche Lungenatmung nicht eingesetzt hat und
3. dass das Geburtsgewicht der Leibesfrucht weniger als 500 Gramm betragen hat und die 24. Schwangerschaftswoche nicht erreicht worden ist.

(6) Liegt der Bestattungsort in einem anderen Land der Bundesrepublik Deutschland, so richtet sich die Bestattung nach den dort geltenden Regelungen.

(7) In den Fällen des § 159 der Strafprozessordnung darf die Bestattung erst stattfinden, wenn die Bestattung durch die Staatsanwaltschaft schriftlich genehmigt worden ist.

§ 14
Einäscherung

(1) [1] Eine Leiche darf erst dann eingeäschert werden, wenn dem Träger der Feuerbestattungsanlage die erforderlichen Nachweise nach § 13 und eine Bescheinigung über die nach § 15 Abs. 7 BestG durchgeführte zweite amtliche Leichenschau nach dem Muster der Anlage 5 vorliegen. [2] Ergeben sich bei der zweiten amtlichen Leichenschau nach § 15 Abs. 7 BestG Bedenken gegen die Einäscherung, stellt die Ärztin oder der Arzt keine Bescheinigung aus, sondern benachrichtigt unverzüglich die Polizei des Sterbeorts. [3] Diese gibt die Leiche zur Einäscherung erst frei, wenn die Einäscherung durch die Staatsanwaltschaft schriftlich genehmigt worden ist.

(2) [1] Die zweite amtliche Leichenschau nach § 15 Abs. 7 BestG führen Ärztinnen oder Ärzte des für den Sterbeort zuständigen Gesundheitsamts oder von diesen beauftragte Fachärztinnen oder Fachärzte für Rechtsmedizin oder Pathologie durch. [2] War eine solche Leichenschau vor der Überführung der Leiche in die Feuerbestattungsanlage nicht möglich, ist das Gesundheitsamt des Einäscherungsorts zuständig.

(3) [1] Die Identität der Asche der verstorbenen Person ist dadurch zu gewährleisten, dass in jeder Einäscherungskammer jeweils nur eine Leiche eingeäschert und dem Sarg vor der Einführung in die Einäscherungskammer ein hitzebeständiges Schild beigegeben wird, das die laufende Nummer der Einäscherung und den Namen der Feuerbestattungsanlage enthält. [2] Nach der Einäscherung ist die Asche zusammen mit dem Schild unverzüglich in einer Ascheurne zu verschließen. [3] Der Ascheurnendeckel muss in geprägter Schrift den Namen der Feuerbestattungsanlage, die laufende Nummer der Einäscherung, den Vor- und Familiennamen der verstorbenen Person und den Tag der Einäscherung ausweisen. [4] Durch den Träger einer Feuerbestattungsanlage dürfen, vorbehaltlich der Rechte der Totenfürsorgeberechtigten, bei der Verbrennung freiwerdende Metallteile der Asche entnommen und den in § 13 Abs. 1 BestG genannten Verantwortlichen ausgehändigt, vernichtet oder verwertet werden.

(4) Soweit nach § 11 Abs. 8 BestG eine Flussbestattung oder ein Ausbringen der Asche zulässig ist, darf die Bestatterin oder der Bestatter die Ascheurne zum Zwecke der Entnahme von Metallteilen und zum Zwecke der Ausbringung der Asche öffnen.

(5) [1] Ascheurnen, die auf einem Friedhof beigesetzt werden sollen, werden von der Feuerbestattungsanlage an den für den Beisetzungsort zuständigen Friedhofsträger oder das für die Beisetzung zuständige Bestattungsunternehmen und zum Zwecke der Seebestat-

tung oder einer Bestattungsform nach § 11 Abs. 8 BestG an die für die Beisetzung zuständige Bestatterin oder den zuständigen Bestatter übergeben oder übersandt. [2]Der Friedhofsträger bescheinigt dem Träger der Feuerbestattungsanlage, auf welchem Bestattungsplatz die Ascheurne beigesetzt worden ist. [3]Bei einer Ausbringung der Asche auf einem Friedhof muss die Grabstelle oder die Ausbringungsfläche vermerkt werden. [4]Die Ascheurne darf der oder dem Verantwortlichen nach § 13 Abs. 1 Nr. 2 bis 9 BestG nur ausgehändigt werden, wenn eine Genehmigung zur Bestattung auf einem privaten Bestattungsplatz nach § 4 Abs. 3 BestG vorliegt.

§ 15
Schutzmaßnahmen

(1) Hat die verstorbene Person bei Eintreten des Todes eine übertragbare Krankheit, bei der die konkrete Gefahr besteht, dass gefährliche Erreger beim Umgang mit der Leiche übertragen werden, oder besteht der Verdacht einer solchen Krankheit, so gilt unbeschadet der nach dem Infektionsschutzgesetz angeordneten Schutzmaßnahmen darüber hinaus Folgendes:

1. **Personen, die mit der Leiche in Berührung kommen oder kommen können, müssen Schutzhandschuhe und Schutzkleidung aus Einmalmaterial oder persönliche Schutzausrüstung tragen. Schutzhandschuhe und Schutzkleidung aus Einmalmaterial sind nach beendeter Tätigkeit sachgerecht zu entsorgen. Persönliche Schutzausrüstung ist nach beendeter Tätigkeit einer entsprechenden Reinigung und Desinfektion zu unterziehen. Sollte eine Reinigung und Desinfektion zur Verhinderung der Übertragung von gefährlichen Erregern nicht ausreichend geeignet sein, ist die persönliche Schutzausrüstung sachgerecht zu entsorgen. Bei notwendigen aerosol- und Tröpfchen generierenden Maßnahmen sollen zusätzlich eine FFP2-Maske oder eine Maske höheren Standards und ein Augen- und Gesichtsschutz getragen werden.**
2. **Vor dem Verlassen des Totenzimmers ist eine sachgerechte Desinfektion durchzuführen. Desinfektionen von Händen, Haut, Instrumenten und Flächen sind mit geeigneten Mitteln und Verfahren zur Inaktivierung von Krankheitserregern vorzunehmen. Über geeignete Desinfektions- und Sterilisationsmaßnahmen berät das Gesundheitsamt. Dieses kann auch die Verwendung bestimmter Desinfektionsmittel und -verfahren anordnen.**
3. **Die Leiche ist unverzüglich in ein mit desinfizierender Lösung getränktes Tuch einzuhüllen und einzusargen und in eine Leichenhalle nach § 6 Abs. 1 und 5 zu überführen.**
4. **Ist eine solche Leichenhalle nicht vorhanden und kann die Leiche nicht in eine andere Leichenhalle überführt werden, so muss sie in einem besonderen Raum aufbewahrt werden, der für diese Zeit ausschließlich diesem Zweck dienen darf. Nach der Bestattung ist dieser Raum sachgerecht zu desinfizieren.**
5. **Die Bestattung in einer oberirdischen Grabkammer ist nicht zulässig.**
6. **Anstelle der Leichenschau nach § 16 Abs. 1 BestG wird zunächst lediglich der Tod festgestellt.**

(2) [1]Die leichenschauende Ärztin oder der leichenschauende Arzt hat dafür Sorge zu tragen, dass Personen, die mit der Leiche umgehen, auf die Ansteckungsgefahr und die gebotenen Schutzmaßnahmen hingewiesen werden. [2]Der Sarg ist deutlich mit dem Vermerk „Vorsicht Infektionsgefahr, nicht öffnen!" zu kennzeichnen.

§ 16
Einäscherungsverzeichnis

[1]Alle Einäscherungen sind vom Träger der Feuerbestattungsanlage in ein Einäscherungsverzeichnis einzutragen. [2]Die Eintragung umfasst den Vor- und Familiennamen,

das Geschlecht, das Geburtsdatum und den Todestag der verstorbenen Person, den Tag und die laufende Nummer der Einäscherung, den Bestattungsort und die Art des Transports der Asche dorthin. [3] Im Falle einer neuen Bestattungsform nach § 11 Abs. 8 Satz 1 BestG sind darüber hinaus einzutragen:

1. Name und Anschrift der Bestatterin oder des Bestatters, an die oder den die Asche ausgehändigt wurde,
2. Name und Anschrift der Person, an die die Aushändigung letztlich erfolgte und
3. gegebenenfalls Name und Anschrift des zur Aushändigung eingeschalteten Transportunternehmens.

[4] Das Einäscherungsverzeichnis und die ihm zugrundeliegenden Genehmigungen und Bescheinigungen sind mindestens 15 Jahre nach der letzten Eintragung aufzubewahren.

§ 17
Aufbewahrungsfristen

[1] Die örtlich zuständigen Ordnungsbehörden bewahren den nicht-vertraulichen Teil der Todesbescheinigung 30 Jahre auf. [2] Die Gesundheitsämter bewahren den vertraulichen Teil der Todesbescheinigung und die Obduktionsscheine mindestens 30 Jahre auf. [3] Die von der Verwaltungsstelle Datenmanagementsystem Mortalität beim Statistischen Landesamt digitalisierten vertraulichen Teile der Todesbescheinigungen können sowohl im Datenmanagementsystem Mortalität beim Statistischen Landesamt als auch im Landeskrebsregister und in den Gesundheitsämtern unbefristet aufbewahrt werden. [4] Die Fristen beginnen mit dem Tage der Ausstellung.

§ 18
Kostenerstattung für Ehrengräber

(1) Entsteht der Gemeinde als Friedhofsträger nach § 7 Abs. 3 BestG ein Vermögensnachteil, so kann der nach Maßgabe des § 7 Abs. 4 BestG bestehende Erstattungsanspruch schriftlich oder in Textform bei dem fachlich zuständigen Ministerium geltend gemacht werden.

(2) Dem Erstattungsantrag nach Absatz 1 sind insbesondere folgende Nachweise beizufügen:

1. die Dokumentation der Kennzeichnung als Ehrengrab,
2. der Antrag der oder des Verantwortlichen nach § 13 Abs. 1 Nr. 2 bis 9 BestG auf Übernahme der Erhaltung des Grabes,
3. die für den Zeitraum der geltend gemachten Erstattung geltende Friedhofsgebührensatzung sowie
4. Nachweise über die ortsüblichen Aufwendungen zur Graberhaltung.

(3) Die Erstattung erfolgt für das jeweilige Wirtschaftsjahr des Friedhofsträgers.

§ 19
Ordnungswidrigkeiten

(1) Ordnungswidrig im Sinne des § 27 Abs. 2 BestG handelt, wer vorsätzlich oder fahrlässig

1. entgegen § 2 Abs. 4 und 5 eine Flussbestattung durchführt, ohne dass die dort geregelten Voraussetzungen vorliegen; Ordnungswidrigkeiten und Straftatbestände nach wasserrechtlichen Vorschriften bleiben unberührt,

2. entgegen § 4 Abs. 1 die Ascheurne öffnet, Ascheteile entnimmt, ohne dazu beauftragte Bestatterin oder dazu beauftragter Bestatter zu sein,
3. entgegen § 4 Abs. 2 als Bestatterin oder Bestatter die Asche oder Ascheurne an nicht berechtigte Personen aushändigt,
4. entgegen § 7 Abs. 1 als Ärztin oder Arzt die Todesbescheinigungen ohne persönliche Untersuchung der Leiche ausstellt,
5. ein Fahrzeug oder sonstiges Transportbehältnis zur Überführung einer Leiche benutzt, das den Anforderungen des § 11 Abs. 1 nicht entspricht,
6. entgegen § 14 Abs. 1 als verantwortliche Leiterin oder verantwortlicher Leiter einer Feuerbestattungsanlage eine Leiche einäschert, bevor ihr oder ihm die erforderlichen amtlichen Unterlagen vorliegen,
7. entgegen § 14 Abs. 5 der oder dem Verantwortlichen nach § 13 Abs. 1 BestG die Ascheurne aushändigt,
8. nicht die nach § 15 erforderlichen Schutzmaßnahmen trifft oder nicht auf die Ansteckungsgefahr hinweist.

(2) Zuständige Verwaltungsbehörde im Sinne des § 36 Abs. 1 Nr. 1 des Gesetzes über Ordnungswidrigkeiten ist die örtliche Ordnungsbehörde.

§ 20
Inkrafttreten, Außerkrafttreten

(1) Diese Verordnung tritt am Tage nach der Verkündung in Kraft.

(2) Gleichzeitig tritt die Landesverordnung zur Durchführung des Bestattungsgesetzes vom 20. Juni 1983 (GVBl. S. 133), zuletzt geändert durch Verordnung vom 15. April 2020 (GVBl. S. 126), BS 2127-1-1, außer Kraft.

(3) Anstelle der Muster der Anlagen 1 bis 5 können bis zum Ablauf des 31. Mai 2026 auch die entsprechenden Muster der Anlagen 1 bis 5 der Landesverordnung zur Durchführung des Bestattungsgesetzes vom 20. Juni 1983 (GVBl. S. 133), zuletzt geändert durch Verordnung vom 15. April 2020 (GVBl. S. 126), BS 2127-1-1, verwendet werden.

Auf den Abdruck der Anlagen wurde verzichtet.

Bestattungsgesetz (BestG)

vom 22. September 2025 (GVBl. S. 554)

– Kommentar –

TEIL 1

FRIEDHOFSWESEN

§ 1

Friedhöfe

(1) [1] Friedhöfe sind Einrichtungen, die den verstorbenen Personen als würdige Ruhestätte und der Pflege ihres Andenkens gewidmet sind. [2] Friedhöfe sind so zu errichten und zu gestalten, dass die Totenruhe gewährleistet und das Wohl der Allgemeinheit nicht beeinträchtigt wird.

(2) Träger von Friedhöfen können nur Gemeinden sowie Religions- und Weltanschauungsgemeinschaften, die Körperschaften des öffentlichen Rechts sind, sein.

(3) [1] Die Errichtung und die Erweiterung eines Friedhofs sowie die Wiederbelegung eines geschlossenen Friedhofs bedürfen einer schriftlichen oder elektronischen Genehmigung der Kreisverwaltung, in kreisfreien Städten der Stadtverwaltung (Genehmigungsbehörde); die Landkreise und die kreisfreien Städte nehmen diese und die weiteren der Genehmigungsbehörde nach diesem Gesetz übertragenen Aufgaben als Auftragsangelegenheit wahr. [2] Für Gemeindefriedhöfe kreisfreier Städte wird die Genehmigung von der Aufsichts- und Dienstleistungsdirektion erteilt.

BestG-DVO:

§ 1

Friedhöfe, private Bestattungsplätze

(1) Friedhöfe und private Bestattungsplätze müssen so angelegt sein, dass sie den Belangen des Gesundheitsschutzes, des Umweltschutzes, der öffentlichen Sicherheit, dem Wohl der Allgemeinheit, des Städtebaus und der Landschafts- und Denkmalpflege gerecht werden.

(2) [1] Insbesondere muss die Bodenbeschaffenheit zur Leichenzersetzung geeignet sein, ohne dass die Gefahr von Geruchsbelästigungen oder des Eindringens von Zersetzungsprodukten in das Grundwasser oder Oberflächengewässer besteht. [2] Dies gilt nicht für Bestattungsplätze, die ausschließlich zur Beisetzung von Ascheurnen bestimmt sind.

(3) Friedhöfe und private Bestattungsplätze sind gegenüber Garten- und Hofflächen angrenzender Wohngrundstücke durch Anpflanzungen oder Einfriedigungen gegen Einsicht abzuschirmen.

(4) [1] Friedhöfe und private Bestattungsplätze dürfen nicht in Überschwemmungsgebieten, Wasserschutzgebieten oder Quellenschutzgebieten angelegt oder erweitert werden. [2] Die Genehmigungsbehörde nach § 1 Abs. 3 BestG kann Ausnahmen für Wasserschutzgebiete und Quellenschutzgebiete zulassen, wenn dies keine Auswirkungen auf die Gewässer hat.

BestG-DVO:

§ 5

Grabarten

Auf Gemeindefriedhöfen sind Reihengräber zur Verfügung zu stellen.

Erläuterungen:

§ 1 regelt grundsätzlich Vorgaben an den Friedhof, während Absatz 1 den Friedhof und seine Bedeutung definiert. Unter würdige Ruhestätten fallen darüber hinaus auch ein Friedwingert oder ein Begräbniswald. Ein Friedhof ist ein eingezäunter, meist öffentlicher Begräbnisplatz zur Bestattung Verstorbener und dient als Ort des Totengedenkens, der Trauer und der Ruhe. Der Begriff leitet sich vom althochdeutschen *frithof* („eingefriedeter Vorhof/Raum") ab, bezeichnete ursprünglich den Platz um eine Kirche und etablierte sich später als „Hof des Friedens". Die Totenruhe ist der rechtlich und ethisch geschützte Zustand, in dem die sterblichen Überreste eines Verstorbenen an ihrer letzten Ruhestätte ungestört verbleiben sollen. Sie ist Ausdruck der postmortalen Menschenwürde. Die Störung der Totenruhe ist in Deutschland nach § 168 StGB strafbar, wobei auch die Ruhefrist (meist 20–30 Jahre) auf Friedhöfen die Integrität des Grabes sichert.

Friedhofsträger (§ 1 Abs. 2) können neben Gemeinden auch Religions- und Weltanschauungskörperschaften sein, wenn sie Körperschaften des öffentlichen Rechts sind.

Die Errichtung eines Friedhofs ist an die Erfüllung bestimmter Voraussetzungen gebunden, insbesondere muss in jedem Fall ein Bedürfnis hierfür vorhanden sein (vgl. hierzu OVG Münster, DVBl. 1968, 120). Die Entscheidung darüber, ob ein Bedürfnis vorliegt, ist Sache der Genehmigungsbehörde. Eine staatliche Genehmigungspflicht für die Errichtung, aber auch die wesentliche Änderung sowie die Erweiterung eines Friedhofs ist notwendig, weil die „Genehmigung" von Friedhöfen von einem baurechtlichen Genehmigungsverfahren regelmäßig nicht erfasst wird. Das Erfordernis der Genehmigung dient auch dem Schutz der Gesundheit und des Eigentums der Grundstücksnachbarn (OVG Koblenz, DÖV 1985, 636). Die Sorge für die Kriegsgräber und Gräber anderer Opfer des Krieges und von der Gewaltherrschaft regelt das Bestattungsgesetz nicht. Sie richtet sich nach dem Gesetz über die Erhaltung der Gräber der Opfer von Krieg und Gewaltherrschaft (Gräbergesetz) in der Bekanntmachung der Neufassung vom 16.12.2012, zuletzt geändert durch Gesetz vom 4.12.2018, BGBl. I S. 2257; 2019, S. 496. Vom Anwendungsbereich des Gräbergesetzes werden nicht nur die traditionellen Kriegsgräber der beiden Weltkriege erfasst, sondern auch die Gräber aller Personen, für deren Tod der Krieg oder die Gewaltherrschaft eine maßgebliche Ursache gesetzt haben. Die Sorge der Gräber ist Sache der Bundesländer. Die vom Anwendungsbereich des Gräbergesetzes unterfallenen Gräber werden dauerhaft unterhalten. Die Betreuung alter jüdischer Friedhöfe obliegt, soweit nicht eine nach dem Krieg wieder entstandene jüdische Kulturgemeinde die Betreuung übernommen hat, den Kommunen im Rahmen der Allzuständigkeit im eigenen örtlichen Bereich. Der Umfang der Unterhaltungspflicht erstreckt sich auf die Sicherung der Umfriedigung, die Unterhaltung des Eingangstores einschließlich zum Eingang führender Treppenstufen, ferner die Instandsetzung der Zugangs- und Hauptverbindungswege sowie das regelmäßige Schneiden des Grases sowie die Beseitigung von Unkraut. Friedhöfe sind keine baulichen Anlagen, sondern eine Grünfläche, die nach § 9 Abs. 1 Nr. 15 BauGB festgesetzt werden kann. Auch vorhandene Grabsteine ergeben keine zusammenhängende Bebauung. Der Friedhof ist damit kein Element eines in Zusammenhang bebauten Ortsteils. Das hat zur Folge, dass ein Friedhof weder einen ansonsten vorhandenen Bebauungszusammenhang unterbricht noch einen fehlenden Bebauungszusammenhang vermitteln kann (vgl. OVG NRW, Urt. vom 7.11.1996 – 7 A 962 / 95 –). Für die Anlegung eines Friedhofs bzw. dessen Erweiterung bedarf es grundsätzlich keines Bebauungsplanverfahrens. Dies gilt auch für einen Begräbniswald. Es handelt sich hierbei um ein Waldgrundstück, das zur Beisetzung von Totenasche genutzt wird. Das vorbezeichnete allgemeine Genehmigungsverfahren umfasst eine Reihe von Fragen, die zu regeln sind. Neben den allgemeinen Planungsunterlagen, aus welchen sich die geplanten Anlagen ergeben, geht es um Grundwasserverhältnisse, die Geeignetheit der Fläche, Flächennutzungs- und Bebauungspläne, Gutachten der zuständigen Gesundheitsbehörde sowie Informationen über angrenzende Baugebiete etc. Nicht jedes Gelände ist für Erdbestattungen geeignet. Die mineralogische Zusammensetzung des Bodens, der Schichtaufbau, die Durchlüftung und die Grundwasserverhältnisse haben wesentlichen Einfluss auf den Verwesungsprozess. Während der Verwesung muss der Boden auch in der Lage sein, die Zersetzungsprodukte bis zum völligen Zerfall in organische Verbindung zurückzuhalten. Die Genehmigungsbehörde wird daher neben der Gesundheitsbehörde und der Wasserbehörde vor allem auch das Landesamt für Geologie und Bergbau Rheinland-Pfalz einschalten. Zu beachten sind auch umweltrelevante Vorgaben. Das Bundesverwaltungsgericht (NVwZ 1998, 852) hat sich mit der Frage befasst, ob die Genehmigung eines Friedhofes in einem Naturpark möglich ist. Die Richter stellten fest, dass auch der Schutz der natürlichen Lebensgrundlagen grundsätzlich zu sichern sei. Der religiös motivierte Standortwunsch für den Friedhof genieße insofern keinen Vorrang vor dem Naturschutz (vgl. hierzu auch Beitrag von Niestedt/Ziekow, WiVerw 2016, S. 1 ff.).

§ 1 BestG-DVO enthält klarstellende Regelungen zu den Mindestanforderungen an Friedhöfe und private Bestattungsplätze. Insbesondere, dass grundsätzlich vor der Neuanlage oder Erweiterung eines Friedhofes oder privaten Bestattungsplatzes die Bodenbeschaffenheit zu untersuchen ist. Beachtet werden sollten dabei die Anforderungen des Landesamts für Geologie und Bergbau an die Neuanlage oder Erweiterung von Friedhöfen. Darüber hinaus wird ein Verbot der Anlage von Friedhöfen und privaten Bestattungsplätzen in Überschwemmungsgebieten, Wasserschutzgebieten oder Quellenschutzgebieten aufgenommen.

§ 5 BestG-DVO trifft Festlegungen für die Mindestanforderungen an Gemeindefriedhöfe. Weitere Grabartangebote können die Friedhofsträger durch Satzung oder Ordnung festlegen.

§ 2
Gemeindefriedhöfe

(1) [1] Den Gemeinden obliegt es als Pflichtaufgabe der Selbstverwaltung, Friedhöfe zu errichten, zu unterhalten, zu erweitern, wieder zu belegen und Leichenhallen zu errichten, wenn hierfür ein öffentliches Bedürfnis besteht. [2] Sie regeln die Benutzung der Friedhöfe nach Maßgabe dieses Gesetzes und der aufgrund dieses Gesetzes erlassenen Rechtsverordnung durch Satzung.

(2) [1] Auf Gemeindefriedhöfen ist die Bestattung verstorbener Einwohnerinnen und Einwohner der Gemeinde zuzulassen. [2] Dies gilt auch für deren Angehörige in gerader Linie oder bis zum zweiten Grade in der Seitenlinie, welche zum Todeszeitpunkt nicht in der Gemeinde gewohnt haben, sofern deren Bestattung sachgerecht begründet werden kann. [3] Die Bestattung einer anderen in der Gemeinde verstorbenen oder tot aufgefundenen Person ist zuzulassen, wenn diese keinen festen Wohnsitz hatte, ihr Wohnsitz unbekannt war oder ihre Überführung an den Wohnsitz unverhältnismäßig hohe Kosten verursachen würde. [4] Die Gemeinde, in der eine Person verstorben oder tot aufgefunden worden ist, hat eine Bestattung auch aus Gründen der öffentlichen Sicherheit oder Ordnung zu dulden.

(3) Auf Gemeindefriedhöfen wird unabhängig von Konfession und Weltanschauung bestattet.

(4) [1] Die Gemeinden können ihre Pflichtaufgaben nach Absatz 1 auf Anstalten des öffentlichen Rechts oder andere Dritte, die auch private Rechtsträger sein können, übertragen,

wenn diese gewährleisten, die Pflichten der Gemeinde als Friedhofsträger im gleichen Maße übernehmen zu können. [2]Dritte unterstehen der Rechtsaufsicht der jeweiligen übertragenden Gemeinde. [3]Die übertragende Gemeinde erlässt die Satzungen nach § 8.

BestG-DVO:

§ 6

Leichenhallen

(1) Leichenhallen sind feste Bauwerke oder Räumlichkeiten in festen Bauwerken, die der Aufbewahrung von Leichen und Asche zur Vorbereitung und Durchführung der Bestattung dienen.

(2) [1]In Leichenhallen von Friedhofsträgern ist ein Raum für die Leichenschau, für die besondere zweite amtliche Leichenschau vor einer Einäscherung nach § 15 Abs. 7 und 8 BestG sowie für die besondere zweite amtliche Leichenschau von Kindern nach § 19 Abs. 4 Satz 3 BestG vorzuhalten. [2]Feuerbestattungsanlagen müssen Räume für die besondere zweite amtliche Leichenschau vor der Einäscherung nach § 15 Abs. 7 und 8 BestG vorhalten. [3]Zur Aufbewahrung von Leichen vorgesehene Räume müssen hell zu beleuchten, gut zu belüften, kühl, leicht zu reinigen und zu desinfizieren sowie gegen Eindringen von Tieren und unbefugtes Betreten geschützt sein. [4]Leichenschauräume müssen darüber hinaus mit einem fugendichten Fußbodenbelag und einer Wasserzapf- und Wasserentsorgungsstelle ausgestattet sein. [5]Eine Verpflichtung zu baulichen Anpassungen wird damit nicht begründet.

(3) [1]In Leichenhallen von Friedhofsträgern sollen unter Einhaltung geeigneter hygienischer Schutzmaßnahmen rituelle Waschungen durchgeführt werden können. [2]Eine Verpflichtung zu baulichen Anpassungen wird damit nicht begründet.

(4) [1]Die Errichtung und der Betrieb von Leichenhallen auf Friedhöfen bedürfen der Genehmigung durch die für Friedhöfe zuständige Genehmigungsbehörde nach § 1 Abs. 3 BestG. [2]Die Genehmigung ist zu versagen oder kann widerrufen werden, wenn die gesetzlichen Vorschriften nicht eingehalten werden.

(5) Als Leichenhallen gelten auch die Leichenaufbewahrungsräume der Feuerbestattungsanlagen, der Krankenhäuser, des Instituts für Rechtsmedizin, des Instituts für Anatomie, der Pathologien, der Pflegeheime, der Hospize und der Bestattungsunternehmen.

Erläuterungen:

Die Totenbestattung ist eine öffentliche Aufgabe und obliegt den Gemeinden (nicht den Verbandsgemeinden) als Pflichtaufgabe der Selbstverwaltung (vgl. hierzu § 2 Abs. 1 Satz 2 GemO). Die Aufgabe umfasst sowohl die Unterhaltung eines Friedhofes sowie den Bau einer Leichenhalle, sofern ein öffentliches Bedürfnis besteht. Ein solches Bedürfnis liegt vor, wenn in der Gemeinde keine ausreichende Bestattungsmöglichkeit besteht. Die Entscheidung darüber, ob ein Bedürfnis vorliegt, ist Sache der für die Genehmigung zuständigen Behörde, im Übrigen der Gemeinde selbst. Die Gemeinde hat den dafür notwendigen Nachweis zu bringen. An das Ausmaß des Bedürfnisses dürfen allerdings keine allzu großen Anforderungen gestellt werden. Auch wenn die Zahl der Interessenten an einer neuen Bestattungsart im Gegensatz zu der Zahl, die eine konventionelle Bestattung vorziehen, stark differiert, wird man bei der Bedürfnisfrage kein gleichartiges hohes Interesse wie an konventionellen Bestattungsformen verlangen können (so z. B. VG Weimar, Urt. vom 5.2.2014 – 3 K 201 / 13 –). Hierbei darf man nicht vergessen, dass die eigentlich wichtigste Funktion von Beisetzungsorten in ihrer möglichen psychologischen Wirkung auf die Hinterbliebenen liegt. Die Rolle von Friedhöfen als „Abschiedsraum für Trauernde" hat ein großes Potential für das psychische Wohlergehen von Bürgern. Daneben spielen Aspekte eine Rolle, die eine individuelle Gestaltungsfreiheit bei Beisetzungsarten eröffnen, ohne dass die Pflicht zur Grabpflege besteht.

Dem Friedhofsträger obliegt die Verkehrssicherungspflicht für den öffentlichen Friedhofsbereich. Diese umfasst die sichere Ausgestaltung und Unterhaltung der Wege und Bäume sowie die Verantwortlichkeit für die Gefahren, die durch nicht mehr standsichere Grabsteine entstehen können. Diese Wege müssen auch auf das Sicherheitsbedürfnis älterer Menschen ausgelegt werden. Es dürfen keine gefährlichen Wurzeln oder ähnliche Hindernisse in den Weg hineinragen. Abseits der Wege, insbesondere im Bereich der Zwischenräume zwischen den Gräbern, besteht ebenfalls eine sehr eingeschränkte Verkehrssicherungspflicht. Dies gilt auch dann, wenn damit gerechnet werden muss, dass diese Bereiche zur Grabpflege betreten werden müssen. Von großer praktischer Bedeutung sind Verletzungen von Friedhofsbesuchern durch umstürzende Grabsteine. Die Verantwortlichkeit für Gefahren von nicht mehr sicher aufgestellten Grabsteinen obliegt zunächst den Grabbenutzungspflichtigen. Sie sind in der Regel nach den Friedhofsatzungen auch verpflichtet, die Standsicherheit zu kontrollieren und haben dafür zu sorgen, dass Gefahren beseitigt werden. Jedoch obliegt dem Friedhofsbetreiber eine Überwachungspflicht dahingehend, dass die Grabbenutzungspflichtigen ihren Pflichten auch nachkommen. Diese Überwachungspflicht ist grundsätzlich privatrechtlicher Natur, auch wenn das Benutzungsverhältnis durch die Friedhofssatzung öffentlich-rechtlich ausgestaltet ist. Die Überprüfung der Standsicherheit von Grabsteinen ist mindestens einmal jährlich durch sogenannte „Rüttelproben" durchzuführen. Dabei ist durch kräftiges Anfassen zu überprüfen, ob der Stein noch sicher steht, oder ob alsbald mit einem Umstürzen zu rechnen ist. Ergibt sich herbei, dass eine unmittelbare Gefahr besteht, muss sofort gehandelt werden, indem der Grabstein entfernt oder gesichert wird. Besteht keine unmittelbare Gefahr, ist aber damit zu rechnen, dass in näherer Zukunft die Standsicherheit nicht mehr gewährleistet sein wird, ist der Grabbenutzungsberechtigte zu informieren und zur Abstellung der Gefahr aufzufordern. Dies geschieht am zweckmäßigsten durch auffällige Anbringung eines entsprechenden Aufklebers am Stein. Allerdings darf sich die Kommune nicht allein auf die Wahrnehmung beschränken, sie hat vielmehr auch zu kontrollieren, ob der Verpflichtete von der Gefahr Kenntnis genommen und entsprechende Maßnahmen zur Gefahrenbeseitigung getroffen hat. Kommt der Verantwortliche seinen Pflichten nicht nach, so muss die Kommune selbst die Gefahrenstelle beseitigen. Die hierfür erforderlichen Aufwendungen kann sie, falls die Friedhofssatzung einen öffentlich-rechtlichen Erstattungsanspruch nicht vorsieht, von den Grabbenutzungspflichtigen nach den Grundsätzen der Geschäftsführung ohne Auftrag nach § 683 BGB ersetzt verlangen. Dies gilt auch, wenn das Grabbenutzungsrecht abgelaufen ist und der ursprünglich Berechtigte trotz Aufforderung den Grabstein nicht beseitigt.

Wenn ein Friedhofsbesucher zu Schaden kommt, kann er vom Träger des Friedhofs Ersatz des ihm entstandenen Schadens verlangen (OLG Hamm, NVwZ-RR 1990, 2). Kein Anspruch besteht, wenn der Grabstein unsachgemäß genutzt wird. In dem vom LG Meiningen (Urt. vom 22.3.1999 – 1 O 551 / 99 –) entschiedenen Fall wollte sich eine Friedhofsbesucherin an einem Grabstein hochziehen, der umstürzte und sie begrub. Da der Träger des Friedhofes und die Nutzungsberechtigten an einer Grabstätte Mitgewahrsam haben (BGH, NJW-RR 2006, 570), kann der Geschädigte vom Träger des Friedhofs Ersatz seiner Aufwendungen verlangen (BGH, NJW 1977, 1392; OLG Rostock, OLGR 2003, 348). Dies gilt insbesondere dann, wenn die Friedhofssatzung bestimmt, dass Grabmale standsicher aufzustellen und im verkehrssicheren Zustand zu halten sind (VG Koblenz, Urt. vom 14.12.1995 – 2 K 2112 / 95 –). Die Unfallverhütungsvorschrift Friedhöfe und Krematorien VSG 4.7. verweist in § 9 (Errichtung von Grabmälern und Fundamenten) auf die „[t]echnische Anleitung zur Standsicherheit von Grabmalanlagen" (TA Grabmal). Die Richtlinie des Bundesinnungsverbandes des Deutschen Steinmetz, Stein- und Holbildhauerhandwerks bleibt anerkannte Regel der Technik und des Handwerks und nach wie vor gültig.

Für Grabschändungen durch Dritte kann eine Gemeinde in der Regel nicht verantwortlich gemacht werden. Es kann nicht verlangt werden, dass etwa Friedhöfe dahingehend überwacht werden, ob Dritte dessen Einrichtungen beschädigen. Auch eine Pflicht, Friedhöfe nachts zu verschließen, besteht nicht.

Nach Auffassung des LG Amberg (Urt. vom 29.7.1992 – 24 O 518 / 92 –) ist das Verschließen des Friedhofs auch kein geeignetes Mittel, Dritte zuverlässig davon abzuhalten, in diesen einzudringen. Zur Vermeidung von Schadensfällen kann die zuständige Behörde einen Organisationsplan aufstellen, der regelt, welche Kontrollen zu welcher Zeit verbindlich durchgeführt werden.

Absatz 2 garantiert im Bestattungsrecht das sogenannte Wohnortprinzip und folgt damit gemeinderechtlichen Grundsätzen. Dieses schließt nicht aus, dass auch anderen Personen nach Maßgabe der Friedhofssatzung Grabstätten zur Verfügung gestellt werden können. Die Erhebung eines sogenannten „Auswärtigenzuschlags" und damit die Erhebung höherer Gebühren bei der Bestattung von Personen im Gegensatz zu denjenigen, die bei ihrem Tode Einwohner der betroffenen Gemeinde waren oder ein Recht auf Bestattung in einer bestimmten Grabstätte besaßen, ist unzulässig für diese Regelungsfälle. Die regelmäßige Zustimmung des Friedhofsträgers bei der Bestattung auswärtiger Personen darf nicht mit der Erhebung eines besonderen Zuschlags in die Friedhofssatzung verbunden werden. Gleichwohl besteht die Möglichkeit, eine privatrechtliche Vereinbarung mit Auswärtigen zu schließen. Die Rechtsprechung hat sogar die vierfache Gebührenerhöhung für rechtmäßig erachtet (vgl. hierzu VG Neustadt an der Weinstraße, Urt. vom 11.6.2001 – 1 K 23 / 01.NR –; a. A. *Barthel* in Gaedke, 13. Aufl., 3. Kap., Rn. 137). Derartige Vereinbarungen sind nicht sittenwidrig. Für Friedhöfe könne in der Regel keine Kostendeckung erreicht werden. Ortsfremde, die im Gegensatz zu Einwohnern nicht bereits mittelbar durch ihre Steuern zur Friedhofsunterhaltung beigetragen haben, dürfen am Ausgleich dieser Unterdeckung durch höhere Entgelte beteiligt werden. In der Neufassung des Gesetzes wurde der Personenkreis um die Möglichkeit der Bestattung von Angehörigen (in gerader Linie, also Eltern, Kinder, Großeltern, Enkel und bis zum zweiten Grad der Seitenlinie, Bruder, Schwester, Halbbruder und Halbschwester) mit anderem Wohnsitz erweitert. Damit wird dem möglichen Erwerb eines Familiengrabes und der familiären Zusammenführung nach dem Tode Rechnung getragen.

Absatz 2 gilt auch für totgeborene oder in der Geburt verstorbene Kinder von Gemeindeeinwohnern. Der Einwohnerbegriff ergibt sich aus § 13 GemO. Aus § 2 Abs. 2 Satz 3 ergibt sich eine Besonderheit für ordnungsbehördliche Bestattungen.

> *Beispiel:*
>
> *A verstirbt in der Ortschaft X. Die Schwester S. der Verstorbenen als einzige Angehörige weigert sich die Bestattung durchzuführen, so dass die zuständige Ordnungsbehörde die Bestattung von Amts wegen veranlasst. Das zuständige Ordnungsamt erlässt gegen S. einen Kostenbescheid im Rahmen einer Ersatzvornahme. S. wendet sich gegen den Kostenanteil der Grabbenutzungsgebühren, da nach § 2 Abs. 2 Satz 4 BestG die Gemeinde die Bestattung zu dulden hat. Wie verhält sich hier die Rechtslage?*

Rechtstechnisch betrachtet könnte argumentiert werden, dass die Kosten der Grabbenutzungsgebühren nicht im Rahmen der Gefahrenabwehr erforderlich sind, da das Gesetz ausdrücklich eine „Duldungspflicht" entsprechender Bestattungen vorsieht. Das würde aber nicht dazu führen, dass die Kosten der Grabbenutzungsgebühren generell entfallen, sondern dass bei einer entsprechenden Verfahrensweise die Grabbenutzungsgebühren durch den Friedhofsträger beim „Kostenpflichtigen" geltend gemacht werden können. Dies gilt insbesondere auch dann, wenn das Ordnungsamt durch die Beisetzung in die bestimmte Grabstätte die Ursache für die Kostenerhebung gesetzt hat. In den Fällen der „Amtsbestattung" entscheidet die Ordnungsbehörde auch über die Bestattungsart, wenn Bestattungspflichtige nicht auffindbar sind oder Bestattungspflichtige ein Tätigwerden verweigern. Das Ordnungsamt muss in diesem Fällen lediglich einen „bekannten" Willen des Verstorbenen respektieren. Selbst eine geringere Kostenlast zwingt die Behörde nicht automatisch dazu, eine Feuerbestattung anzuordnen (vgl. hierzu Erläuterungen zu § 13). Die Kostenlast für die durchgeführte Amtsbestattung haben die Verantwortlichen zu tragen. Verfügt also das Ordnungsamt eine Erdbestattung, so hat der Friedhofsträger einen Ersatzanspruch der anfallenden Grabbenutzungsgebühren gegenüber dem Bestattungspflichtigen. Gleichfalls könnte das Ordnungsamt auch trotz vorhandener „Grabstelle" im Rahmen der Amtsbestattung eine „Kremierung" des Leichnams anordnen, wenn ein gegenteiliger Wille nicht vorliegt.

Durch Absatz 3 werden die Gemeinden als Friedhofsträger verpflichtet, Verstorbene gleich welcher Religion oder Weltanschauung zu bestatten.

Nach Absatz 4 dürfen die Gemeinden als Friedhofsträger die Errichtung, Unterhaltung, Wiederbelegung und Erweiterung von Friedhöfen sowie die Errichtung von Leichenhallen auf Dritte übertragen. Diese können auch privatrechtlicher Form sein. Voraussetzung dafür ist, dass die Dritten die vom Gesetzgeber an die Friedhofsträger gestellten Anforderungen ebenso erfüllen können. Eine solche Übertragung kann durch öffentlich-rechtlichen Vertrag erfolgen. Sie entbindet die Gemeinden als Friedhofsträger jedoch nicht von ihrer Pflicht und Verantwortung der Erfüllung ihrer Aufgaben als Friedhofsträger. Die Gemeinden haben in diesen Fällen die Rechtsaufsicht über die Dritten und erlassen die Friedhofssatzungen.

§ 3

Friedhöfe und Bestattungsplätze der Religions- und Weltanschauungsgemeinschaften

(1) Kirchen, Kirchengemeinden und Kirchengemeindeverbände sowie andere Religions- und Weltanschauungsgemeinschaften, die Körperschaften des öffentlichen Rechts sind, können eigene Friedhöfe errichten, unterhalten, erweitern und wieder belegen sowie Leichenhallen errichten.

(2) Grabstätten in Kirchen der in Absatz 1 genannten Körperschaften sind als Bestattungsplätze zu genehmigen, wenn keine gesundheitlichen Gefahren bestehen.

Erläuterungen:

Durch § 3 wird der kulturellen und religiösen Vielfalt Rechnung getragen, indem andere Religions- und Weltanschauungsgemeinschaften den Kirchen hinsichtlich der Friedhofsträgerschaft gleichgestellt werden. Absatz 1 erlaubt den Religions- und Weltanschauungsgemeinschaften, welche Körperschaften des öffentlichen Rechts sein müssen, ebenso wie den Gemeinden, eigene Friedhöfe zu errichten, zu unterhalten, zu erweitern und wieder zu belegen sowie Leichenhallen zu errichten. Absatz 2 bestimmt die grundsätzliche Genehmigung von Grabstätten in Kirchen, wenn keine gesundheitlichen Gefahren entgegenstehen. Friedhöfe unter kirchlicher Trägerschaft sind vorwiegend mit einem eigenen Haushalt ausgestattet und dazu angehalten, sich selbst zu tragen. Wie kommunale Friedhöfe verfügen sie über Einnahmen in Form von Friedhofsgebühren. In Deutschland können auf kirchlichen Friedhöfen meist auch Menschen bestattet werden, die keiner oder einer anderen Religions- oder Weltanschauungsgemeinschaft als der des Trägers angehört haben, wenn auch normalerweise nicht in Form einer kirchlichen Bestattung. Das kann insbesondere dann von Bedeutung sein, wenn in einer Gemeinde kein kommunaler Friedhof zur Verfügung steht.

§ 4

Private Bestattungsplätze

(1) [1] Private Bestattungsplätze sind Grundstücke, Anlagen oder Gebäude, die nicht für die allgemeine Bestattung gewidmet sind und keine Friedhöfe im Sinne dieses Gesetzes darstellen. [2] Auf privaten Bestattungsplätzen dürfen nur Grabmale und Grabeinfassungen entsprechend § 9 verwendet werden.

(2) Private Bestattungsplätze können nur ausnahmsweise errichtet, unterhalten, erweitert oder wieder belegt werden, wenn

1. ein berechtigtes Bedürfnis oder Interesse besteht,

2. öffentliche Interessen oder schutzwürdige Belange Dritter nicht beeinträchtigt werden und

3. eine würdige Gestaltung und Unterhaltung des Bestattungsplatzes während der Ruhezeit gesichert ist.

(3) [1] Die Genehmigung von privaten Bestattungsplätzen, deren Erweiterung oder Wiederbelegung erfolgt gemäß § 1 Abs. 3. [2] Jede Bestattung auf einem privaten Bestattungsplatz bedarf einer schriftlichen oder elektronischen Genehmigung durch die Genehmigungsbehörde.

(4) Die Veräußerung eines Grundstücks, auf dem sich ein privater Bestattungsplatz befindet, ist der Genehmigungsbehörde anzuzeigen.

BestG-DVO:

§ 3

Ausbringung von Asche außerhalb von Friedhöfen

(1) [1] Das Ausbringen der Asche, die in einer Feuerbestattungsanlage fachgerecht aufbereitet wurde und keine Metallteile enthält, kann nach § 11 Abs. 8 Satz 1 BestG außerhalb von Friedhöfen sowohl auf privaten als auch auf öffentlich zugänglichen Flächen erfolgen. [2] Sind mehrere Eigentümerinnen oder Eigentümer vorhanden, müssen alle Eigentümerinnen und Eigentümer des Grundstücks der Ausbringung der Asche zustimmen. [3] Die Asche darf nicht auf mehrere Grundstücke aufgeteilt werden. [4] Sie ist entweder oberirdisch zu verstreuen oder lose, ohne Behältnis, in die Erde einzubringen. [5] Öffentlich zugängliche Flächen, auf welchen die Ascheausbringung erlaubt ist, müssen entsprechend gekennzeichnet sein. [6] Bei Veräußerung eines Grundstücks, auf welchem Totenasche ausgebracht wurde, hat die Veräußerin oder der Veräußerer der Erwerberin oder dem Erwerber auf den Ascheausbringungsort, das Ausbringungsdatum sowie die bestehende Ruhezeit nach § 6 Abs. 2 BestG hinzuweisen.

(2) Die Flächen zur Ascheausbringung müssen sich eignen, um die Anforderungen des Wasserschutzrechts, Naturschutzes sowie der bodennutzungsrechtlichen Bestimmungen zu erfüllen.

(3) [1] Die Ausbringung der Asche außerhalb eines Friedhofes hat die Bestatterin oder der Bestatter insbesondere mit genauen GPS-Koordinaten zu dokumentieren. [2] Die Dokumentation umfasst auch die Totenfürsorgeverfügung und ist mindestens 15 Jahre von der Bestatterin oder dem Bestatter aufzubewahren. [3] Dem Träger der Feuerbestattungsanlage, der für den Bestattungsort zuständigen Ordnungsbehörde und auf Verlangen den Personen nach § 13 Abs. 1 BestG ist eine Abschrift der Dokumentation zur Verfügung zu stellen.

(4) Ausgeschlossen ist die Ausbringung der Asche in Naturschutzgebieten, Natura 2000-Gebieten, in Nationalparks und Kernzonen des Biosphärenreservats Pfälzerwald.

BestG-DVO:

§ 4

Ascheteilung zur würdevollen Weiterverarbeitung

(1) [1] Die Öffnung der Ascheurne und die Entnahme von Ascheteilen zur würdevollen Weiterverarbeitung nach § 11 Abs. 8 Satz 1 BestG dürfen ausschließlich durch die Bestatterin oder den Bestatter erfolgen. [2] Nach der Entnahme ist die Ascheurne wieder dauerhaft zu verschließen.

(2) [1] Die Ascheteile dürfen von der Bestatterin oder dem Bestatter nur an die in der Totenfürsorgeverfügung bestimmte Person in getrennten Gefäßen ausgehändigt werden. [2] Diese Person hat die Herstellung der in der Totenfürsorgeverfügung benannten Erinnerungsstücke zu veranlassen und diese bei entsprechender Regelung in der Totenfürsorgeverfügung an die zum Empfang bestimmten Person oder Personen zu übergeben.

(3) [1] Die Entnahme von Ascheteilen und die Aushändigung von Ascheteilen sind durch die Bestatterin oder den Bestatter zu dokumentieren. [2] Die Dokumentation umfasst auch die Totenfürsorgeverfügung und ist mindestens 15 Jahre von der Bestatterin oder dem Bestatter aufzubewahren. [3] Dem Träger der Feuerbestattungsanlage, der für den Bestattungsort zuständigen Ordnungsbehörde und auf Verlangen den in § 13 Abs. 1 BestG genannten Personen ist eine Abschrift der Dokumentation zur Verfügung zu stellen.

Erläuterungen:

Absatz 1 definiert den privaten Bestattungsplatz, der kein Friedhof im Sinne des Bestattungsgesetzes ist und somit auch nicht den Friedhöfen mit all seinen Pflichten und Rechten für die Friedhofsträger gleichzusetzen ist. In der Regel sollen Bestattungen auf öffentlichen Bestattungsplätzen (Friedhöfen) vorgenommen werden, nur im Ausnahmefall kann eine private Ruhestätte zugelassen werden. Ein privater Bestattungsplatz ist nicht für die Allgemeinheit bestimmt und in der Regel nicht öffentlich zugänglich. Beispiele für private Bestattungsplätze sind Mausoleen, Familiengruften von Adelsfamilien auf deren Grundstücken, die meist schon seit Jahrzehnten oder Jahrhunderten bestehen oder Bestattungsplätze auf Klostereigentum für Mönche, Nonnen o. Ä. des jeweiligen Klosters. Da es diese bereits schon oftmals gibt, können private Bestattungsplätze nicht gänzlich ausgeschlossen werden. Zusätzlich dürfen zukünftig auch auf privaten Bestattungsplätzen nur Grabmale und Grabeinfassungen verwendet werden, welche nachweislich nicht aus schlimmster Form von Kinderarbeit stammen.

Absatz 2 regelt die Voraussetzungen für die Genehmigung von Anlage, Erweiterung oder Wiederbelegung von privaten Bestattungsplätzen. Ein berechtigtes Bedürfnis oder Interesse im Sinne § 4 Abs. 2 Nr. 1 ist nur gegeben, wenn Gründe dargelegt werden, die der Totenruhe vorgehen. Das gilt auch für besondere atypische Gegebenheiten oder Härtefälle, in denen die Befolgung des geltenden Friedhofszwangs unzumutbar wäre oder wenn eine bedeutende Persönlichkeit geehrt werden soll. Schutzwürdige Belange Dritter sind der Schutz der natürlichen Lebensgrundlagen (Art. 20a des GG), insbesondere des Wasserhaushalts, Erfordernisse der Raumordnung und Landesplanung sowie überwiegende Belange Dritter. Eine Verbundenheit zur Natur oder zum Grundstück, Anlage oder Gebäude reichen ebenso wenig für eine Ausnahme wie der Verweis auf Regelungen anderer Bundesländer.

Das OVG Rheinland-Pfalz (Urt. vom 6.10.2022 – 7a 10437 / 22 –) hat sich mit der Frage der Anlegung eines privaten Bestattungsplatzes in einer eigenen Hofkapelle befasst. Der Kläger hatte eine entsprechende Genehmigung begehrt, die ihn behördlicherseits abgelehnt wurde. Der Kläger führte aus, dass es seit vielen Jahren einen Wandel im Hinblick auf allgemeine Lockerungen des Friedhofszwanges gebe. Dies sei sowohl in vielen Staaten der Europäischen Union und auch in verschiedenen Bundesländern tendenziell erkennbar. Dem folgten die Richter des Koblenzer Oberverwaltungsgerichts nicht. Es sei weder ersichtlich, dass mit dem grundsätzlichen Verbot von Bestattungen außerhalb von Friedhöfen der dem Gesetzgeber zustehende weite Ermessensspielraum aufgrund gewandelter Vorstellungen in der Bevölkerung nunmehr überschritten worden sein könnte. Noch zeige sich, dass die allgemeine Handlungsfreiheit des Einzelnen bei restriktiver Handhabung der Ausnahmevoraussetzungen, also der Genehmigungserteilung zur Anlage privater Bestattungsplätze nach § 4 zwecks Aufrechterhaltung des im Gesetz ausdrücklich vorgesehenen Regel- / Ausnahmeverhältnis nur in besonderen begründeten Einzelfällen, mittlerweile in nicht mehr vertretbarer Weise eingeschränkt werden könne. Legitime Ausnahmegründe zur Annahme eines berechtigten Interesses i. S. v. § 4 Abs. 2 Nr. 1 BestG können Glaubens-, Gewissens- und Bekenntnisgründe darstellen sowie u. a. besondere atypische Gegebenheiten oder Härtefälle, in denen die Befolgung des Friedhofszwangs unzumutbar ist. Solche Gründe habe jedoch der Antragsteller nicht vorgebracht.

Nach Absatz 3 unterliegen private Bestattungsplätze der schriftlichen oder elektronischen Genehmigung durch die zuständige Genehmigungsbehörde, um hier einen Gleichlauf mit Friedhöfen zu gewährleisten.

Absatz 4 regelt die Anzeigepflicht bei der Veräußerung von Grundstücken mit privaten Bestattungsplätzen bei der Genehmigungsbehörde.

In § 3 BestG-DVO wurden neue Regelungen aufgenommen, um die Verfahrensanforderungen der Ausbringung der Asche näher zu regeln.

Absatz 1 regelt die Ascheausbringung auf privaten und öffentlich zugänglichen Grundstücken. Es wird klargestellt, dass alle Eigentümer eines Grundstückes der Ascheausbringung zustimmen müssen und die Asche nicht in einem Behältnis in die Erde verbracht werden darf, da dies außerhalb des Friedhofes nur auf einem genehmigungspflichtigen privaten Bestattungsplatz nach § 4 BestG zulässig ist. Zusätzlich müssen öffentlich zugängliche Grundstücke, auf denen die Asche verstorbener Personen ausgebracht werden darf, so gekennzeichnet werden, dass dies für jedermann erkennbar ist. Zusätzlich wird eine Regelung dahingehend getroffen, dass bei der Veräußerung von Grundstücken, auf welchen die Asche ausgebracht wurde, der Erwerber auf den Ausbringungsort und die noch bestehende und einzuhaltende Ruhezeit hingewiesen werden muss. Voraussetzung der Ascheausbringung ist, dass eine Person über das Grundstück nach zivilrechtlichen Grundsätzen wie ein Eigentümer verfügen kann. Insofern ist insbesondere bei Wohnungseigentümergemeinschaften ein Anteil am Gemeinschaftseigentum nicht ausreichend. Sondereigentum an einem Teil kann ausreichen, wenn in den WEG-rechtlichen Regelungen keine zulässigen Sonderregelungen getroffen sind.

Mit Absatz 2 wird den Gemeinden und öffentlich-rechtlichen Körperschaften erlaubt, für die in ihrem Eigentum befindlichen Grundstücke, die sie für die Ascheausbringung zur Verfügung stellen, weitere Regelungen mittels Satzung oder Ordnung zu treffen.

Nach Satz 2 müssen die zur Ausbringung der Asche zugelassenen Grundstücke so beschaffen sein, dass sie die wasserschutzrechtlichen, naturschutzrechtlichen sowie bodenschutzrechtlichen Bestimmungen erfüllen. So darf die Asche beispielsweise nicht in einem Naturschutzgebiet oder auf einem Grundstück verstreut werden, auf dem die Asche direkt ins Trinkwasser gelangen könnte. Dies ist wegen der zu erwartenden Regelmäßigkeit der Ausbringung von Asche bei diesen Grundstücken angezeigt.

Absatz 3 regelt die Dokumentationspflicht des Bestatters über den Ort der Ascheausbringung und welchen Personen eine Abschrift davon herausgegeben werden muss.

§ 4 BestG-DVO bestimmt die Verfahrensanforderungen an die Entnahme von Ascheteilen zur würdevollen Weiterverarbeitung und an die Aushändigung der Ascheurne an Privatpersonen fest. Dies stellt eine Ausnahme von dem Grundsatz dar, dass die Asche nach der Einäscherung nicht getrennt oder aufgeteilt werden darf. Es haben sich verschiedene Formen der Erinnerungskultur herausgebildet, die auch als würdevoll wahrgenommen werden, für die aber nur ein Teil der Asche verwendet werden kann. Durch die Vorschrift soll sichergestellt werden, dass diesem Ausnahmecharakter Rechnung getragen wird und beispielsweise nicht Teile der Asche bei unterschiedlichen Angehörigen separat aufbewahrt werden.

Absatz 1 bestimmt, dass nach der Einäscherung und Aushändigung der verschlossenen Ascheurne durch die Feuerbestattungsanlagen nur die Bestatter die Ascheurne zur Entnahme von Ascheteilen öffnen dürfen und danach diese zu verschließen und zu versiegeln haben. Damit soll vermieden werden, dass andere Personen die Ascheurne leichtfertig öffnen können.

Nach Absatz 2 dürfen die entnommenen Ascheteile nur an die in der Totenfürsorgeverfügung bestimmte Person herausgegeben werden. Diese wird mit der Totenfürsorgeverfügung dazu verpflichtet, gemäß den dortigen Regelungen die gewünschten Erinnerungsstücke herstellen zu lassen und dann an die festgelegten Personen herauszugeben.

Absatz 3 verpflichtet die Bestatterin oder den Bestatter sowohl die Entnahme von Ascheteilen sowie die Aushändigung selbiger oder von Ascheurnen zu dokumentieren und regelt, an wen die Dokumentation auszuhändigen ist.

§ 5
Begräbniswälder

(1) [1]Begräbniswälder außerhalb von umfriedeten Friedhöfen sind Friedhöfe auf festgelegten Waldgrundstücken, auf welchen ausschließlich Feuerbestattungen oder das Ausbringen der Asche zugelassen sind. [2]Sie bedürfen grundsätzlich keiner Einfriedung, müssen aber räumlich von der Umgebung abgegrenzt und als Friedhof erkennbar sein.

(2) In Begräbniswäldern auf umfriedeten Friedhöfen sind Erd- und Feuerbestattungen sowie das Ausbringen der Asche zugelassen.

(3) [1]Bei der Errichtung sind das Wasserhaushaltsrecht, der Gesundheitsschutz, der Naturschutz sowie die bodennutzungsrechtlichen Bestimmungen zu beachten. [2]Das Nähere zu Begräbniswäldern regelt die Friedhofssatzung oder Friedhofsordnung.

Erläuterungen:

Im neuen Gesetz aufgenommen, da es hierfür bislang keine Regelung gab, ist die Zulassung von Begräbniswäldern. Eine Differenzierung zwischen Begräbniswäldern auf Friedhöfen und außerhalb von Friedhöfen ist notwendig, da Begräbniswälder außerhalb von Friedhöfen nicht unter die Vorhaltepflicht an Friedhöfen der Gemeinden fallen. Begräbniswälder außerhalb von Friedhöfen sind gewidmete Friedhöfe im Sinne des § 1, welche für Mensch und Tier frei zugänglich sind. Begräbniswälder außerhalb von Friedhöfen sind naturbelassen und Grabsteine, Grabschmuck oder Grablichter dürfen dort nicht platziert werden. Begräbniswälder auf Friedhöfen werden oftmals als „Waldfriedhof" bezeichnet, sind parkähnlich angelegt mit vielen Bäumen und lassen Grabsteine und Grabschmuck üblicherweise zu. Auch gibt es Öffnungszeiten. Absatz 1 definiert den Begräbniswald als nicht umfriedeten Friedhof außerhalb von Friedhöfen, in welchem ausschließlich Feuerbestattungen erlaubt sind. Die Fläche, auf der sich ein Begräbniswald befindet, muss als Friedhof gewidmet und gekennzeichnet sein.

Absatz 2 bestimmt, dass in Begräbniswäldern auf umfriedeten Friedhöfen neben Erdbestattungen auch das Ausbringen der Asche zugelassen werden kann.

Durch Absatz 3 werden die Voraussetzungen für die Errichtung eines Begräbniswaldes genannt. Die Fläche muss baurechtlich als Friedhof gewidmet werden. Zudem müssen Naturschutzbestimmungen beachtet werden, da der Waldcharakter erhalten bleiben muss. Es wird untersucht, ob die Bestattung von Urnen unbedenklich ist. Die Auswirkungen auf das Grundwasser werden geprüft. Der Wald muss über einen geeigneten Baum- und Holzbestand verfügen, der eine langfristige Nutzung (meist 99 Jahre) ermöglicht. Die Erreichbarkeit des Waldes für Besucher, einschließlich notwendiger Parkplätze, wird geprüft. Die Friedhofsträger haben durch Friedhofssatzung oder Friedhofsordnung das Nähere wie die Benutzung, Pflege und Gebühren im Sinne von § 8 zu regeln.

§ 6
Ruhezeit

(1) Für einen Friedhof, Teile eines Friedhofs oder private Bestattungsplätze wird mit der Genehmigung nach § 1 Abs. 3 oder § 4 Abs. 3 festgelegt, wie lange einzelne Grabstätten nicht erneut belegt werden dürfen.

(2) Die Mindestruhezeit für Erdbestattungen beträgt 15 Jahre, für Feuerbestattungen und das Ausbringen der Asche auf Friedhöfen oder privaten Bestattungsplätzen und das Ausbringen der Asche außerhalb von Friedhöfen fünf Jahre.

(3) Die Ruhezeit entfällt bei den sonstigen neuen Bestattungsformen nach § 11 Abs. 8.

(4) [1] Für Grabstätten auf Friedhöfen wird nach Maßgabe der Friedhofssatzung oder Friedhofsordnung ein öffentlich-rechtliches Nutzungsrecht, mindestens für die Dauer der Ruhezeit nach Absatz 2, eingeräumt. [2] Der Wunsch der Verantwortlichen nach § 13 Abs. 1 nach Verlängerung der Grabnutzungsdauer kann berücksichtigt werden.

(5) [1] Nach Ablauf der Ruhezeit auf Friedhöfen aufgefundene Ascheurnen, menschliche Überreste oder Aschen von verstorbenen Personen sind auf dem Friedhof an einer geeigneten Stelle beizusetzen, sofern keine Verlängerung der Grabnutzungsdauer oder eine Umbettung beantragt wird. [2] Nach Ablauf der Ruhezeit auf privaten Bestattungsplätzen aufgefundene Ascheurnen, menschliche Überreste oder Aschen von verstorbenen Personen sind von den Verantwortlichen nach § 13 Abs. 1 oder, wenn keine Verantwortlichen mehr vorhanden sind, von den Eigentümerinnen und Eigentümern der Grundstücke auf einem Friedhof beizusetzen.

(6) Nach Ablauf der Ruhezeit kann die Schmuckurne an die Verantwortlichen nach § 13 Abs. 1 ausgehändigt werden.

Erläuterungen:

Absatz 1 definiert die Ruhezeit für Friedhöfe, Teile eines Friedhofs und private Bestattungsplätze.

Absatz 2 legt die Mindestruhezeit für Erd- und Feuerbestattungen fest. Zusätzlich wird eine Mindestruhezeit auf Friedhöfen, privaten Bestattungsplätzen und außerhalb von Friedhöfen für das Ausbringen der Asche festgelegt. Eine Mindestruhezeit für das Ausbringen der Asche ist notwendig, damit die Flächen der Ascheausbringung auf Friedhöfen oder außerhalb von Friedhöfen für einen gewissen Zeitraum vor anderer Verwendung geschützt werden und somit die Würde der verstorbenen Personen während der Mindestruhezeit gewahrt wird. Die Regelung der Mindestruhezeit war bislang in der Landesverordnung zur Durchführung des Bestattungsgesetzes verortet. Da die Ruhezeit an sich aber als essentieller Punkt der Bestattung im Gesetz geregelt wird, war die Festlegung der Mindestruhezeit in das Bestattungsgesetz aufzunehmen. Die Mindestruhezeit für Erdbestattungen wird höher angesetzt, weil sich die Ruhezeiten von Leichen an der voraussichtlichen Dauer des Verwesungsprozesses orientieren. Aufgrund dessen erachtet auch das Bundesverwaltungsgericht (BVerwG 6 CN 1 / 18) eine erhebliche längere Ruhezeit für Leichen als für Urnen als nicht gleichheitswidrig.

Durch Absatz 3 wird der Entfall der Ruhezeit für die sogenannten neuen Bestattungsformen festgelegt. Die Einhaltung der Ruhezeit ist bei der Flussbestattung und der Entnahme von Aschenteilen faktisch gar nicht möglich.

Absatz 4 bestimmt, dass keine zwingende Übereinstimmung der Zeit des Grabnutzungsrechts auf Friedhöfen mit der festgelegten Mindestruhezeit vorliegen muss, sondern gewährt den Gemeinden die Möglichkeit, eine längere Nutzungszeit zu regeln. Das ist zwingend notwendig, da beispielsweise die Bodenbeschaffenheit des jeweiligen Friedhofs für den vollständigen Verwesungsprozess von Leichen eine wesentlich längere Zeit als die Mindestruhezeit erforderlich machen kann. Zusätzlich können die Friedhofsträger dem

Verlängerungswunsch der Angehörigen entsprechen. Damit wird den religiösen Wünschen auf ein „ewiges Ruherecht", unter anderem durch die islamischen Verbände, Rechnung getragen. Eine generelle Einführung von „ewigen Ruhezeiten" für bestimmte religiöse Bestattungen auf Friedhöfen kann nicht eingeführt werden, da immer die individuelle Beschaffenheit der einzelnen Friedhöfe, wie zum Beispiel die Größe, betrachtet werden muss. Ein „ewiges Ruherecht" würde für die Friedhofsträger die Folge mit sich bringen, dass diese Gräber nicht mehr neu belegt werden können. Die Kann-Regelung begründet sich darauf, dass bei Reihengräbern eine Verlängerung der Nutzungszeit grundsätzlich nicht möglich ist.

Mit Absatz 5 wird eine neue Regelung aufgenommen, dass die nach der Ruhezeit auf den Friedhöfen und privaten Bestattungsplätzen noch vorhandenen Ascheurnen, menschlichen Überreste oder Aschen von Verstorbenen auf einer geeigneten Stelle auf dem Friedhof beizusetzen sind. Diese Regelung war notwendig, um insbesondere den Friedhofsträgern hierfür eine Verfahrensweise an die Hand zu geben. Verantwortlich sind hinsichtlich der Friedhöfe die Friedhofsträger, da die Verantwortlichen nach § 13 Abs. 1 nach Ablauf der Ruhezeit nicht mehr verpflichtet werden können, für Überreste erneut ein Nutzungsrecht in Anspruch zu nehmen und zu bezahlen; die Friedhofsträger haben ein berechtigtes Interesse daran, nach Ablauf der Ruhezeit das Grabfeld wieder für eine andere Person zu verwenden. Anderes gilt, wenn die Verantwortlichen nach § 13 Abs. 1 von sich aus eine Verlängerung der Grabnutzung oder eine Umbettung beantragen. Bei den privaten Bestattungsplätzen liegt die Verantwortlichkeit bei den Verantwortlichen nach § 13 Abs. 1 oder, wenn keine mehr vorhanden sind, bei den jeweiligen Grundstückseigentümern.

In Absatz 6 wird noch zusätzlich die Möglichkeit eröffnet, die Schmuckurnen, welche üblicherweise nicht verrotten, nach der Ruhezeit auszuhändigen.

§ 7

Ruherecht für Angehörige der Bundeswehr in Ehrengräbern

(1) [1]Für Ehrengräber von Angehörigen der Bundeswehr, deren Tod während einer besonderen Auslandsverwendung eingetreten ist, ist in den Friedhofssatzungen (§ 8) vorzusehen, dass das Grab auch nach Ablauf der Ruhezeit auf Dauer bestehen bleibt (dauerndes Ruherecht). [2]Das dauernde Ruherecht ruht als öffentliche Last auf dem Grundstück. [3]Dies gilt nicht, wenn die verstorbene Person in einer mehrstelligen Wahl- oder Gemeinschaftsgrabstätte bestattet ist, in der nicht ausschließlich Angehörige der Bundeswehr beigesetzt sind oder werden.

(2) Die Gemeinde als Friedhofsträger hat die auf dem Friedhof liegenden Ehrengräber zu erhalten, instand zu setzen und zu pflegen, es sei denn, dies wird zeitweilig oder dauerhaft von den Verantwortlichen nach § 13 Abs. 1 oder Dritten übernommen (privat gepflegtes Grab).

(3) Die Gemeinde als Friedhofsträger hat auf Antrag der Verantwortlichen nach § 13 Abs. 1 das dauernde Ruherecht für ein bislang privat gepflegtes Grab zu gewähren und die Pflichten nach Absatz 2 zu übernehmen, wenn die erste festgelegte Ruhezeit abgelaufen ist.

(4) [1]Die Gemeinde als Friedhofsträger hat gegenüber dem Land Anspruch auf Erstattung des mit dem dauernden Ruherecht entstehenden Vermögensnachteils. [2]Die Höhe des Anspruchs bemisst sich nach der in der Friedhofssatzung festgelegten Grabnutzungsgebühr und der notwendigen, ortsüblichen Aufwendungen zur Graberhaltung. [3]Der Anspruch ist gegenüber dem fachlich zuständigen Ministerium geltend zu machen. [4]Der Anspruch gegenüber dem Land ist nachrangig, soweit ein Dritter für die Kosten aufkommt.

BestG-DVO:

§ 18

Kostenerstattung für Ehrengräber

(1) Entsteht der Gemeinde als Friedhofsträger nach § 7 Abs. 3 BestG ein Vermögensnachteil, so kann der nach Maßgabe des § 7 Abs. 4 BestG bestehende Erstattungsanspruch schriftlich oder in Textform bei dem fachlich zuständigen Ministerium geltend gemacht werden.

(2) Dem Erstattungsantrag nach Absatz 1 sind insbesondere folgende Nachweise beizufügen:

1. *die Dokumentation der Kennzeichnung als Ehrengrab,*
2. *der Antrag der oder des Verantwortlichen nach § 13 Abs. 1 Nr. 2 bis 9 BestG auf Übernahme der Erhaltung des Grabes,*
3. *die für den Zeitraum der geltend gemachten Erstattung geltende Friedhofsgebührensatzung sowie*
4. *Nachweise über die ortsüblichen Aufwendungen zur Graberhaltung.*

(3) Die Erstattung erfolgt für das jeweilige Wirtschaftsjahr des Friedhofsträgers.

Erläuterungen:

§ 7 wurde neu in das Bestattungsgesetz aufgenommen. Damit ist Rheinland-Pfalz nach Sachsen und dem Saarland das dritte Bundesland, das ein dauerhaftes Ruherecht für während einer besonderen Auslandsverwendung zu Tode gekommene Angehörige der Bundeswehr einführt. Soldaten, deren Tod bei oder infolge einer besonderen Auslandsverwendung eingetreten ist, können auf Grundlage der §§ 31 und 62 des Soldatengesetzes mit Zustimmung der Angehörigen nach den Bestimmungen des Bundesministeriums für Verteidigung in sogenannten Ehrengräbern der Bundeswehr bestattet werden. Ehrengräber der Bundeswehr werden mit einer Plakette bzw. Gravur im Grabmal oder auf einem sogenannten Kissenstein besonders gekennzeichnet. Die Bundeswehr übernimmt für solche Ehrengräber die Kosten der Überführung, die Anlage des Grabes einschließlich Grabmal, Einfassung, die Erstbepflanzung und die während der Liegezeit (Ruhezeit) anfallenden Grab- und Grabpflegekosten. Nach Ablauf der Liegezeit werden derzeit auf Antrag der Hinterbliebenen auch die Kosten für eine Verlängerung von der Bundeswehr übernommen. Die Mindestruhezeit von 15 Jahren nach dem rheinland-pfälzischen Bestattungsgesetz wird dem Opfer der Soldaten nicht gerecht, weshalb mit Absatz 1 diesen durch die Einräumung eines dauerhaften Ruherechts auf Gemeindefriedhöfen eine zusätzliche, besondere und notwendige langfristige Anerkennung zu Teil wird. Die Gemeinden als Friedhofsträger haben hierzu Bestimmungen in ihren Friedhofssatzungen aufzunehmen. Das dauernde Ruherecht ruht als öffentliche Last auf dem jeweiligen Grundstück, ist öffentlich-rechtlicher Natur und wird nicht in das Grundbuch eingetragen. Bei mehrstelligen Gräbern findet das dauernde Ruherecht keine Anwendung, wenn schon andere Verstorbene dort bestattet sind oder bestattet werden können, auf die die Voraussetzungen des § 7 für ein Ehrengrab nicht zutreffen.

Absatz 2 verpflichtet die Gemeinden als Friedhofsträger, die auf ihren Friedhöfen befindlichen Ehrengräber zu erhalten, instand zu setzen und zu pflegen. Dies gilt nicht für Ehrengräber, welche zeitweilig oder dauerhaft privat oder von Dritten unterhalten und gepflegt werden.

Nach Absatz 3 hat die Gemeinde als Friedhofsträger auf Antrag der Angehörigen das dauernde Ruherecht zu gewähren und in die Erhaltungspflicht eines bislang privat geführten Ehrengrabes einzutreten, sobald die von der Bundeswehr sichergestellte erste oder bereits verlängerte Nutzungszeit abgelaufen ist. Die Bezeichnung „erste Ruhezeit" folgt daraus, dass der Gesetzgeber zwar eine Mindestruhezeit vorschreiben kann, die jeweiligen Friedhofsträger diese jedoch, z. B. aufgrund der örtlichen Bodenverhältnisse und der damit einhergehenden Zeitdauer für die vollständige Verwesung von Leichen, verlängern muss. Diese „erste Ruhezeit" regelt der jeweilige Friedhofsträger für den gesamten Friedhof durch Satzung. An diese Ruhezeit ist dann auch die Grabnutzungsdauer geknüpft. Die Regelung schafft auch bei bislang privat geführten Gräbern, die nach den gesetzlichen Bestimmungen auf Antrag ein Bundeswehrehrengrab hätten werden können, dies aber bislang von den Angehörigen nicht gewünscht war, die Möglichkeit nach Ablauf der Nutzungszeit ein dauerndes Ruherecht zu erlangen und der öffentlichen Fürsorge unterstellt zu werden.

Absatz 4 regelt den Kostenerstattungsanspruch der Gemeinden als Friedhofsträger gegen das Land Rheinland-Pfalz während des dauernden Ruherechts, sofern nicht ein Dritter, wie etwa die Bundeswehr, Körperschaften des öffentlichen Rechts (z. B. Gemeinden, Stiftungen), andere Privatpersonen oder juristische Personen des Privatrechts (z. B. staatlich geförderte private Institutionen, gemeinnützige Vereine), die aufgrund gesetzlicher Verpflichtungen, einer Verbundenheit mit dem Verstorbenen oder aufgrund ihres Zwecks für Grabpflege und Graberhaltung aufkommen. Die Höhe der Kosten bemessen sich an den ortsüblichen durch Friedhofssatzung festgelegten Grabbenutzungsgebühren und den dauerhaften Grabpflegegebühren.

Die BestG-DVO enthält eine Folgeänderung aufgrund des in § 7 BestG neu normierten Ruherechts für Angehörige der Bundeswehr in Ehrengräbern. Die Bundeswehr übernimmt für solche Ehrengräber die Kosten der Überführung, der Anlage des Grabes einschließlich Grabmal, Einfassung, die Erstbepflanzung und die während der Ruhezeit anfallenden Grab- und Grabpflegekosten. Nach Ablauf der Ruhezeit werden derzeit auf Antrag der Hinterbliebenen auch die Kosten für eine Verlängerung von der Bundeswehr übernommen. Für die Kostenübernahme solcher Ehrengräber hinsichtlich Grab- und Grabpflegekosten gibt es bislang keine bundesgesetzliche Regelung. Vor diesem Hintergrund besteht ein Kostenerstattungsanspruch der Gemeinden als Friedhofsträger gegen das Land Rheinland-Pfalz während der andauernden Ruhezeit, sofern nicht ein Dritter, wie etwa die Bundeswehr, Körperschaften des öffentlichen Rechts (z. B. Gemeinden, Stiftungen), andere Privatpersonen oder juristische Personen des Privatrechts (z. B. staatlich geförderte private Institutionen, gemeinnützige Vereine), die aufgrund gesetzlicher Verpflichtungen oder einer Verbundenheit mit der oder dem Verstorbenen oder aufgrund ihres Zwecks für Grabpflege und Graberhaltung aufkommen.

§ 8

Friedhofssatzung, Friedhofsordnung

Die Friedhofsträger regeln durch Satzung oder Ordnung insbesondere

1. **die Nutzung des Friedhofs und dessen Einrichtungen,**
2. **die auf dem Friedhof zur Verfügung stehenden Grab- und Bestattungsarten,**
3. **den Erwerb und das Nutzungsrecht an Grabstätten,**
4. **die Beschaffenheit von Särgen, Ascheurnen und Bestattungstüchern,**
5. **die Gebühren,**
6. **die Aufbewahrung der verstorbenen Personen und der Totenasche bis zur Bestattung,**
7. **die Verfahrensweise der Nachbestattung noch vorhandener Leichen, menschlicher Überreste oder Aschereste bei Beendigung des Nutzungsrechts an einer Grabstätte oder nach Ablauf der Ruhezeit und**
8. **die Ruhezeit, sofern sie von der Mindestruhezeit abweicht.**

Erläuterungen:

§ 8 bestimmt die von den Friedhofsträgern durch Satzung oder Ordnung grundsätzlich zu regelnde Sachverhalte, welche in ihrer Ausgestaltung jedoch unterschiedlich ausfallen können (siehe auch Satzungsbeispiel im Anhang). Die Regelungen sind notwendig, um den individuellen Bedingungen der Friedhöfe, wie Bodenbeschaffenheit, Größe des Friedhofs und Auslastung gerecht zu werden. Sie sind notwendig, um Gebühren und Nutzungsbedingungen festzulegen zu können, verschiedene Verfahren zu regeln, unterschiedliche Grab- und Bestattungsarten festzulegen, wie etwa die anonyme Feuerbestattung, Wahlgräber, Begräbniswälder, Friedwingert, Kolumbarien etc. Um eine bislang bestehende Regelungslücke zu schließen, werden die Friedhofsträger dazu verpflichtet in ihrer Satzung oder Ordnung zu regeln, wie nach dem Nutzungsrecht oder dem Ablauf der Ruhefrist mit noch vorhandenen menschlichen Überresten oder Ascheresten umgegangen werden soll. Wie bei jeder öffentlichen Anstalt bedarf es auch beim Friedhof die Klarstellung des Benutzungsverhältnisses der rechtlichen Beziehungen zwischen dem Friedhofsträger und den Friedhofsbenutzern. Die Befugnis der Anstaltsträger, die Voraussetzungen und Bedingungen für die Benutzung des Friedhofs im Einzelnen zu regeln, ergibt sich aus der sogenannten Anstaltsautonomie. Diese berechtigt aber nicht zu jeder Regelung, sondern der Satzungserlass muss sich innerhalb des Kompetenzbereichs der Selbstverwaltung bewegen. Die Rechtsform einer Satzung sind zwingend. Einerseits, wenn in der Friedhofsordnung Rechte und Pflichten mit Außenwirkung für jedermann begründet sind, also generelle Regelungen getroffen werden, die die Rechtssphäre der Benutzer berühren, vor allem aber für den Erlass einer Gebührenordnung, da Gebühren nur aufgrund einer Satzung erhoben werden dürfen. Hierbei handelt es sich um eine zwingende Vorgabe des Kommunalabgabengesetzes (KAG), da Friedhofsgebühren zu den öffentlich-rechtlichen Abgaben zählen. Der Inhalt der Friedhofsordnung ergibt sich aus der Zweckbestimmung des Friedhofs und wird durch die örtlichen Gegebenheiten und Bedürfnisse bestimmt. Hierzu gehören insbesondere die Ordnung auf dem Friedhof, Öffnungszeiten, Unterhaltung der Grabstätten, Benutzung der Friedhofseinrichtungen usw.

§ 9

Verbot von Grabmalen und Grabeinfassungen aus Kinderarbeit

(1) [1] Die Friedhofsträger bestimmen durch Satzung, dass Grabmale und Grabeinfassungen aus Naturstein nur aufgestellt werden dürfen, wenn sie nachweislich ohne schlimmste Formen von Kinderarbeit im Sinne des Artikels 3 des Übereinkommens Nr. 182 der Internationalen Arbeitsorganisation vom 17. Juni 1999 über das Verbot und unverzügliche Maßnahmen zur Beseitigung der schlimmsten Formen der Kinderarbeit (BGBl. 2001 II S. 1290, 1291) hergestellt worden sind. [2] Herstellung im Sinne dieses Artikels umfasst sämtliche Bearbeitungsschritte von der Gewinnung des Natursteins bis zum Endprodukt.

(2) [1] Der Nachweis im Sinne des Absatzes 1 Satz 1 kann erbracht werden durch

1. **eine lückenlose Dokumentation, wonach die Grabmale oder Grabeinfassungen aus Naturstein ausschließlich in Mitgliedstaaten der Europäischen Union, weiteren Vertragsstaaten des Abkommens über den Europäischen Wirtschaftsraum oder der Schweiz hergestellt worden sind, oder**
2. **die schriftliche Erklärung einer Organisation, in der versichert wird, dass**
   a) **die Herstellung ohne schlimmste Formen von Kinderarbeit erfolgt ist,**
   b) **dies durch sachkundige und unabhängige Kontrolleurinnen und Kontrolleure regelmäßig und unangemeldet in Steinbrüchen und verarbeitenden Betrieben vor Ort überprüft wird, wobei die Kontrollen nicht länger als sechs Monate zurückliegen dürfen, und**

c) **die ausstellende Organisation weder unmittelbar noch mittelbar an der Herstellung oder am Handel mit Naturstein beteiligt ist.**

[2] Ist die Vorlage eines Nachweises nach Satz 1 unzumutbar genügt es, dass die oder der Letztveräußernde schriftlich

1. **zusichert, dass ihr oder ihm keine Anhaltspunkte dafür bekannt sind, dass die verwendeten Grabmale oder Grabeinfassungen aus Naturstein unter schlimmsten Formen von Kinderarbeit hergestellt worden sind, und**
2. **darlegt, welche wirksamen Maßnahmen ergriffen worden sind, um die Verwendung von solchen Grabmalen oder Grabeinfassungen zu vermeiden.**

(3) Eines Nachweises bedarf es nicht, wenn die oder der Letztveräußernde glaubhaft macht, dass die Grabmale oder Grabeinfassungen aus Naturstein oder deren Rohmaterial vor dem 28. Dezember 2019 in das Bundesgebiet eingeführt wurden.

Erläuterungen:

§ 9 Abs. 1 BestG stellt eine landesgesetzliche Ermächtigungsgrundlage dar, wonach die rheinland-pfälzischen Friedhofsträger durch Satzung bestimmen können, dass die Errichtung eines Grabmals an einen entsprechenden Nachweis gebunden ist, dass das Grabmal beziehungsweise der hierfür verwendete Naturstein nicht aus schlimmsten Formen der Kinderarbeit stammt. Die Einführung eines Verbots von Grabmalen aus schlimmsten Formen der Kinderarbeit wird hierbei in das pflichtgemäße Ermessen der Friedhofsträger gestellt. Dies beachtet die sich aus dem GG sowie der LV des Landes Rheinland-Pfalz ergebende Selbstverwaltungsgarantie der Kommunen. Der Begriff der „schlimmsten Formen der Kinderarbeit" ist im Sinne des Art. 3 des Übereinkommens Nr. 182 der Internationalen Arbeitsorganisation vom 17.6.1999 über das Verbot und unverzügliche Maßnahmen zur Beseitigung der schlimmsten Formen von Kinderarbeit zu verstehen. Es umfasst dem Übereinkommen zufolge alle Formen der Sklaverei und alle sklavereiähnlichen Praktiken, Zwangs- oder Pflichtarbeit sowie insbesondere alle Formen von Arbeit, die ihrer Natur nach oder aufgrund der Umstände, unter denen sie verrichtet wird, voraussichtlich für die Gesundheit, die Sicherheit oder die Sittlichkeit von Kindern schädlich ist. Um ein möglichst hohes Schutzniveau der Vorschrift zu erreichen, umfasst der Begriff der Herstellung im Sinne des § 9 Abs. 1 Satz 1 BestG alle Bearbeitungsschritte von der Gewinnung des Natursteins bis zum Endprodukt.

Absatz 2 regelt, in welcher Form der Nachweis, dass der verwendete Naturstein nicht aus schlimmsten Formen der Kinderarbeit stammt, erbracht werden kann. Die Verankerung des Nachweissystems in einem Landesgesetz ist vor dem Hintergrund des Bestimmtheitsgrundsatzes erforderlich. Hierbei sind die grundlegenden Anforderungen an das Nachweissystem geregelt, um den Vorgaben der Entscheidung des BVerwG vom 16.10.2013 (– 8 CN 1.12 –) gerecht zu werden. Aufgrund des Eingriffs in die Berufsfreiheit nach Art. 12 GG muss für die betroffenen Steinmetze klar sein, welche Anforderungen zu erfüllen sind. Denn es wäre unzumutbar, wenn jede Gemeinde in ihrem Gebiet Nachweisanforderungen stellen würde, die sich von denjenigen der Nachbargemeinden erheblich unterscheiden. Daher muss der Gesetzgeber den Friedhofsträgern Vorgaben an die Hand geben, wie der Nachweis geführt und die Einhaltung der vorgeschriebenen Anforderungen sichergestellt werden kann. Den Friedhofsträgern steht es sodann frei, die gesetzlichen Vorgaben durch Satzung im Detail näher zu definieren. Nach der vorgesehenen Regelung in Absatz 2 Nr. 1 ist zunächst eine lückenlose Dokumentation ausreichend, aus der sich ergibt, dass die Grabmale in Mitgliedstaaten der Europäischen Union, weiteren Vertragsstaaten des Abkommens über den Europäischen Wirtschaftsraum oder der Schweiz hergestellt wurden. Der Nachweis kann beispielsweise durch Rechnung oder Lieferscheine geführt werden. Alternativ ist nach Absatz 2 Nr. 2 die schriftliche Erklärung einer Organisation (also ein Zertifikat) vorzulegen, in der diese unter anderem versichert, dass die Herstellung ohne schlimmste Formen von Kinderarbeit erfolgt ist. In dem Nachweis muss die ausstellende

Organisation zudem schriftlich bestätigen, dass bei der Erstellung des Nachweises bestimmte Mindeststandards eingehalten worden sind. Hintergrund dieser Regelung ist, dass es für Steinmetze in aller Regel mit zumutbarem Aufwand nicht nachprüfbar ist, ob ein Zertifikat aussagekräftig und valide ist und auf tatsächlichen Inspektionen in den Herkunftsländern der Natursteine beruht. Zugleich wäre aber auch der Aufwand für staatliche und kommunale Stellen, die Validität der ausgestellten Zertifikate und die Herkunft von Natursteinen selbst konsequent nachzuprüfen, schlechthin unverhältnismäßig. Die von den Friedhofsträgern vorzunehmende Prüfung beschränkt sich daher grundsätzlich darauf, ob ein Zertifikat den gesetzlich vorgeschriebenen Inhalt hat. Es werden grundsätzlich alle Zertifikate anerkannt, die diesen Formvorgaben genügen. Zu den erforderlichen Mindeststandards gehören regelmäßige und unangemeldete Überprüfungen vor Ort durch sachkundige und unabhängige Kontrolleure. Eine ausreichende Sachkenntnis der Kontrolleure kann insbesondere durch entsprechende Schulungen sichergestellt werden. Die ausstellende Organisation muss ferner dafür sorgen, dass Kontrolleure grundsätzlich nicht nur von der Natursteinindustrie, sondern auch von internen Weisungen der ausstellenden Organisation selbst unabhängig sind. Da der Herstellungsprozess bei Grabmalen nicht selten auf mehrere Produktionsstätten verteilt ist, die auch in verschiedenen Staaten liegen können, müssen alle Herstellungs- und Verarbeitungsstätten in die Prüfung einbezogen werden. Schließlich darf auch die ausstellende Organisation selbst weder unmittelbar noch mittelbar an der Herstellung oder am Handel mit Naturstein beteiligt sein. Aufgrund des durch die vorgesehene Regelung schwerwiegenden Eingriffs in die Berufsausübung der Steinmetze ist in Absatz 2 Satz 1 Nr. 3 vorgesehen, dass, sofern die Vorlage eines Nachweises unzumutbar ist, ausnahmsweise eine schriftliche Erklärung des Letztveräußerers genügen kann, wonach dieser zusichert, sich vergewissert zu haben, dass das Grabmal aus Naturstein ohne schlimmste Formen von Kinderarbeit hergestellt wurde und welche wirksamen Maßnahmen ergriffen worden sind, um die Verwendung derartiger Grabmale zu vermeiden. Diese Maßnahmen sind zu erläutern und gegebenenfalls nachzuweisen. Der Letztveräußerer muss substantiiert und nachvollziehbar darlegen, welche Maßnahmen ergriffen wurden, um die Verwendung solcher Grabmale zu vermeiden. Er muss ferner darlegen, warum die Vorlage eines Nachweises unzumutbar ist. Dies ist etwa denkbar bei Natursteinimporten aus Ländern, für die bisher keine Zertifizierungen angeboten werden. Die Zertifizierungskosten allein sollen nicht ausschlaggebend sein. Denkbare Maßnahmen des Letztveräußerers, um die Verwendung solcher Grabmale zu vermeiden, können etwa Erkundigungen beim Zwischen- oder Großhändler sein.

Absatz 3 stellt vor dem Hintergrund der Eigentumsfreiheitsgarantie der Steinmetzbetriebe eine Bestandsschutzregelung für Natursteine dar, die vor dem Inkrafttreten dieses Gesetzes in das Bundesgebiet eingeführt wurden. Danach bedarf es eines Nachweises nicht, wenn der Letztveräußerer glaubhaft macht, dass die Grabmale aus Naturstein oder deren Rohmaterial vor dem Inkrafttreten dieses Gesetzes in das Bundesgebiet eingeführt wurden. So wird eine Übergangsregelung geschaffen, die gerade die Situation von Großhändlern mit großen Lagerbeständen berücksichtigt.

§ 10
Schließung und Aufhebung von Friedhöfen und privaten Bestattungsplätzen

(1) [1] Friedhöfe, Teile von Friedhöfen und private Bestattungsplätze können für weitere Erdbestattungen und Beisetzungen der Asche verstorbener Personen gesperrt (Schließung) oder nach Ablauf der Ruhezeiten anderen Zwecken gewidmet werden (Aufhebung). [2] Schließung und Aufhebung von Gemeindefriedhöfen sind öffentlich bekannt zu machen.

(2) [1] Die Schließung ist der Genehmigungsbehörde anzuzeigen. [2] Religions- und Weltanschauungsgemeinschaften haben als Friedhofsträger die Gemeinde von der beabsichtigten Schließung zu unterrichten.

(3) [1]Die Aufhebung bedarf einer schriftlichen oder elektronischen Genehmigung durch die Genehmigungsbehörde. [2]Wenn an einer Nutzung des Friedhofs oder privaten Bestattungsplatzes zu anderen Zwecken ein zwingendes öffentliches Interesse besteht, kann die Genehmigung auch vor Ablauf der Ruhezeiten erteilt werden.

(4) Die Genehmigungsbehörde kann die Schließung oder Aufhebung eines Friedhofs, von Teilen eines Friedhofs oder eines privaten Bestattungsplatzes auch vor Ablauf der Ruhezeiten nach Anhörung der Gemeinde sowie des Friedhofsträgers oder der für den privaten Bestattungsplatz Verantwortlichen anordnen, wenn ein zwingendes öffentliches Interesse besteht.

(5) [1]Bei der Aufhebung eines Friedhofs, von Teilen eines Friedhofs oder eines privaten Bestattungsplatzes müssen die Leichen, menschlichen Überreste und die Ascheurnen, deren Ruhezeit noch nicht abgelaufen ist, umgebettet werden. [2]Auf Antrag der Verantwortlichen nach § 13 Abs. 1 muss die Umbettung auch nach Ablauf der Ruhezeit erfolgen, wenn das Nutzungsrecht an einer Grabstätte zum Zeitpunkt der Aufhebung noch besteht. [3]Für die Umbettung von privaten Bestattungsplätzen sind die Verantwortlichen nach § 13 Abs. 1 oder, wenn diese nicht mehr vorhanden sind, die Eigentümerinnen und Eigentümer der Grundstücke, verantwortlich; die Eigentümerinnen und Eigentümer der Grundstücke haben die Umbettung durch die Verantwortlichen nach § 13 Abs. 1 zuzulassen.

Erläuterungen:

In Absatz 1 werden die Begriffe „Schließung" und „Aufhebung" von Friedhöfen, Teile von Friedhöfen und private Bestattungsplätze geregelt. Mit der Schließung des Bestattungsplatzes dürfen Bestattungen und Beisetzungen nicht mehr durchgeführt werden. Der Bestattungsplatz bleibt als solcher, belegte Grabstellen bleiben bis zum Ablauf der Ruhebzw. Nutzungszeit grundsätzlich erhalten. Durch die Aufhebung wird dem Bestattungsplatz die Zweckbestimmung entzogen, so dass er seinen Charakter als Ruhestätte für Tote verliert. Ein aufgehobener Bestattungsplatz kann nach erneuter Widmung wieder als solcher benutzt werden. Die öffentliche Bekanntmachung über die Schließung und Aufhebung von Gemeindefriedhöfen dient der Unterrichtung der Betroffenen und ermöglicht ihnen die Wahrnehmung ihrer Interessen.

Die Schließung ist der Genehmigungsbehörde anzuzeigen, um insbesondere die Überwachung der festgelegten Ruhezeit ermöglichen. Religions- und Weltanschauungsgemeinschaften haben als Friedhofsträger die Gemeinde von der beabsichtigten Schließung zu unterrichten.

Die Absätze 3 und 4 bestimmen, dass unter den dort geregelten Voraussetzungen die Aufhebung und Schließung eines Friedhofs, Teilen davon oder eines privaten Bestattungsplatzes, auch für den Fall, dass nicht sämtliche Ruhezeiten abgelaufen sind, durch die zuständige Genehmigungsbehörde genehmigt werden können.

Absatz 5 regelt die Möglichkeit einer Umbettung von Leichen, menschlichen Überresten und Ascheurnen im Falle der Aufhebung eines Friedhofs, Teilen davon oder eines privaten Bestattungsplatzes, wenn deren Ruhezeit noch nicht abgelaufen ist, sowie wer hierfür verantwortlich ist. Zwischen den Verantwortlichen nach § 13 Abs. 1 und den Grundstückseigentümern, auf deren Grundstück sich ein privater Bestattungsplatz befindet, können sich Personenungleichheiten ergeben. Nur für den Fall, dass Verantwortliche nach § 13 nicht mehr vorhanden sind, wird der Grundstückseigentümer zur Durchführung der Maßnahme verpflichtet. Dies eröffnet dem Grundstückseigentümer möglicherweise auch die zwangsweise Durchsetzung der Umbettungsverpflichtung, wenn die Verantwortlichen nach § 13 BestG untätig bleiben. Im Übrigen hat der Grundstückseigentümer die Umbettung durch die Verantwortliche zu dulden.

TEIL 2
BESTATTUNGSWESEN

§ 11
Bestattung

(1) Die Würde der verstorbenen Person und das sittliche Empfinden der Allgemeinheit sind zu achten.

(2) [1] Für Ort, Art und Durchführung der Bestattung ist der Wille der verstorbenen Person maßgebend, soweit gesetzliche Bestimmungen oder zwingende öffentliche Belange nicht entgegenstehen. [2] Bei verstorbenen Personen, die geschäftsunfähig waren oder das 14. Lebensjahr nicht vollendet hatten oder deren Wille nicht bekannt ist, ist der Wille der nach § 13 Abs. 1 Verantwortlichen maßgebend.

(3) [1] Jede Leiche muss durch die gemäß § 13 bestattungspflichtigen Verantwortlichen bestattet werden. [2] Leiche im Sinne dieses Gesetzes ist der Körper eines Menschen, der keine Lebenszeichen mehr aufweist und dessen körperlicher Zusammenhang durch den Verwesungsprozess noch nicht völlig aufgehoben ist, sowie der Kopf und der Rumpf als abgetrennte Teile des Körpers, die nicht zusammengeführt werden können. [3] Das Skelett eines Menschen einschließlich Kopf und Rumpf in skelettierter Form, werden wie eine Leiche behandelt. [4] Leichenteile sind alle übrigen abgetrennten Körperteile und abgetrennten Organe einer verstorbenen Person.

(4) [1] Auf ein tot geborenes oder in der Geburt verstorbenes Kind finden die Bestimmungen dieses Gesetzes entsprechende Anwendung, wenn das Gewicht des Kindes mindestens 500 Gramm beträgt oder das Gewicht unter 500 Gramm beträgt, aber die 24. Schwangerschaftswoche erreicht wurde. [2] Hat sich kein Merkmal des Lebens gezeigt und beträgt das Gewicht weniger als 500 Gramm und ist die 24. Schwangerschaftswoche nicht erreicht (Sternenkind), so ist eine Bestattung zu genehmigen, wenn ein Elternteil dies beantragt. [3] Auf Antrag jedenfalls eines Elternteils kann auch eine Beilegung des Sternenkindes zu der Leiche des gleichzeitig oder in kürzester Zeitabfolge verstorbenen Elternteils zwecks gemeinsamer Erd- oder Feuerbestattung erfolgen. [4] Ist kein Elternteil mehr vorhanden, können die Verantwortlichen nach § 13 Abs. 1 die Bestattung nach Satz 2 oder die Beilegung nach Satz 3 beantragen. [5] Über die Anträge nach den Sätzen 2 bis 4 entscheidet die örtliche Ordnungsbehörde des Bestattungsorts. [6] Ist die Geburt in einer medizinischen Einrichtung oder in Gegenwart einer Ärztin oder eines Arztes erfolgt, hat die medizinische Einrichtung, die Ärztin oder der Arzt auf die Möglichkeiten nach den Sätzen 2 bis 4 hinzuweisen. [7] Wird keine der Möglichkeiten nach den Sätzen 2 bis 4 in Anspruch genommen, hat die medizinische Einrichtung, die Ärztin oder der Arzt dafür Sorge zu tragen, dass ein Sternenkind unter würdigen Bedingungen bestattet wird. [8] Sammelbestattungen in angemessenem Zeitrahmen sind möglich, sofern die Sternenkinder unter würdigen Bedingungen gesammelt werden; ein würdiger Sammelort ist auf Verlangen gegenüber dem fachlich zuständigen Ministerium oder dem örtlich zuständigen Gesundheitsamt nachzuweisen. [9] Die Bestattung kann als Erd- oder Feuerbestattung, auch auf einem speziellen Grabfeld für Sternenkinder auf einem Friedhof, erfolgen; der Bestattungsort ist zu dokumentieren.

(5) Für die aus einem Schwangerschaftsabbruch stammende Leibesfrucht gilt Absatz 4 mit der Maßgabe entsprechend, dass eine individuelle Bestattung nur mit Einwilligung der Frau erfolgen kann.

(6) [1] Leichenteile sind hygienisch einwandfrei und dem sittlichen Empfinden entsprechend mit der Leiche zu bestatten. [2] Ist dies nicht möglich, sind die Leichenteile in gesundheitlich unbedenklicher Weise und entsprechend den herrschenden sittlichen Vorstellungen zu beseitigen, soweit sie nicht notwendigen wissenschaftlichen Zwecken dienen.

(7) [1]Die Bestattung kann als Erd-, Feuer- oder Seebestattung vorgenommen werden. [2]Erdbestattung ist die Bestattung einer Leiche in einem Sarg oder in einem Leichentuch in einer Grabstätte. [3]Feuerbestattung ist die Einäscherung einer Leiche und die Beisetzung der Ascheurne in einer Grabstätte. [4]Der Friedhofsträger kann ober- oder unterirdische Grabkammern, Totenhäuser, Grüfte, Urnenwände oder ähnliche Einrichtungen als Grabstätten vorsehen sowie bestimmen, dass die Asche auf einer ausgewiesenen Fläche ausgebracht werden kann. [5]Seebestattung ist die Beisetzung einer Urne auf Hoher See oder in Küstengewässern nach den jeweiligen landesrechtlichen Vorschriften der Küstenländer für Seebestattungen unter Beachtung der Vorschriften für Küstengewässer und für Hohe See.

(8) [1]Ebenfalls zulässig sind die Flussbestattung, ein genehmigtes Ausbringen der Asche außerhalb von Friedhöfen, die Aushändigung der Ascheurne an bestimmte Personen zur privaten Aufbewahrung mit oder ohne Teilungsmöglichkeit der Asche zur würdevollen Weiterverarbeitung oder die Aushändigung von Teilen der Asche zur würdevollen Weiterverarbeitung (neue Bestattungsformen). [2]Die Flussbestattung ist die Beisetzung einer Ascheurne aus sofort wasserlöslicher Zellulose vom Schiff aus auf einem der oberirdischen Gewässer Rhein, Mosel, Lahn und Saar auf rheinland-pfälzischem Hoheitsgebiet, unter Beachtung der Vorschriften des Wasserrechts. [3]Voraussetzungen für die neuen Bestattungsformen gemäß Satz 1 sind, dass die verstorbene Person

1. ihren letzten Hauptwohnsitz in Rheinland-Pfalz hatte und
2. durch eine schriftliche Verfügung eine neue Bestattungsform bestimmt und eine Person für die Totenfürsorge benannt hat (Totenfürsorgeverfügung).

[4]Die Ausbringung der Asche außerhalb des Friedhofes oder eines privaten Bestattungsplatzes erfolgt durch die Bestatterin oder den Bestatter und bedarf der nachweislichen Zustimmung der Eigentümerin oder des Eigentümers des Grundstücks. [5]Die Nutzung des Grundstücks darf nicht gegen Entgelt erfolgen. [6]Die Ausbringung darf die Benutzung benachbarter Grundstücke nicht oder nur unwesentlich beeinträchtigen.

(9) [1]Wird die Totenfürsorgeverfügung nicht vollzogen, ist die Asche der verstorbenen Person durch die Verantwortlichen nach § 13 Abs. 1 auf einem Friedhof beizusetzen. [2]Satz 1 gilt auch, wenn Asche einer verstorbenen Person aufgefunden wird und die Totenfürsorgeverfügung dieser Person nicht vorgelegt oder nicht mehr vollzogen werden kann. [3]Kann aufgefundene menschliche Totenasche keiner verstorbenen Person zugeordnet werden oder sind für die aufgefundene Asche einer verstorbenen Person keine Verantwortlichen nach § 13 Abs. 1 vorhanden, ist § 13 Abs. 3 maßgebend.

(10) [1]Eine Entnahme von Teilen der Asche nach der Einäscherung, die Aushändigung von Ascheteilen oder Ascheurnen im Rahmen der neuen Bestattungsformen nach Absatz 8 Satz 1 erfolgt nach Vorlage der Totenfürsorgeverfügung an die darin bestimmte Person durch die Bestatterin oder den Bestatter. [2]Die Herausgabe von Ascheteilen und Ascheurnen aufgrund von Totenfürsorgeverfügungen ist zu dokumentieren. [3]Die nach der Entnahme von Teilen von Asche noch vorhandene Asche ist von den Verantwortlichen nach § 13 Abs. 1 auf einem Friedhof zu bestatten, wenn nicht die verstorbene Person in der Totenfürsorgeverfügung hierfür eine neue Bestattungsform nach Absatz 8 Satz 1 verfügt hat.

(11) Sozialbestattungen oder ordnungsbehördlich angeordnete Bestattungen haben als Erd- oder Feuerbestattung auf einem Friedhof zu erfolgen.

§ 2 BestG-DVO:

§ 2

Bestattungsformen

(1) Um Feuerbestattung im Sinne des § 11 Abs. 7 des Bestattungsgesetzes (BestG) vom 22. September 2025 (GVBl. S. 554), BS 2127-1, handelt es sich auch, soweit die Aufnahme der Asche durch einen Baum oder andere Pflanzen, welche nach der Aufnahme eingepflanzt werden, erfolgt.

(2) [1] Die Totenfürsorgeverfügung nach § 11 Abs. 8 Satz 3 Nr. 2 BestG soll hinreichende Angaben zur Identifikation der erklärenden Person und das Datum der Abgabe der Erklärung enthalten. [2] In der Totenfürsorgeverfügung können mehrere Personen in einer festgelegten Reihenfolge aufgenommen werden für den Fall, dass die benannte Person nicht in der Lage oder nicht willens ist, dem Wunsch der verstorbenen Person nachzukommen.

(3) Unter einer würdevollen Weiterverarbeitung der Asche im Sinne des § 11 Abs. 8 Satz 1 BestG sind die Weiterverarbeitung von Ascheteilen zu künstlich hergestellten Edelsteinen oder anderen Schmucksteinen sowie die Schaffung von würdevollen Erinnerungsstücken wie Schmuckstücken, Keramiken oder Gemälden zu verstehen.

(4) Die Flussbestattung auf rheinland-pfälzischem Hoheitsgebiet nach § 11 Abs. 8 Satz 2 BestG darf insbesondere zur Einhaltung der Vorschriften des Wasserrechts nur erfolgen, wenn

1. *es sich um Asche handelt, die in einer Feuerbestattungsanlage fachgerecht aufbereitet wurde, keine Metallteile und keine Schilder im Sinne des § 14 Abs. 3 Satz 1 enthält,*
2. *die notwendigen wasserrechtlichen Erlaubnisse und Genehmigungen erteilt wurden,*
3. *im jeweiligen Gewässer mindestens Mittlerer Abfluss besteht,*
4. *zu ausgewiesenen Freizeiteinrichtungen mit Wasserbezug ein Mindestabstand von 250 Metern eingehalten wird und*
5. *die Flussbestattung außerhalb der nach § 1 Abs. 1 der Landeshafenverordnung vom 10. Oktober 2000 (GVBl. S. 421, BS 75-50-15) in der jeweils geltenden Fassung festgelegten Hafengrenzen erfolgt.*

(5) [1] Keine Flussbestattungen erfolgen

1. *in den Bereichen der Messstellen am Rhein:*
   a) *Worms – Rhein zwischen Flusskilometer 444 und Flusskilometer 441;*
   b) *Mainz – Rhein zwischen Flusskilometer 499 und 496;*
   c) *Koblenz – Rhein zwischen Flusskilometer 591 und 588,*
2. *in den Bereichen der Messstellen an der Mosel:*
   a) *Koblenz – Mosel zwischen Flusskilometer 2 und 4,*
   b) *Fankel – Mosel zwischen Flusskilometer 59 und 62,*
   c) *Zell – Mosel zwischen Flusskilometer 88 und 91,*
   d) *Palzem – Mosel zwischen Flusskilometer 229 und 232,*
3. *in den Bereichen der Messstellen an der Saar:*
   a) *Kanzem – Saar zwischen Flusskilometer 6 und 9,*
   b) *Serrig – Saar zwischen Flusskilometer 23 und 26,*
4. *in den Bereichen der Messstelle Lahnstein an der Lahn zwischen Flusskilometer 136 und 133,*
5. *auf dem oberirdischen Gewässer Mosel, soweit das gemeinsam verwaltete deutsch-luxemburgische Hoheitsgebiet betroffen ist.*

[2] Die Flussbestattung darf nicht von einem Schiff an einem Anleger erfolgen.

(6) [1] Die Flussbestattung darf ausschließlich von einer Bestatterin oder einem Bestatter durchgeführt werden. [2] Sie oder er kann hierzu mit Fahrgastschifffahrtsunternehmen zusammenarbeiten und eine Trauerfeier auf dem Schiff abhalten. [3] Die Beisetzung der Ascheurne im Wege der Flussbestattung ist insbesondere mit genauen GPS-Koordinaten durch die Bestatterin oder den Bestatter zu dokumentieren. [4] Die Dokumentation umfasst auch die Totenfürsorgeverfügung und ist mindestens 15 Jahre von der Bestatterin oder dem Bestatter aufzubewahren. [5] Dem Träger der Feuerbestattungsanlage, der für den Bestattungsort örtlich zuständigen Ordnungsbehörde und auf Verlangen auch den in § 13 Abs. 1 BestG genannten Personen ist eine Abschrift der Dokumentation zur Verfügung zu stellen. [6] Mit der Flussbestattung darf nur die Asche der verstorbenen Person beigesetzt werden. [7] Es dürfen keine Beigaben wie Beerdigungsschmuck, Kränze, Blumengebinde und dergleichen in den Fluss eingebracht werden. [8] Gemeinden und die in § 3 Abs. 1 BestG benannten Religions- und Weltanschauungsgemeinschaften können durch Satzung oder Ordnung Bereiche auf den in ihrem Eigentum stehenden Grundstücksflächen festlegen, die dem Andenken an die Verstorbenen gewidmet sind, die mittels Flussbestattung beigesetzt wurden.

(7) Bei Tuchbestattungen nach § 12 Abs. 1 BestG ist eine Holzschalung über dem Leichnam in die Grabstelle zu verbauen, so dass ein Luftraum entsteht, der die Verwesung des Leichnams entsprechend der Sargbestattung bewirkt.

(8) [1] Die Ascheurne zur privaten Aufbewahrung nach § 11 Abs. 8 Satz 1 BestG ist durch die Bestatterin oder den Bestatter an die in der Totenfürsorgeverfügung bestimmte Person zu übergeben. [2] Wenn es der in der Totenfürsorgeverfügung bestimmten Person nicht möglich ist, diese unmittelbar von der Bestatterin oder dem Bestatter in Empfang zu nehmen, kann die Aushändigung auch mittels Urnenversand durch dafür spezialisierte Transportunternehmen erfolgen. [3] Es muss gewährleistet sein, dass die Ascheurne nur an die in der Totenfürsorgeverfügung bestimmte Person ausgehändigt wird. [4] Die Aushändigung der Ascheurne ist durch die Bestatterin oder den Bestatter zu dokumentieren. [5] Die Dokumentation umfasst auch die Totenfürsorgeverfügung und ist mindestens 15 Jahre von der Bestatterin oder dem Bestatter aufzubewahren. [6] Dem Träger der Feuerbestattungsanlage, der für den Bestattungsort zuständigen Ordnungsbehörde und auf Verlangen den in § 13 Abs. 1 BestG genannten Personen ist eine Abschrift der Dokumentation zur Verfügung zu stellen.

BestG-DVO:

§ 13

Bestattungsvoraussetzungen

(1) [1] Eine Erdbestattung darf erst erfolgen, wenn die Todesbescheinigung ausgestellt wurde und das zuständige Standesamt den Sterbefall beurkundet oder die Zurückstellung der Beurkundung nach § 7 Abs. 1 Satz 1 der Personenstandsverordnung vom 22. November 2008 (BGBl. I S. 2263) in der jeweils geltenden Fassung vermerkt hat. [2] Bei ungeklärter Todesart ist zusätzlich die Freigabe durch die am Sterbeort zuständige Staatsanwaltschaft notwendig. [3] Diese Nachweise sind dem Friedhofsträger vorzulegen.

(2) [1] Eine Feuerbestattung darf erst erfolgen, wenn die Voraussetzungen des Absatzes 1 gegeben sind und zuvor eine zweite Leichenschau nach § 15 Abs. 7 BestG, die bei ungeklärter Todesart auch die Freigabe durch die am Sterbeort zuständige Staatsanwaltschaft umfasst, erfolgt ist und keine Bedenken gegen die Einäscherung bestehen. [2] Diese Nachweise sind dem Träger der Feuerbestattungsanlage und dem Friedhofsträger vorzulegen.

(3) [1] Die Flussbestattung, die Aushändigung der Ascheurne, das Ausbringen der Asche oder die Aushändigung von Ascheteilen nach § 11 Abs. 8 BestG darf erst erfolgen, wenn

die Voraussetzungen des Absatzes 2 gegeben sind. [2] Diese Nachweise sind dem Träger der Feuerbestattungsanlage vorzulegen.

(4) [1] Bei nach § 19 Abs. 4 BestG zu obduzierenden Kindern darf eine Bestattung erst erfolgen, wenn die Voraussetzungen des Absatzes 1 gegeben sind und zuvor eine zweite Leichenschau als besondere amtliche Leichenschau, die bei ungeklärter Todesart auch die Freigabe durch die am Sterbeort zuständige Staatsanwaltschaft umfasst, erfolgt ist und keine Bedenken gegen die Einäscherung oder Erdbestattung bestehen. [2] Diese Nachweise sind nach den Absätzen 1 bis 3 dem Friedhofsträger und dem Träger der Feuerbestattungsanlage vorzulegen.

(5) Bei Sternenkindern nach § 11 Abs. 4 BestG tritt an die Stelle der Todesbescheinigung eine schriftliche Bescheinigung der Geburtshelferin oder des Geburtshelfers, aus der sich ergibt,

1. *wo und wann die Scheidung der Leibesfrucht vom Mutterleib stattgefunden hat,*
2. *dass das Herz nicht geschlagen, die Nabelschnur nicht pulsiert und die natürliche Lungenatmung nicht eingesetzt hat und*
3. *dass das Geburtsgewicht der Leibesfrucht weniger als 500 Gramm betragen hat und die 24. Schwangerschaftswoche nicht erreicht worden ist.*

(6) Liegt der Bestattungsort in einem anderen Land der Bundesrepublik Deutschland, so richtet sich die Bestattung nach den dort geltenden Regelungen.

(7) In den Fällen des § 159 der Strafprozessordnung darf die Bestattung erst stattfinden, wenn die Bestattung durch die Staatsanwaltschaft schriftlich genehmigt worden ist.

BestG-DVO:

§ 14

Einäscherung

(1) [1] Eine Leiche darf erst dann eingeäschert werden, wenn dem Träger der Feuerbestattungsanlage die erforderlichen Nachweise nach § 13 und eine Bescheinigung über die nach § 15 Abs. 7 BestG durchgeführte zweite amtliche Leichenschau nach dem Muster der Anlage 5 vorliegen. [2] Ergeben sich bei der zweiten amtlichen Leichenschau nach § 15 Abs. 7 BestG Bedenken gegen die Einäscherung, stellt die Ärztin oder der Arzt keine Bescheinigung aus, sondern benachrichtigt unverzüglich die Polizei des Sterbeorts. [3] Diese gibt die Leiche zur Einäscherung erst frei, wenn die Einäscherung durch die Staatsanwaltschaft schriftlich genehmigt worden ist.

(2) [1] Die zweite amtliche Leichenschau nach § 15 Abs. 7 BestG führen Ärztinnen oder Ärzte des für den Sterbeort zuständigen Gesundheitsamts oder von diesen beauftragte Fachärztinnen oder Fachärzte für Rechtsmedizin oder Pathologie durch. [2] War eine solche Leichenschau vor der Überführung der Leiche in die Feuerbestattungsanlage nicht möglich, ist das Gesundheitsamt des Einäscherungsorts zuständig.

(3) [1] Die Identität der Asche der verstorbenen Person ist dadurch zu gewährleisten, dass in jeder Einäscherungskammer jeweils nur eine Leiche eingeäschert und dem Sarg vor der Einführung in die Einäscherungskammer ein hitzebeständiges Schild beigegeben wird, das die laufende Nummer der Einäscherung und den Namen der Feuerbestattungsanlage enthält. [2] Nach der Einäscherung ist die Asche zusammen mit dem Schild unverzüglich in einer Ascheurne zu verschließen. [3] Der Ascheurnendeckel muss in geprägter Schrift den Namen der Feuerbestattungsanlage, die laufende Nummer der Einäscherung, den Vor- und Familiennamen der verstorbenen Person und den Tag der Einäscherung ausweisen. [4] Durch den Träger einer Feuerbestattungsanlage dürfen, vorbehaltlich der Rechte der Totenfürsorgeberechtigten, bei der Verbrennung freiwerdende Metallteile der Asche entnommen und den in § 13 Abs. 1 BestG genannten Verantwortlichen ausgehändigt, vernichtet oder verwertet werden.

(4) Soweit nach § 11 Abs. 8 BestG eine Flussbestattung oder ein Ausbringen der Asche zulässig ist, darf die Bestatterin oder der Bestatter die Ascheurne zum Zwecke der Entnahme von Metallteilen und zum Zwecke der Ausbringung der Asche öffnen.

(5) [1] Ascheurnen, die auf einem Friedhof beigesetzt werden sollen, werden von der Feuerbestattungsanlage an den für den Beisetzungsort zuständigen Friedhofsträger oder das für die Beisetzung zuständige Bestattungsunternehmen und zum Zwecke der Seebestattung oder einer Bestattungsform nach § 11 Abs. 8 BestG an die für die Beisetzung zuständige Bestatterin oder den zuständigen Bestatter übergeben oder übersandt. [2] Der Friedhofsträger bescheinigt dem Träger der Feuerbestattungsanlage, auf welchem Bestattungsplatz die Ascheurne beigesetzt worden ist. [3] Bei einer Ausbringung der Asche auf einem Friedhof muss die Grabstelle oder die Ausbringungsfläche vermerkt werden. [4] Die Ascheurne darf der oder dem Verantwortlichen nach § 13 Abs. 1 Nr. 2 bis 9 BestG nur ausgehändigt werden, wenn eine Genehmigung zur Bestattung auf einem privaten Bestattungsplatz nach § 4 Abs. 3 BestG vorliegt.

BestG-DVO:

§ 9

Urnen

(1) Ascheurnen für Bestattungen auf Friedhöfen und in der Natur, die ins Erdreich eingebracht werden, müssen biologisch abbaubar sein und dürfen keinerlei für die Umwelt schädlichen Stoffe enthalten.

(2) Ascheurnen, die in oberirdischen Grabstätten beigesetzt werden, müssen aus festem Material bestehen, welches sich nicht von alleine zersetzt.

(3) Ascheurnen für Flussbestattungen dürfen keine Metallteile oder andere das Gewässer gefährdende Stoffe enthalten.

Erläuterungen:

Absatz 1 regelt den Grundsatz der Achtung der Würde des Menschen auch über den Tod hinaus und die Achtung des sittlichen Empfindens der Allgemeinheit im Zuge von Bestattungen.

Absatz 2 normiert als grundsätzliche Voraussetzung für die Bestattungsart den Willen der verstorbenen Person, soweit dem gesetzlich oder aufgrund öffentlicher Belange nichts entgegensteht. Für Geschäftsunfähige, Kinder bis zum vollendeten 14. Lebensjahr sowie diejenigen, deren Wille nicht bekannt ist, ist der Wille der Verantwortlichen nach § 13 Abs. 1 ausschlaggebend.

In Absatz 3 werden die grundsätzliche Bestattungspflicht von Leichen geregelt, die Bestattungspflichtigen festgelegt und definiert, was unter dem Begriff der „Leiche" und dem Begriff „Leichenteil" zu verstehen ist. Die ausführliche Definition ist aufgrund rechtsmedizinischer Vorgaben notwendig, um ein einheitliches Verständnis des Begriffs zu gewährleisten, zumal „Leichen" grundsätzlich bestattungspflichtig sind, wohingegen dies bei „Leichenteilen" nicht zwangsläufig der Fall ist.

Mit Absatz 4 wird klargestellt, dass für Kinder, welche tot geboren oder während der Geburt verstorben sind und mindestens 500 Gramm gewogen haben oder die 24. Schwangerschaftswoche erreicht haben, grundsätzlich die Bestattungspflicht gilt. Diese Festsetzung erfolgt aufgrund des § 31 Abs. 2 Satz 1 der Personenstandsverordnung. Der bislang für Leibesfrüchte unter 500 Gramm, die die 24. Schwangerschaftswoche nicht erreicht haben, analog zur Personenstandsverordnung verwendete Begriff „Fehlgeburt" wird im rheinland-pfälzischen Bestattungsgesetz nunmehr durch den Begriff „Sternenkind" ersetzt, da der Begriff „Fehlgeburt" für die Eltern, welche auch solche technisch benannten „Leibesfrüchte" als ihre Kinder ansehen, verletzend ist. Die Sternenkinder sind grundsätzlich nach der Personenstandsverordnung nicht bestattungspflichtig. Mit Absatz 4 wird deshalb den Eltern von Sternenkindern die Möglichkeit eingeräumt, auf Antrag ihr Sternenkind zu bestatten. Zusätzlich soll auf Antrag eines Elternteils die Beilegung eines Sternenkindes zu der Leiche des zugleich oder in kürzester Zeitfolge verstorbenen Elternteils ermöglicht werden. Gerade wenn die Mutter gleichzeitig mit dem Sternenkind verstirbt, kann dadurch eine Zusammenführung im Tode stattfinden, ohne dass das sittliche Empfinden der Allgemeinheit gestört wird. Für den Fall, dass kein Elternteil mehr vorhanden ist, werden die Antragsmöglichkeit einer Bestattung oder der Beilegung auch den Angehörigen gestattet. Die Beilegung wird sowohl anlässlich einer Erdbestattung als auch einer Feuerbestattung gewährt. Die zuständige Genehmigungsbehörde ist die jeweilige örtliche Ordnungsbehörde. Außerdem regelt Absatz 4 die Pflicht der medizinischen Einrichtungen und der Ärzte, auf die Bestattungsmöglichkeit aktiv hinzuweisen, damit die betroffenen Eltern oder die Angehörigen, sollte kein Elternteil mehr vorhanden sein, über ihr Recht zur Bestattung aufgeklärt werden. Es wird geregelt, dass medizinische Einrichtungen und Ärzte mit Sternenkindern, welche nicht auf Veranlassung der Eltern oder Angehörigen bestattet werden, würdevoll umzugehen und eine Bestattung sicherzustellen haben. Eine würdevolle Erd- oder Feuerbestattung kann auf einem speziellen Grabfeld für Sternenkinder auf einem Friedhof erfolgen. Bis zu einer möglichen Sammelbestattung sind die Sternenkinder unter würdigen Bedingungen zu sammeln. Ein würdevoller Sammelort ist ein abschließbarer und speziell gekennzeichneter Ort, wie zum Beispiel ein geschlossener Schrank in einem Raum, der nicht für unberechtigte Personen zugänglich oder einsehbar ist. Nicht würdevoll wäre eine Sammlung von Sternenkindern direkt neben Abfällen oder gar zusammen mit Amputaten. Mit dieser Regelung soll die Würde jedes menschlichen Lebens, sei es auch noch so kurz und nicht vollständig lebensfähig gewesen sein, geachtet werden und den Eltern eine Hilfe in der Trauerbewältigung sein, wenn sie aufgrund des Verlustes eines Kindes zu einer Entscheidung über einen Antrag auf Bestattung nicht fähig gewesen waren. Ein halbes Jahr wird als angemessener Zeitrahmen erachtet. Der würdige Sammelort ist auf Nachfrage dem jeweils örtlich zuständigen Gesundheitsamt oder dem für das Bestattungsrecht zuständigen Ministerium nachzuweisen. Diese verpflichtende Regelung ist notwendig, um den in der Praxis bestehenden Bedenken entgegenzuwirken. Damit einher geht die Möglichkeit einer behördlichen Kontrolle.

Mit Absatz 5 werden aus Schwangerschaftsabbrüchen stammende Leibesfrüchte hinsichtlich des Bestattungsrechts der Eltern und der Bestattungsobliegenheiten der Einrichtungen und Ärzte, denen der Sternenkinder gleichgestellt. Aus Achtung vor der menschlichen Würde soll auch diesen Leibesfrüchten die Möglichkeit der Bestattung gewährt werden. Eingeschränkt wird dies jedoch dadurch, dass eine individuelle Bestattung nur mit Einwilligung der Frau erfolgen kann. Dies ist notwendig, damit gerade in Fällen von Schwangerschaftsabbrüchen nach ungewollten Schwangerschaften, insbesondere im Hinblick aufgrund von sexuellen Übergriffen auf die Frau dem biologischen Vater als Täter kein Mitspracherecht eingeräumt wird.

Absatz 6 führt eine gänzlich neue Regelung hinsichtlich der Bestattungspflicht von Leichenteilen ein. Dabei ist der Wille der verstorbenen Person zu achten; wenn möglich sind Leichenteile zusammen mit der dazugehörigen Leiche zu bestatten. Wenn die Leichenteile keiner Leiche zuzuordnen sind, besteht keine Bestattungspflicht.

Absatz 7 regelt und definiert die grundsätzlich zugelassenen Bestattungsformen der Erd-, Feuer- und Seebestattung. Die bislang geltende allgemeine Sargpflicht bei Erdbestattungen wird mit der zugelassenen Bestattung in einem Leichentuch als Form der Erdbestattung aufgehoben. Zusätzlich wird die grundsätzliche Möglichkeit der Ausbringung der Asche der Verstorbenen durch Verstreuen auf dem Friedhof als Feuerbestattung eröffnet. Ebenso wird eine Seebestattung auf Hoher See oder Küstengewässern nach den Vorschriften anderer Bundesländer, welche Küstenländer sind, gestattet. Eine Seebestattung muss demnach zum einen nach den bundesgesetzlichen Vorschriften über das Einbringen von Stoffen in die Hohe See erlaubt sein und zum anderen nach den Vorschriften für Küstengewässer. Die Seebestattung ist bereits seitens einiger Küstenländer zulässig und wird durchgeführt.

Mit Absatz 8 werden neue Bestattungsformen zugelassen. Der bisher bestandene Friedhofszwang und die grundsätzliche Beisetzungspflicht für Aschen Verstorbener wird aufgehoben. Demzufolge können Aschen Verstorbener unter genau geregelten Voraussetzungen außerhalb von Friedhöfen verstreut oder zur privaten Aufbewahrung mit oder ohne Teilungsmöglichkeit zur würdevollen Weiterverarbeitung oder zum Zweck der würdevollen Weiterverarbeitung ohne Beisetzungsverpflichtung ausgehändigt werden. Die ausgehändigte Ascheurne darf nicht außerhalb des Friedhofs, wie etwa im eigenen Garten, bestattet werden. Sie ist im häuslichen Umfeld an einem geeigneten, pietätvollen Ort aufzubewahren. Eine Bestattung der Ascheurne außerhalb des Friedhofs ist eine Bestattung auf einem privaten Bestattungsplatz, welche nach § 4 zu genehmigen ist. Zur Ascheteilung hat selbst der Vatikan sich im Dezember 2023 für die Möglichkeit, einen „minimalen Teil der Asche ihres Verwandten in angemessener Weise an einem Ort aufzubewahren, der für die Geschichte des Verstorbenen von Bedeutung ist" ausgesprochen. Der weltweite Dachverband der Krematorien – International Cremation Federation (ICF) – hat seine langjährige Position verändert und spricht sich in seinem Ethikkodex dafür aus, dass es das Recht der verstorbenen Person ist, wie mit ihrer Kremationsasche umgegangen werden soll. Ebenso als neue Bestattungsform soll die Flussbestattung vom Schiff aus auf den vier größten Flüssen im Hoheitsgebiet von Rheinland-Pfalz zugelassen werden. Die Landesgrenzen der anderen Länder müssen beachtet werden. Ausgeschlossen ist derzeit außerdem ein bestimmter Bereich der Mosel, da dieser nicht nur Rheinland-Pfalz, sondern auch Luxemburg gehört und nach Luxemburgischen Recht derzeit eine Flussbestattung nicht erlaubt ist. Bei der Flussbestattung dürfen ausschließlich wasserlösliche Zelluloseurnen verwendet werden, da diese sich, anders als Seebestattungsurnen, nach Einbringung in das Gewässer innerhalb von Sekunden auflösen. Seebestattungsurnen lösen sich erst nach 24 bis 48 Stunden auf und treiben deshalb noch eine längere Zeit auf dem Meer, wenn die Wellen diese nicht zum Versenken bringen. Durch die Verwendung von Zelluloseurnen besteht keine Gefahr, dass die Ascheurnen an Land angespült werden oder längere Zeit an der Oberfläche sichtbar sind. Die Flussbestattung darf nicht in Ufernähe, von einer Brücke oder Stegen erfolgen. Auf das Verstreuen der Asche verstorbener Personen vom Schiff aus wird verzichtet, da bei ungünstigen Wetterbedingungen, wie etwa aufkommenden Wind, die Asche nicht wie angedacht im Fluss landet, sondern etwa auf dem Schiff. Aufgrund der schon jetzt genehmigten Einleitungen von Stoffen, z. B. großer Firmen in die Flüsse, ist eine Einbringung von Aschen Verstorbener sicherlich weitaus weniger gewässerbelastend. Die Flussbestattung darf nur durch Bestatter durchgeführt werden. Flussbestattungen sind in den Niederlanden, der Schweiz und Belgien, unter anderem auf dem Rhein, zugelassen. So wird von Emmerich (Nordrhein-Westfalen) aus mit dem Schiff auf dem Rhein losgefahren über die niederländische Grenze, um dann im Rhein auf niederländischer Seite die Ascheurne im Fluss zu bestatten. Die Regelung zur Flussbestattung ist keine wasserhaushaltsrechtliche Regelung. Es wird lediglich im Wege der bestattungsrechtlichen Regelungskompetenz des Landes sonderordnungsrechtlich die Frage der im Lande zulässigen Bestattungsformen neu geregelt. Bei der Flussbestattung handelt es sich wasserrechtlich um eine Benutzung i. S. v. § 9 Abs. 1 Nr. 4 Wasserhaushaltsgesetz (WHG, Einbringen und Einleiten von Stoffen in Gewässern). Diese ist nach § 10 WHG erlaubnispflichtig. Bei den nach der Regelung für die Flussbestattung ausschließlich festgelegten Flüssen handelt es sich um Gewässer erster Ordnung, somit sind für die vor der Bestattung einzuholende Erlaubnis gemäß § 19 Abs. 1 Nr. 1c bb) Landeswassergesetz (LWG) die oberen Wasserbehörden (Struktur- und Genehmigungsdirektionen) zuständig. Da es sich bei den vorgenannten Flüssen allesamt um Bundeswasserstrassen handelt, ist zusätzlich gemäß § 31 Abs. 1 Nr. 1 Bundeswasserstraßengesetz eine strom- und schifffahrtspolizeiliche Genehmigung des Wasserstraßen- und Schifffahrtsamtes (Bundesverwaltung) erforderlich. Mit den neuen Bestattungsformen wird dem gesellschaftlichen Wandel hinsichtlich der Wünsche der Bevölkerung in Bezug auf andere Bestattungsformen als die bislang klassische Erd- oder Feuerbestattung auf einem Friedhof und dem damit zusammenhängenden Wandel im Umgang mit dem Tod und der Trauerform Rechnung getragen. Immer mehr verstorbene Menschen in Deutschland lassen sich so z. B. zum Einäschern ins benachbarte Ausland, wie etwa die Niederlande, überführen, um dann als Asche an die Angehörigen ausgehändigt werden zu können oder in Erinnerungsstücke eingebracht zu werden. Trotz allem muss es jedoch auch für die neuen Möglichkeiten, mit der Asche verstorbener Personen umzugehen, gesetzlich festgeschriebene Regeln geben. Absatz 8 Satz 3 Nr. 1 bestimmt, dass die neuen Bestattungsformen nur für Personen gelten, die ihren letzten Hauptwohnsitz in Rheinland-Pfalz hatten. Damit soll ein „Bestattungstourismus" aus anderen Ländern vermieden werden.

Absatz 8 Satz 3 Nr. 2 bestimmt als Voraussetzung für die neuen Bestattungsformen, dass eine Totenfürsorgeverfügung, also der schriftlich dargelegte Wille der verstorbenen Person vorliegt, welcher die Bestattungsform und die Person für die Totenfürsorge bestimmt. Dies ist dringend geboten, um Streitigkeiten zwischen den Hinterbliebenen möglichst zu vermeiden und sicherzustellen, dass die Hinterbliebenen diese neuen Bestattungsformen nicht aufgrund Kostenersparnis wählen können. Weiterhin werden Voraussetzungen für einen möglichen Ascheausbringungsort geregelt, damit nicht wahllos überall die Totenasche verstreut werden kann. So bedarf es der Zustimmung von Grundstückeigentümern, für die Ausbringung darf kein Entgelt verlangt werden und sie darf die Nutzung benachbarter Grundstücke nicht oder nur unwesentlich beeinträchtigen.

Die sogenannte „Totenfürsorgeverfügung", die einen Bestattungswunsch enthält, muss von dem Betroffenen zu Lebzeiten schriftlich erklärt werden. Hierfür gibt es ein „Vordruckmuster" (siehe Anlage). Der Landesgesetzgeber hat sich insbesondere in diesem Regelungsbereich für eine sehr liberale Handhabung entschieden. So weist er einerseits darauf hin, dass die Totenfürsorgeverfügung sehr sorgfältig erstellt werden muss. Sie muss ein Datum zu Lebzeiten enthalten, ferner den Namen, Anschrift und Geburtsdatum der sterbenden Person enthalten. In der Totenfürsorge muss ebenfalls unter Angabe von Namen, Anschrift und Geburtsdatum eine Person benannt werden, an die die Asche ausgehändigt wird. Der Bestattungswunsch, gemäß einer gesetzlich zugelassenen Bestattungsform beigesetzt zu werden, muss detailliert und eindeutig dargestellt werden. Die mögliche Entnahme der Asche für Erinnerungsstücke muss festgelegt werden, ebenso die Empfänger (mit Namen, Adresse, Geburtsdatum). Die eigenständige Unterschrift der verfügenden Person ist erforderlich. Nicht geregelt ist die Frage, wie zu verfahren ist, wenn die verfügende Person nicht mehr schreibfähig ist. Wenn eine Person nicht mehr unterschreiben kann, hängt das weitere Vorgaben dann davon ab, ob sie noch geschäftsfähig ist und ob bereits Vorsorgedokumente existieren. Die Lösung reicht von alternativen Unterschriftstechniken bis hin zur gerichtlichen Betreuung. Eine ausdrückliche gesetzliche Regelung, dass eine solche Erklärung nur „vollgeschäftsfähige Personen" vornehmen dürfen, findet sich im Gesetz nicht. Im Gesetz fehlt auch eine Art „Einverständniserklärung" des Betroffenen, der für eine Übernahme der Totenfürsorge ausgesucht wurde. Lehnt der Benannte die Übernahme der Totenfürsorge ab, muss die Ascheurne der verstorbenen Person durch die Verantwortlichen nach § 13 Abs. 1 BestG auf dem Friedhof gemäß § 11 Abs. 9 BestG beigesetzt werden. Hier hätte man sich wegen der weitreichenden Folgerungen gewünscht, dass die Unterschrift des Erklärenden und ggf. auch eine schriftliche Zustimmung zur Übernahme der Totenfürsorge auf dem Formular aufgenommen würde. Die Absicherung der Richtigkeit der Unterschriften durch eine amtliche Beglaubigung der Unterschriften würde auch sicherlich sinnvoll sein. Der Gesetzgeber hat aber davon abgesehen. Wichtig ist vor allem der Umstand, dass die für die Totenfürsorge benannte Person zwar nicht unbedingt einen Wohnsitz in Rheinland-Pfalz haben muss. Falls jedoch eine häusliche Aufbewahrung der Urne verfügt wurde, muss jedoch der Totenfürsorgeverpflichtete rechtlich in der Lage sein, an seinem Wohnsitz die Urne auch tatsächlich zu Hause aufbewahren zu dürfen. So besteht beispielsweise in vielen anderen Bundesländern nach wie vor die allgemeine Bestattungspflicht von Urnen. In diesem Falle müsste die Urne auf einem Friedhof nach § 11 Abs. 9 BestG beigesetzt werden, da es dem Totenfürsorgeberechtigten an seinem Wohnsitz nicht gestattet, ist die Urne im häuslichen Bereich aufzubewahren. Kritisch muss insgesamt die erhebliche Liberalisierung der Gesetzeslage nach Verbleib der Urne in der häuslichen Umgebung des „Totenfürsorgeberechtigten" gesehen werden. Bis auf die Fälle, dass der „Verantwortliche" plötzlich verstirbt oder nicht mehr auffindbar ist, die Totenfürsorge ablehnt oder faktisch nicht mehr in der Lage ist, für eine angemessene Aufbewahrung Sorge zu tragen, sieht der Gesetzgeber wahrscheinlich auch aus Gründen diverser rechtlicher Hürden keine besonderen behördlichen Kontrollmechanismen nach Aushändigung der Urnen an den „Totenfürsorgeberechtigen" vor. Was also mit Urne und Inhalt nach Aushändigung passiert, wird nur dann zu einem behördlichen Ermittlungsfall, wenn aufgrund von konkreten Hinweisen, Beobachtungen oder Anzeigen Verstöße gegen die Aufbewahrungspflichten vorliegen. Die weiteren behördlichen Maßnahmen, die im Gesetz nicht beschrieben werden, ergeben sich dann aus den ermittlungstechnischen gewonnen behördlichen Erkenntnissen.

Die Ausbringung der Asche außerhalb des Friedhofes oder eines privaten Bestattungsplatzes erfolgt durch den Bestatter und bedarf der nachweislichen Zustimmung des Eigentümers des Grundstücks. Durch diese Regelung im § 11 Abs. 8 Satz 4 soll sichergestellt werden, dass die mittels Totenfürsorgeverfügung verfügte Ascheausbringung grundsätzlich erfolgt und pietätvoll durchgeführt wird.

Absatz 9 trifft eine Regelung für den Fall, dass die zur Totenfürsorge bestimmte Person die Aufgabe nicht annehmen möchte oder kann. Danach sind die Verantwortlichen nach § 13 Abs. 1 verpflichtet, die Asche auf einem Friedhof bestatten zu lassen. Dies gilt ebenfalls für den Fall, dass Aschen von verstorbenen Personen aufgefunden werden, so etwa, wenn die zur Totenfürsorge bestimmte Person verstirbt oder in ein Pflegeheim kommt. Im Falle, dass für die aufgefundene Asche keine bestattungsverantwortliche Person mehr ausfindig gemacht werden kann, ist diese als ordnungsbehördliche Bestattung zu beizusetzen.

Absatz 10 regelt die Zuständigkeit für die Entnahme von Ascheteilen und die Herausgabe von Ascheurnen bei den neuen Bestattungsformen. Diese liegt sinnvollerweise bei den Betreibern von Feuerbestattungsanlagen oder von diesen beauftragten Mitarbeitern, da diese direkt vor Verschließen der Ascheurne Teile der Asche entnehmen können. Vor Aushändigung müssen sie sich die Totenfürsorgeverfügung vorlegen lassen und die Herausgabe dokumentieren. So kann im Zweifel im Nachgang geprüft werden, was mit der Totenasche passiert ist und gegebenenfalls auch, ob dies rechtens war. Zusätzlich wird eine Regelung dahingehend getroffen, dass die noch verbleibende Asche der Verstorbenen nach einer Teilentnahme auf einem Friedhof zu bestatten ist, sollte die verstorbene Person diesbezüglich nichts verfügt haben.

Absatz 11 bestimmt, dass für die Sozialbestattung und ordnungsbehördlich angeordnete Bestattungen nur die Erd- oder Feuerbestattung zugelassen ist. Dies ist notwendig, damit nicht aufgrund der Regelung im Sozialgesetzbuch, welches bei Sozialbestattungen von „erforderlichen Kosten einer Bestattung" spricht, z. B. die Ascheausbringung außerhalb von Friedhöfen gewählt werden kann, um Kosten zu sparen. Bei Sozialbestattungen übernehmen die Sozialhilfeträger die Kosten für die Bestattung in Fällen, in denen die Hinterbliebenen (für die Bestattung Verantwortliche nach § 13 Abs. 1) aufgrund ihrer finanziellen Situation nicht in der Lage sind und ihnen die Bestattungskosten gemäß § 74 SGB XII nicht zugemutet werden können. Vgl. auch hierzu Erläuterungen zu § 13.

Vor dem Hintergrund des Wandels der gesellschaftlichen Bedeutung der Themen Tod und Bestattung werden im § 2 BestG-DVO Konkretisierungen zu den sogenannten „neuen" Bestattungsformen vorgenommen.

Absatz 1 stellt lediglich klar, dass auch sogenannte Wasserurnen und eine gemeinsame Bestattung von zwei Ascheurnen von Mensch und Tier als Feuerbestattung zulässig sind.

Durch Absatz 2 wird die durch § 11 Abs. 8 BestG geregelte Totenfürsorgeverfügung konkretisiert. Diese ist als eindeutige Willenserklärung der verstorbenen Person, zur Art der Bestattung und zur Person der oder des Bevollmächtigten, zu Lebzeiten abzugeben. Dies muss schriftlich erfolgen. Die Totenfürsorgeverfügung muss die Identifikation der verfügenden Person, die Festlegung der Bestattungsart, die eindeutige Bezeichnung der Person, der die Vollmacht übertragen wird und das Datum der Abgabe der Erklärung erhalten. Denkbar ist, dass hinsichtlich der Person, der die Vollmacht übertragen wird, eine Rangfolge aufgenommen wird (z. B. für den Fall eines vorzeitigten Ablebens selbiger oder auf Grund von Wegzug, Krankheit o.Ä.). Diese Personen stehen also nicht gleichberechtigt nebeneinander, sondern erlangen den Status der zur Totenfürsorge bestimmten Person erst dann, wenn der in der Rangfolge zuvor bestimmten Person die Umsetzung der Totenfürsorgeverfügung nicht möglich ist. Wichtig ist, bei der Ausgestaltung, auf eine eindeutige Formulierung zu achten. Im Zweifelsfall verbleibt die Verantwortung bei der in der Rangfolge zuerst genannten Person. Sollte bei Verfassen der Erklärung bereits absehbar sein, dass die bevollmächtigte Person die Ascheurne nicht persönlich bei dem Bestatter entgegennehmen kann, kann die Verfügung um einen Transport oder einen Versand (soweit die tatsächliche Möglichkeit besteht) ergänzt werden.

Absatz 3 bestimmt, was unter dem Begriff „würdevolle Weiterverarbeitung" nach der Entnahme von Ascheteilen nach § 11 Abs. 8 BestG zu verstehen und zulässig ist. So dürfen Ascheteile zu Erinnerungsstücken wie Erinnerungsdiamanten, anderen Schmucksteinen oder Ascheschmuck verarbeitet werden, welcher in vielen Formen wie etwa Ringen, Kettenanhängern und dergleichen bestehen kann. Zum anderen auch in Keramiken eingebracht oder durch Künstler in Gemälden eingebracht werden. Zusätzlich wird die Aufnahme der Asche durch einen sogenannten Erinnerungsbaum oder andere Pflanzen zugelassen. Dieser nimmt während der Wachstumsphase über die Wurzeln die Asche auf und kann dann im heimischen Garten eingepflanzt werden.

In Absatz 4 wird die neu geschaffene Möglichkeit der Flussbestattung näher geregelt. Es werden Festlegungen zu Mindestabständen zu Bundesanlagen und Freizeiteinrichtungen getroffen und explizit darauf hingewiesen, dass die notwendigen wasserrechtlichen Erlaubnisse und Genehmigungen einzuholen sind. Eine Flussbestattung von einem Schiff am Anleger ist nicht zulässig. Aufgrund von hafenwirtschaftlichen Gesichtspunkten ist eine Flussbestattung auch nur außerhalb der in der Landeshafenverordnung (LHafVO) festgelegten Hafengrenzen zulässig. Da keine Metallteile mit der Asche im Fluss bestattet werden dürfen, sind mögliche nach der Einäscherung vorhandene körperliche Metallteile, wie Prothesen, Zahngold oder dergleichen vor einer Flussbestattung aus der Asche zu entfernen. Dies geschieht in der Regel ohnehin im Rahmen der Einäscherung, da organische Bestandteile in einer Mühle bzw. einem Kremulator zu der letztlich in der Ascheurne befindlichen Asche weiterverarbeitet werden. Für die Flussbestattung hat dieser Verarbeitungsschritt eine besondere Bedeutung.

Absatz 5 legt Bereiche fest, innerhalb derer, ohne Ausnahme, eine Flussbestattung nicht möglich sind.

Absatz 6 legt fest, dass Flussbestattungen ausschließlich durch Bestatter erfolgen dürfen, die den Beisetzungsort der Ascheurne genauestens zu dokumentieren haben und von der Dokumentation dem Träger der Feuerbestattungsanlage, dem Standesamt, sowie auf Verlangen der Personen nach § 13 Abs. 1 Nr. 1 bis Nr. 8 BestG eine Abschrift des Nachweises aushändigen müssen. Die Aushändigung der Dokumentation an den Träger der Feuerbestattungsanlage erfolgt im Hinblick darauf, dass auch die Friedhofsträger diesem eine Bescheinigung aushändigen müssen, auf welchem Bestattungsplatz die Ascheurne beigesetzt wurde.

Die Standesämter benötigen die Dokumentation für ihre Akten, um den Verbleib der Asche von verstorbenen Personen nachvollziehen zu können, wenn diese nicht auf dem Friedhof beigesetzt werden. Dies ist insbesondere auch zu Ahndung von möglichen Ordnungswidrigkeiten notwendig. Ebenso wird bestimmt, dass keinerlei sonstige Beigaben wie Kränze, Bestattungsschmuck, Blumengebinde in den Fluss eingebracht werden dürfen. Da es bei der Flussbestattung keine Gräber oder definierte Orte zum Trauern oder Gedenken gibt, können die Gemeinden Bereiche ausweisen, auf welchen z. B. Erinnerungsstehlen oder Gedenktafeln, ähnlich der Seebestattungen auf Hoher See, errichtet werden und ggf. Blumenschmuck niedergelegt werden darf. Für das Einäscherungsverzeichnis erhält das Feuerbestattungsunternehmen eine Dokumentation der Flussbestattung. Die Dokumentation der Geodaten der Flussbestattung hat eine besondere Bedeutung, um die Einhaltung der wasserrechtlichen Genehmigung festzuhalten.

Bei der Tuchbestattung nach Absatz 7 ist verpflichtend eine Holzschalung über dem Leichnam im Grab zu verbauen, damit die Verwesung durch Sauerstoff entsprechend der Sargbestattung gewährleistet ist. Die Friedhofsträger können zur Umsetzung der Tuchbestattung durch Satzung oder Ordnung Näheres bestimmen, dazu zählt auch, wer den Leichnam ins Grab hinunterlässt. Die neu geschaffene Möglichkeit der privaten Aufbewahrung von Ascheurnen wird in Absatz 8 konkretisiert. Die Aushändigung der Ascheurne an die bevollmächtigte Person erfolgt grundsätzlich durch den Bestatter. Ist die persönliche Entgegennahme nicht möglich, kann in der Totenfürsorgeverfügung bereits der Transport/Versand vorgesehen werden. Zuvor hat der Bestatter die Totenfürsorgeverfügung zu prüfen und zu verwahren. Das Bestattungsunternehmen hat sicherzustellen, dass die Ascheurne an die in der Totenfürsorgeverfügung benannte Person übergeben wird. Die Übergabe ist zu dokumentieren (Nachweis über die Aushändigung der Ascheurne). Die Aufbewahrung im häuslichen Umfeld hat pietätvoll zu erfolgen. Ein Öffnen der Ascheurne ist nicht gestattet, ebenso wie ein eigenmächtiges Vergraben der Ascheurne. Sollte die Aufbewahrung durch die bevollmächtigte Person nicht mehr möglich sein oder sollte die ausgehändigte Ascheurne aufgefunden werden, ist diese auf einem Friedhof beizusetzen.

§ 13 der BestG-DVO regelt die formalen Voraussetzungen nach Wegfall der Bestattungsgenehmigung. Absatz 1 regelt die Bestattungsvoraussetzungen für die Erdbestattung.

Absatz 2 bestimmt die Voraussetzungen für die Feuerbestattung.

Absatz 3 legt die Voraussetzungen für die neuen Bestattungsformen nach § 11 Abs. 8 BestG fest. Soweit § 11 Abs. 8 BestG von einem genehmigten Ausbringen der Asche außerhalb von Friedhöfen spricht, ist die Genehmigung mit der Beurkundung des Sterbefalles erfolgt.

In Absatz 4 werden die Bestattungsvoraussetzungen für Sternenkinder geregelt, da diese keine bestattungspflichtigen Personen im Sinne der Personenstandverordnung sind, weshalb für diese keine Todesbescheinigung auszustellen ist.

Absatz 5 legt fest, dass die Regelungen der jeweiligen landesrechtlichen Regelungen des Bestattungsortes gelten.

Absatz 6 bestimmt, dass für die Genehmigung der Bestattung in Fällen des § 159 StPO zwingend eine schriftliche Genehmigung, mithin die Freigabe zur Bestattung, der Staatsanwaltschaft vorliegen muss

§ 12
Tuchbestattungen

(1) [1] Verstorbene Personen können in Tüchern erdbestattet werden, sofern keine öffentlichen Belange entgegenstehen oder gesundheitliche Gefahren zu befürchten sind. [2] Eine Tuchbestattung aus nicht religiösen Gründen ist nur möglich, wenn die verstorbene Person dies schriftlich verfügt hat. [3] Bei Vorliegen eines Hinderungsgrundes nach Satz 1 kann die örtliche Ordnungsbehörde eine Bestattung im Sarg anordnen.

(2) [1] Die Friedhofsträger sollen nach Möglichkeit eigene Grabfelder für Tuchbestattungen ausweisen. [2] Auf einem Gemeindefriedhof kann ein solches Grabfeld auch zur Nutzung anderer Gemeinden ausgewiesen werden.

(3) [1]Der Transport der eingetuchten Leiche erfolgt in einem geschlossenen Sarg bis unmittelbar zur Grabstätte. [2]An der Grabstätte ist das Öffnen des Sarges zum Zwecke der Tuchbestattung zulässig.

§ 10 BestGDVO:

§ 10

Bestattungstücher

(1) Bestattungstücher müssen aus biologisch abbaubarem und leicht verrottbarem, blickdichtem Material bestehen.

(2) Der Leichnam muss in das Bestattungstuch so eingewickelt sein, dass ein Lockern oder Lösen bei der Beisetzung auszuschließen ist.

Erläuterungen:

§ 12 wurde neu eingeführt. Die Erdbestattungsform der Tuchbestattung wird nicht an religiöse Bestimmungen geknüpft. Jede verstorbene Person, egal welcher Konfession oder Weltanschauung, kann sich in einem Leichentuch bestatten lassen. Damit wird die allgemeine Sargpflicht aufgehoben. Absatz 1 regelt die grundsätzliche Möglichkeit der Tuchbestattung mit der Maßgabe, dass dieser keine öffentlichen Belange oder Gesundheitsgefahren entgegenstehen und aus nicht religiösen Gründen die verstorbene Person dies schriftlich verfügt haben muss. Über mögliche entgegenstehende öffentliche Belange hat der jeweils örtlich zuständige Friedhofsträger im Rahmen des Antrags oder Anmeldung der Bestattung zu befinden und die Entscheidung zu begründen. Bei Gesundheitsgefahren ist die örtlich zuständige Ordnungsbehörde ermächtigt die Sargpflicht anzuordnen.

Durch Absatz 2 werden die Friedhofsträger angehalten, eigene Grabfelder für Tuchbestattungen auszuweisen. Da dies nicht allgemein von allen Gemeinden als Friedhofsträger in gleicher Weise gefordert werden kann, da kleine Gemeinden oftmals keinen Platz für solche Grabfelder haben, können Friedhofsträger aus Nachbargemeinden vereinbaren, auf einem Friedhof ein ausreichend großes Grabfeld für Tuchbestattungen zur Nutzung aller Gemeindemitglieder der vereinbarenden Gemeinden einzurichten. Alles Weitere können die Gemeinden im Rahmen der Vereinbarung zur Nutzung eines Grabfeldes in eigener Zuständigkeit regeln.

Absatz 3 bestimmt, dass der Transport der eingetuchten Leiche nur in einem Sarg erfolgen darf. Dies ist aufgrund austretender Körperflüssigkeiten, der würdigen Verbringung der Leiche zur letzten Ruhestätte und der Verhinderung der Störung des Wohls der Allgemeinheit notwendig.

Wie auch bei anderen Bestattungsformen muss die Beschaffenheit eines Leichentuchs gewährleisten, dass nach angemessener Zeit keine stofflichen Überreste verbleiben.

§ 13

Verantwortlichkeit

(1) Für die Erfüllung der aufgrund dieses Gesetzes bestehenden Verpflichtungen sind die folgenden volljährigen Personen in ihrem Verhältnis zu der verstorbenen Person in der angegebenen Reihenfolge verantwortlich:

1. **die von der verstorbenen Person zur Totenfürsorge benannte Person,**
2. **die Ehefrau oder der Ehemann oder die Lebenspartnerin oder der Lebenspartner,**
3. **die Kinder,**
4. **die Eltern,**
5. **die oder der sonstige Sorgeberechtigte,**

6. die Geschwister,

7. die Großeltern,

8. die Enkelkinder,

9. die Person nach § 7 Abs. 3 Nr. 3 Buchst. c in Verbindung mit § 7 Abs. 3a des Zweiten Buchs Sozialgesetzbuch.

(2) Eine Bestattungsunternehmerin oder ein Bestattungsunternehmer oder eine dritte Person ist im Rahmen übernommener Verpflichtungen verantwortlich.

(3) Die Verantwortlichkeiten nach dem Polizei- und Ordnungsbehördengesetz bleiben unberührt.

Erläuterungen:

Absatz 1 regelt den Kreis der Personen, die für die Erfüllung der aufgrund dieses Gesetzes bestehenden Verpflichtungen (z. B. die Veranlassung einer Leichenschau, die Überführung der Leiche, die Bestattung usw.) verantwortlich sind. Die bisherige Regelung, dass die Verantwortlichkeit in erster Linie an die Erben geknüpft wurde, hat der Gesetzgeber gestrichen. Hintergrund sei die Tatsache, dass die Erbenstellung bis zum Ablauf der Bestattungsfrist in den meisten Fällen nicht zweifelsfrei festgelegt werden kann. So könnten sich Erbstreitigkeiten über Jahre hinziehen, bis die Erbfolge zweifelsfrei festgestellt ist.

Mit Absatz 1 wird festgelegt, wer für die Erfüllung der Verpflichtungen aus diesem Gesetz verantwortlich ist. Die Verantwortlichkeit folgt einer festgelegten Reihenfolge.

Ersetzt wurde die Begrifflichkeit der „vollen Geschäftsfähigkeit" durch die Bezeichnung „Volljährigkeit". Der Gesetzgeber geht hierbei davon aus, dass eine „Volljährigkeit" auch die volle Geschäftsfähigkeit voraussetzt. Vgl. hierzu auch § 2 BGB, wonach die Formulierung einer Volljährigkeit mit der unbeschränkten Geschäftsfähigkeit gleichgesetzt wird.

Neubenannt wird in § 13 Abs. 1 Nr. 1 eine von der verstorbenen Person zur Totenfürsorge bestimmte Person. Hierunter dürfte eine „Totenfürsorgeverfügung" zu verstehen sein, die die Verstorbene zu Leibzeiten schriftlich erklärt.

Die Frage der Verantwortlichkeit von Geschwistern (§ 13 Abs. 1 Nr. 6) eröffnet sowohl die Möglichkeit, die Geschwister anteilmäßig heranzuziehen oder aber im Rahmen des Auswahlermessens eine Person zu benennen. Das Auswahlermessen zwischen mehreren gleichrangig Verantwortlichen ist jedoch fehlerhaft und an sich nicht sachgerecht, wenn ohne nennenswerten Grund der ältere Bruder zur Bestattung herangezogen wird (vgl. NdsOVG, Urt. vom 1.9.2005 – 5 A 228 / 04 –). Sachgerechte Gründe für eine Heranziehung können jedoch sein, dass ein vermögender Bruder dem ärmeren vorgezogen wird, dass die Person ausgewählt wird, die in unmittelbarer Nähe wohnt oder derjenige, der erkennbar eine besondere Nähe zum Verstorbenen hatte. Der Herangezogene hat dann natürlich die Möglichkeit, seine entstandenen Kosten von den weiteren „Verantwortlichen" zurückzufordern.

Mit der Frage, ob auch Halbgeschwister zu den bestattungspflichtigen Personen gehören, hat sich das VG Mainz (Urt. vom 19.7.2023, – 3 K 425 / 22 MZ –) geäußert. Im besagten Fall hatte der Halbbruder behauptet, erst durch die Mitteilung des Ordnungsamtes von der Existenz seines Halbbruders erfahren zu haben. Die Heranziehung zu den Bestattungskosten sei demzufolge unbillig. Er habe das Erbe ausgeschlagen und wohne in einem anderen Bundesland. Gegen den Kostenbescheid wurde schließlich Klage erhoben. Die Richter bestätigen seine Inanspruchnahme als bestattungspflichtige Person. Auch als Halbbruder sei er bestattungspflichtig. Der gesetzlichen Verantwortlichkeit liege der Gedanke zu Grunde, dass die genannten Personen regelmäßig einen – abgestuften – Grad der verwandtschaftlichen Beziehungen zu dem Verstorbenen hatten. Ob ein persönliches Naheverhältnis zu dem Verstorbenen bestand, spiele hierbei keine Rolle. Im Übrigen seien keine Gründe erkennbar, die die seine Inanspruchnahme als Bestattungspflichtiger unzumutbar erscheinen lassen.

Der Gesetzgeber hat leider versäumt, in der Gesetzesnovellierung für eine Klarstellung der Verantwortlichkeit des „sonstigen Sorgeberechtigten" nach § 13 Abs. 1 Nr. 5 zu sorgen, die bereits in der letzten Fassung für erhebliche Verwirrung gesorgt hatte. In der Praxis stellte sich immer die Frage, welche Person sich hinter der Begrifflichkeit verbergen könnte.

Angenommen wird überwiegend, dass der Betreuer des Verstorbenen nicht dazu gehört. In Rheinland-Pfalz wurde die Frage gerichtlich noch nicht entschieden. Befürworter dieser These hatten immer wieder argumentiert, dass ein Betreuer bestimmte Nachsorgepflichten nach dem Tod des Betreuten habe (vgl. hierzu §§ 1908i, 1893 und 1968b BGB). So habe dieser im Todesfalle des Betreuten alle unaufschiebbaren Maßnahmen zu veranlassen, wenn ein Erbe nicht greifbar sei. Zu diesen unaufschiebbaren Maßnahmen könnte auch die Veranlassung der Bestattung eines Verstorbenen gehören. Bienwald stellt dagegen klar, dass die bundesrechtlich die Betreuung mit dem Tode des Betreuten endet und damit die Bestattung des Betreuten nicht mehr zu dessen Angelegenheiten gehört (*Bienwald* in: J. von Staudingers Kommentar zum Bürgerlichen Gesetzbuch: Staudinger BGB, Erläuterung zu § 1902 BGB. Eine diesbezügliche landesrechtliche Regelung im Bestattungsgesetz würde daher auch gegen Bundesrecht verstoßen. In dieser Frage erhält er auch Schützenhilfe vom VG Leipzig (Urt. vom 17.7.2007 – 6 K 1204 / 05 –). Das Bestattungsgesetz Sachen (vgl. § 10 Abs. 1 Nr. 6) enthält ebenso wie Rheinland-Pfalz den Begriff des „sonstigen Sorgeberechtigen" im Rahmen der Aufzählung bestattungspflichtiger Personen. Die sächsischen Richter bestätigen, dass ein nach bürgerlichem Recht bestellter Betreuer nicht als „sonstiger Sorgeberechtigter" angesehen werden kann. Bleibt noch die Frage offen, ob ein Betreuer der in Unkenntnis der Rechtslage eine Bestattung seiner verstorbenen betreuten Person veranlasst, anspruchsberechtigt nach § 74 SGB XII sein kann. Folgt man der Argumentation des BVerwG (Urt. vom 13.3.2003 – 5 C 02.02 –) ist diese Frage zu verneinen, denn anspruchsberechtigt im Sinne des Sozialhilferechts ist auch derjenige nicht, der die Bestattung aus dem Gesichtspunkt sittlicher Verpflichtung durchführt, ohne aber eine ausdrückliche Rechtspflicht zu haben. Damit kann der Betreuer nur dann zur Verantwortung gezogen werden, wenn er gleichzeitig als sonstige bestattungspflichtige Person unter § 13 BestG zu subsumieren ist.

Bleibt die Frage, welcher Personenkreis sich hinter der dem sonstigen Sorgeberechtigten verbergen soll. Jede Art von Lebenspartnerschaften werden durch § 13 Abs. 1 Nr. 2 BestG abgedeckt. Bliebe noch die Frage, ob ein Leiter einer Anstalt (Krankenhaus, Gefängnis, Alten- und Pflegeheim etc.) in welcher der oder die Verstorbene zuletzt untergebracht war, auch infrage kommt. Tatsächlich wird in der amtlichen Begründung zum rheinland-pfälzischen Bestattungsgesetz von 1983 darauf hingewiesen, dass unter einem „sonstigen Sorgeberechtigten" auch ein Leiter eines Krankenhauses, Gefängnisses oder Alten- und Pflegeheimes verstanden werden könnte. Das hätte zur Folge, dass über eine solche Bestattungsverantwortlichkeit die Kostentragungspflicht abgeleitet werden könnte. Das Bundesverwaltungsgericht (Urt. vom 30.5.2002 – 5 C 14.01 –) hatte zur Frage der Verantwortlichkeit von Heimleitern, in deren Einrichtung mittellose Personen ohne Angehörige verstorben sind, Stellung zu bezogen. Anspruchsberechtigt im Sinne des Sozialhilferechts sind nur Heime, so die Richter, die eine landesrechtliche Verantwortung zur Bestattung treffe. Würden diese unter den Begriff der „sonstigen Sorgeberechtigen" fallen, hätte dies eine entsprechende Kostentragungspflicht zur Folge. In § 13 Abs. 3 des hessischen Friedhofs- und Bestattungsgesetzes wird der verantwortliche Personenkreis für die Bestattung um die Leiter von Krankenhäusern, Heimen, Sammelunterkünften, Pflege- oder Gefangenenanstalt oder ähnlichen Einrichtungen ergänzt, in denen die Verstorbenen sich zuletzt aufgehalten haben. Aus diesem Grunde hat eine Kommune in einem Musterprozess daher erfolglos versucht, die Begrifflichkeit des „sonstigen Sorgeberechtigten" zu klären. Das VG Trier (Urt. vom 24.10.2006 – 2 K 522 / 06 –, bestätigt durch das OVG Rheinland-Pfalz,

Urt. vom 14.6.2007 – 7 A 11566 / 06 –) hat die Frage, ob auch ein „Heimleiter" sonstiger Sorgeberechtigter sein kann, vereint. Dies hat vielfach zur Folge, dass die kommunalen „Ordnungsämter" zu den „Bestattern" der „Minderbemittelten" wurden, was „eigentlich" als ein Systembruch bezeichnet werden kann. Eine pflegebedürftige Person, die die letzten Jahre in einem Alten- oder Pflegeheim verbringt, erhält in den meisten Fällen Sozialleistungen bis zu ihrem Tod, während ihre Beerdigung, wenn verantwortliche Personen oder Vermögen nicht mehr vorhanden sind, die Ordnungsbehörden durch die Kommunalhaushalte zu tragen haben.

Im Rahmen einer Petition an den Landtag wurde (Eingabe im Jahr 2007 und Antwortschreiben des Landtages vom 30.8.2010, 12. LE27/07) der Versuch unternommen, eine Gesetzesänderung des Bestattungsgesetzes von Rheinland-Pfalz im Hinblick auf den § 13 Abs. 3 des hessischen Friedhofs- und Bestattungsgesetzes zu erreichen. Das zuständige Fachministerium hat jedoch seinerzeit einer geforderten Gesetzesänderung mit nachfolgender nicht überzeugender und auch widersprüchlicher Begründung eine Absage erteilt.

§ 9 BestG (heute § 13 des Gesetzes) regelt, wer für die Erfüllung der Bestattungspflicht verantwortlich ist. Die Bestattungspflicht umfasst die Fürsorge für den menschlichen Leichnam vom Augenblick des Todes an bis zur Beendigung der Bestattung. Die Bestattungspflicht ist öffentlich-rechtlicher Natur. Der Staat verlangt, dass jeder menschliche Leichnam bestattet werden muss. Das Bestattungsgesetz regelt nur öffentlich-rechtliche Pflichten und enthält keine Kostenregelung. Nach § 1968 BGB trägt der Erbe die Kosten der Beerdigung des Erblassers. Als weitere Kostenpflichtige kommen der Ehegatte (§ 1360 BGB) und der Unterhaltspflichtige (§ 1625 Abs. 2 BGB) infrage.

§ 9 BestG legt den Kreis der Personen fest, die für die Erfüllung der aufgrund des Bestattungsgesetzes bestehenden Verpflichtungen verantwortlich sind. Das können z. B. auch der Ehegatte, die Kinder oder aber „sonstige Sorgeberechtigte" sein. Der Begriff der sonstigen Sorgeberechtigten ist als Sammelbegriff weit auszulegen und betrifft nicht nur Personen, die nach bürgerlichem Recht personensorgeverpflichtet sind. Nach dem Sinn und Zweck des Bestattungsgesetzes soll eine ordnungsgemäße Bestattung sichergestellt werden, was nur dann gewährleistet ist, wenn unter dem Begriff der sonstigen Sorgeberechtigten nur im engen Sinn die nach dem bürgerlichen Recht sorgeberechtigten Personen (Vormund, Betreuer) erfasst werden. In Betracht kommen daher auch Personen, die in einer engen Lebensbeziehung zu dem Verstorbenen gestanden haben und faktisch sorgeberechtigt waren, und Personen mit besonderen rechtlichen Verpflichtungen, wie die Leiter von Betrieben, Heimen, Schulen, Anstalten, Krankenhäusern oder vergleichbaren Einrichtungen.

Die Zuständigkeit einer kommunalen Gebietskörperschaft als örtlicher Träger der Sozialhilfe kann sich aus § 9 Abs. 1 Nr. 4 BestG jedoch nicht ergeben. Beim Fehlen einer „verantwortlichen Person" greift vielmehr § 9 Abs. 3 BestG, d. h. die örtliche Ordnungsbehörde wird im Rahmen des Polizei- und Ordnungsbehördengesetzes (POG) tätig und trägt auch die erforderlichen Kosten.

Aus der Rechtsprechung ergibt sich jedoch eine Tendenz, wonach ein Heimleiter als sonstiger Sorgeberechtigter anzusehen ist, zumal es die Einrichtung im Rahmen des Heimvertrages übernimmt, für das Wohl des Heimbewohners zu sorgen und somit der Vertrag – zumindest als Nebenpflicht – personensorgeberechtigte Bestandteile beinhaltet. Da eine unentgeltliche Leistungserbringung nicht Vertragsbestandteil ist, erschiene es unbillig, dem Heimträger die Bestattungskosten nicht zu erstatten (vgl. OLG Lüneburg in FEVS 49, 263).

Falls der Heimträger die Bestattung „nicht veranlassen würde", hat nach dem POG die örtliche Ordnungsbehörde des Sterbeortes die Bestattung zu veranlassen. In solchen Fällen kann jedoch die Ordnungsbehörde (unbeschadet von zivilrechtlichen Vorschriften über die Tragung der Bestattungskosten) den nach dem Landesrecht Bestattungspflichtigen ordnungsbehördlich zu den entstandenen Kosten heranziehen. Dieser hat dann möglicherweise nach § 74 SGB XII gegenüber dem Sozialhilfeträger einen Erstattungsanspruch.

Folgt man dieser Kommentarliteratur zum Bestattungsgesetz, so können Heimleiter durchaus Verantwortliche i. S. d. § 9 BestG sein, sofern keine vorrangig Verpflichteten vorhanden oder greifbar sind. Machen die Heimleiter die von ihnen übernommenen Bestattungskosten beim örtlichen Träger der Sozialhilfe geltend, so müsste im Einzelfall nach § 74 SGB XII geprüft werden, ob ihnen zugemutet werden kann, die Kosten zu tragen oder nicht. Im letzteren Fall hätten sie einen Kostenübernahmeanspruch gegenüber dem zuständigen örtlichen Träger der Sozialhilfe, weil sie sonst „auf den Kosten sitzen bleiben".

In den vergangenen Jahren hat das Ministerium für Arbeit, Soziales, Gesundheit, Familie und Frauen in mehreren Stellungnahmen die in der o. a. Kommentarliteratur enthaltene „weite Auslegung" des Begriffs „sonstiger Sorgeberechtigter" vertreten. Dabei wurde auch darauf hingewiesen, dass die Einrichtung es im Rahmen des Heimvertrages übernimmt, für das Wohl der Heimbewohner zu sorgen und somit der Vertrag – zumindest als Nebenpflicht – personensorgeberechtigte Bestandteile beinhalte. Da eine unentgeltliche Leistungserbringung nicht Vertragsbestandteil sei, erscheine es unbillig, dem Heimträger die Bestattungskosten nicht zu erstatten. Andererseits haben die Sozialhilfeträger die „weite Auslegung" des Begriffs „sonstiger Sorgeberechtigter" schon immer abgelehnt und daher die Entscheidung des OVG RhPf aus sozialhilferechtlicher Sicht begrüßt.

Eine Rückfrage im zuständigen Fachreferat im Hessischen Innenministerium ergab, dass zwar dort der Begriff des „sonstigen Sorgeberechtigten" genauer definiert ist, aber auch in Hessen nur die öffentlich-rechtlichen Pflichten und nicht die Kostenfrage geregelt sind.

Zusammenfassend kommt das Fachministerium zu dem Ergebnis, dass eine Gesetzesänderung nicht erforderlich ist, da es sich beim Bestattungsrecht, das ja nur öffentlich-rechtliche Pflichten regelt, um Hoheitsrecht und bei der Kostentragungspflicht um Zivilrecht handelt. Eine solche Änderung des Bestattungsgesetzes wäre auch landesrechtlich nicht möglich, da sie bundesgesetzlich schon geregelt ist, z. B. im BGB.

Die Stellungnahme des Fachministeriums geht damit leider an der Problematik in der täglichen Praxis vorbei. Die Petition war niemals auf eine Kostenregelung ausgerichtet, sondern nur auf die Übernahme der Präzisierung hinsichtlich der Verantwortlichkeiten für die Bestattung nach dem hessischen Vorbild. Das BVerwG (NJW 2003 S. 287 ff.) hat in einer Grundsatzentscheidung klargestellt, dass ein Sozialanspruch auf Übernahme der Kosten i. S. v. § 74 SGB XII stets voraussetze, dass eine öffentlich-rechtliche Bestattungspflicht besteht. Mit der angeführten zitierten Entscheidung des OVG RhPf wird klargestellt, dass der Heimleiter kein „sonstiger Sorgeberechtigter" ist und damit keine Erstattungspflicht durch einen Sozialhilfeträger ausgelöst wird. Wenn auch das Ministerium argumentiert, dass der Begriff des „sonstigen Sorgeberechtigten" weit auszulegen ist, werden sich alle Sozialhilfeträger auf die Entscheidung des OVG berufen und eine Kostenübernahme ablehnen. Die Folge bleibt, dass die „Heimleitungen" bei entsprechenden Sterbefällen, wenn Verantwortliche nicht vorhanden oder greifbar sind, von vornherein keine Bestattung veranlassen und die kommunalen „Ordnungsbehörden" gezwungen sind, „Amtsbestattungen" auf eigene Kosten zu veranlassen. Vor allem bleibt die Frage nach wie vor unbeantwortet, wer sich hinter dem Begriff des „sonstigen Sorgeberechtigten" im Sinne von § 13 Abs. 1 Nr. 5 verbergen soll. Dem Oberverwaltungsgericht Koblenz (zitierte Entscheidung vom 14.6.2007 – 7 A 11566 / 06 –) ist seinerzeit nur der nichteheliche Lebenspartner eingefallen. Der wurde aber mittlerweile ausdrücklich in § 13 Abs. 1 Nr. 2 BestG erwähnt und kann daher nicht unter § 13 Abs. 1 Nr. 5 BestG subsumiert werden.

In § 13 Abs. 1 Nr. 9 werden als verantwortliche Personen nach § 7 Abs. 3 Nr. 3 Buchstabe c in Verbindung mit § 7 Abs. 3a des Zweiten Buchs Sozialgesetzbuch genannt. § 7 Abs. 3 Nr. 3c SGB II definiert einen Partner als Teil einer Bedarfsgemeinschaft, wenn er mit einer erwerbsfähigen leistungsberechtigten Person zusammenlebt und nach verständiger Würdigung ein wechselseitiger Wille anzunehmen ist, Verantwortung füreinander zu tragen und füreinander einzustehen. Diese Verantwortungs- und Einstehensgemeinschaft wird oft als „eheähnliche Gemeinschaft" bezeichnet, erfordert aber keine Liebesbeziehung, sondern wirtschaftliches Einstehen. Zu dieser „Bedarfsgemeinschaft" gehören die Personen, die mit dem Verstorbenen in einem gemeinsamen Haushalt leben und nach verständiger Würdigung der wechselseitige Wille anzunehmen ist, dass sie füreinander Verantwortung tragen und füreinander einstehen. Ein solcher Wille wird nach § 7 Abs. 3a SGB II dann vermutet, wenn die Personen länger als ein Jahr zusammenleben bzw. mit einem gemeinsamen Kind zusammenleben oder Kinder oder Angehörige im Haus versorgen oder befugt sind, über Einkommen oder Vermögen des anderen zu verfügen. Eine solche Vermutung muss im Zweifel durch die Betroffenen eindeutig widerlegt werden. Im Sozialhilferecht werden derartige Vermutungen durch die Beantwortung von umfangreichen Fragebogen geprüft. So z. B.: Wer hat die Wohnung angemietet? Bestehen getrennte Räumlichkeiten? Welche Wohnungsteile werden gemeinsam genutzt? Wird die Bekleidung, Wäsche, Bettwäsche getrennt aufbewahrt? Besteht gemeinsames Eigentum an Haushalts- und Einrichtungsgegenständen? Wer zahlt die Miete, die Nebenkosten, die Kleidung, die Lebensmittel, die Telefongebühren, die Rundfundgebühren? Wer erledigt die täglichen häuslichen Arbeiten? Werden die Lebensmittel getrennt aufbewahrt? Werden die Mahlzeiten gemeinsam zubereitet und eingenommen? Besteht eine Verfügungsberechtigung über Konten, Guthaben, Vermögensbildung? Gibt es gemeinsame Verbindlichkeiten (Bankdarlehen u. Ä.)?

Liegt eine Bezugsberechtigung für eine Lebensversicherung vor oder Bestehen gegenseitige Vollmachten wie Patientenverfügung etc.? Es gibt hier um die Feststellung einer erkennbaren Intensität der Beziehung zueinander. Die Bezugsberechtigung einer Lebensversicherung stellt nämlich kein Erbe dar, dürfte aber ein Indiz für eine Gemeinschaft im Sinne von § 7 Abs. 3 Nr. 3 SGB II sein.

Zu den erkennbaren Umständen gehören weiterhin gemeinsame Urlaubsreisen, gemeinsame Freizeitgestaltung, gegenseitige Unterstützung bei Einkäufen, Arztbesuchen usw. Erklären die Beteiligten trotz umfangreicher entsprechender Anhaltspunkte, dass sie nicht füreinander einstehen, so kommt einer solchen Erklärung in der Regel keine durchgreifende Bedeutung zu.

Sicherung des Erbes als Aufgabe des Ordnungsamtes?

Gelegentlich stellt sich die Frage, ob den Ordnungsbehörden besondere Kompetenzen bei der Nachlasssicherung zustehen. Das sind in der Praxis die Fälle, bei welchen der Vermieter seinen Mieter, der keine Angehörigen hat, in der Wohnung tot auffindet. Nicht selten werden die Ordnungsbehörden vom Vermieter unterrichtet. Die „Ordnungsbehörden" haben hier keinerlei Verpflichtungen zur Sicherung des Nachlasses. Dies ist eine ausschließliche Aufgabe des „Nachlassgerichtes". Trotzdem werden so manche Ordnungsbehörden aktiv, weil sie bei aufgefundenen „Nachlasswerten" (Bargeld, Sparbuch, Bankguthaben etc.) die Chance sehen, diese Vermögensgegenstände für eine bevorstehende „Amtsbestattung" zu sichern. Schließlich wird die ordnungsbehördliche Bestattung in diesen Fällen regelmäßig die Folge sein, wenn Angehörige oder Erben nicht vorhanden sind. Derartige Aktivitäten, insbesondere Wohnungsbetretungen etc. mit dem Vermieter, sollten daher nur mit „äußerster Behutsamkeit" unter strenger Abstimmung mit dem Nachlassgericht und den staatlichen Polizeidienststellen durchgeführt werden, weil sie rechtlich als eine Art „Grauzone" angesehen werden müssen.

Lebensversicherung und Erbe

Probleme entstehen, wenn „Dritte" im Rahmen von Lebensversicherungen des Verstorbenen außerhalb der Rangfolge des § 9 BestG als Bezugsberechtigte eingesetzt werden. Die Lebensversicherung zugunsten eines Dritten gehört nicht zum aktiven Nachlass. Daher ist der Empfänger dieser Leistung, sofern er nicht Verwandter oder Erbe ist, nicht bestattungs- oder kostentragungspflichtig. Eine solche Bezugsberechtigung kann jedoch beim Erben zu einem Pflichtteilsergänzungsanspruch führen.

Absatz 2 bestimmt die Verantwortlichkeit von Dritten und Bestattungsunternehmen. Auch hier ist davon auszugehen, dass eine Übernahme von entsprechenden Verpflichtungen schriftlich ausdrücklich und nachweislich erfolgt sein muss.

Absatz 3 regelt den Fall, dass Verantwortliche nach den Absätzen 1 und 2 ihren Pflichten nicht nachkommen oder aber nicht auffindbar sind. In diesem Falle ist auf der Grundlage des allgemeinen Polizeirechts zu verfahren. Zuständig sind nach den Vorgaben des Polizei- und Ordnungsbehördengesetzes die allgemeinen örtlichen Ordnungsbehörden (also die Ordnungsbehörde des Ortes, an welcher sich die Leiche befindet).

Die Ordnungsbehörde veranlasst im Rahmen der Gefahrenabwehr die Bestattung eines Toten, sofern ein Angehöriger nicht vorhanden oder ermittelbar ist. Grundlage hierfür bildet das Polizei- und Ordnungsbehördengesetz Rheinland-Pfalz. Ist ein Angehöriger vorhanden, aber in absehbarer Zeit nicht verfügbar (z. B. infolge eines Auslandsaufenthalts), veranlasst die zuständige Ordnungsbehörde im Wege der „Eilzuständigkeit" die Bestattung, fordert aber die entstehenden Kosten von dem Angehörigen bzw. von dem nach § 13 BestG Bestattungspflichtigen zurück. Sofern die Möglichkeit der Benachrichtigung besteht, sollten die Bestattungspflichtigen vorher die Aufforderung mit kurzer Fristsetzung erhalten, die Bestattung innerhalb der allgemeinen Wartefrist durchzuführen. Bei Verzögerung erfolgt die Bestattung im Wege der unmittelbaren Ausführung im Sinne von § 6 POG. Die immer wieder erwähnte ordnungsbehördliche „Bestattung" im Wege der Ersatzvornahme ist unpraktikabel im Hinblick auf die Rechtsschutzmöglichkeiten der Bestattungspflichtigen und die kurzen Bestattungspflichten. Da der Anwendungsbereich des § 6 POG grundsätzlich darauf gerichtet ist, dass der „Verantwortliche" nicht greifbar ist, während bei der Ersatzvornahme die Verweigerungshaltung eines Verantwortlichen zugrunde liegt, muss in letzterem Fall immer mit Anordnungsverfügungen gearbeitet werden, bei denen die sofortige Vollziehung (§ 80 Abs. 2 Nr. 4 VwGO) anzuordnen ist. Die unmittelbare Ausführung nach § 6 POG durch die Ordnungsbehörde ist in Fällen der Notbestattung regelmäßig einschlägig, wenn aus Zeitgründen gegenüber den bestattungspflichtigen Angehörigen keine Grundverfügung ergehen kann mit dem Inhalt, den Verantwortlichen zur Vornahme der Bestattung zu verpflichten. Die Vorschriften über die unmittelbare Ausführung sind im Gefahrenabwehrrecht als polizei- und ordnungsrechtliche Spezialregelung gegenüber dem sofortigen Vollzug gemäß § 61 Abs. 2 LVwVG anzusehen (VG Neustadt/Wstr., Urt. vom 13.11.2017 – 5 K 511 / 17 –).

Beim Verzicht auf die Heranziehung eines vorrangig pflichtigen Verwandten, weil dieser im Ausland wohnt, war das VG München (Urt. vom 11.10.2007 – M K 07.1331 –) der Ansicht, dass die zuständige Behörde zumindest bei Kenntnis der korrekten Adresse im Ausland diese anzuschreiben hat, um zu klären, ob sie zur Zahlung der Bestattungskosten bereit ist. Sind Bestattungspflichtige vorhanden und der Behörde bekannt, so sind diese jeweils „persönlich" aufzufordern, ihrer Bestattungspflicht nachzukommen (vgl. hierzu OVG NRW, Urt. vom 29.4.2008 – 19 A 3665 –). Eine von der Behörde nicht nachgeprüfte Information durch Dritte, dass die Bestattungspflichtigen nicht für die Bestattung sorgen, lässt die Verpflichtung zur Kontaktaufnahme mit den betroffenen Angehörigen nicht entfallen (vgl. hierzu VG Oldenburg, Urt. vom 1.7.2009 – 5 A 639 / 09 –). Die behördliche Bestattung anstelle und auf Kosten des Bestattungspflichtigen setzt voraus, dass die Behörde zuvor alle ihr zu Gebote stehenden Möglichkeiten ausgeschöpft hat, um etwaige Angehörige des Toten ausfindig zu machen und um zu klären, ob der Bestattungspflichtige für die Bestattung sorgen wird. Der Umfang der Ermittlungen richtet sich nach § 24 VwVfG. Er erfordert ggf. die persönliche (telefonische) Kontaktaufnahme mit den Angehörigen des Verstorbenen (Saarl. OVG, Urt. vom 11.6.2010 – 1 A 8 / 10 –). Strittig ist die Frage, welche Maßnahmen zu ergreifen sind, um den Bestattungspflichtigen zu erreichen. Neben der bereits angesprochenen telefonischen Kontaktaufnahme kommt auch die Möglichkeit infrage, eine am Wohnort des Pflichtigen örtliche Polizei- oder Ordnungsbehörde zu erreichen, um den Bestattungspflichtigen zu verständigen. Schließlich hängt von den Bestattungspflichtigen, falls der Verstorbene keinen Bestattungswillen geäußert hat, die Beauftragung der Bestattung, die Zustimmung zur Amtsbestattung bzw. die Vereinbarung des Bestattungsortes ab. So hatte das OVG NRW in einem Fall einen Verstoß gegen die Menschenwürde gesehen, bei welchem die Behörde eine aufgefundene Leiche sofort bestatten ließ, ohne Angehörige zu informieren. Dies gilt selbst dann, wenn der Leichnam schon Verwesungserscheinungen aufweist (OVG Münster, Urt. vom 29.4.2008 – 19 A 3665 / 06 –). Sind die Bestattungspflichtigen vorübergehend nicht erreichbar, z. B. im Falle einer Abwesenheit wegen längerer Urlaubsreise, gibt es vielfach die Möglichkeit, zunächst nur über die Bestattungsart (Feuerbestattung) zu entscheiden und die Beisetzung auf den Zeitpunkt zu verschieben, wenn die Bestattungspflichtigen wieder erreichbar sind (vgl. auch hierzu OVG Lüneburg, Beschl. vom 21.11.2006 – 8 PA 118 / 06 –).

Sind Bestattungspflichtige im Sinne von § 13 BestG vorhanden, kann sich die Frage stellen, ob die Heranziehung zu den Kosten der Bestattung nicht eine unbillige Härte darstellt. Die Verletzung der Unterhaltspflicht führt nicht dazu, dass der Bestattungspflichtige von seiner allgemeinen Kostentragungspflicht befreit wird (VG Lüneburg, Urt. vom 20.3.2003 – 6 A 62 / 02 –, a. A. NdsOVG, Beschl. vom 19.5.2003 – 8 ME 76 / 03 –).

Die Bestattungspflicht entfällt nicht, weil der Betroffene nur über ein geringes Einkommen verfügt. Allein der Bezug von Sozialhilfe bzw. bescheidene finanzielle Verhältnisse können die Annahme einer unbilligen Härte nicht begründen. Der Kostenübernahmeanspruch aus § 74 SGB XII ist bei der Prüfung, ob die Inanspruchnahme des Kostenpflichtigen eine unbillige Härte darstellen würde, mit zu berücksichtigen (VG Gelsenkirchen, Urt. vom 10.7.2012 – 14 K 2307 / 11 –).

Die Kostentragungspflicht kann aber in krassen Ausnahmefällen für die Verpflichteten unzumutbar sein. Die Rechtsprechung hat eine Kostentragungspflicht in dem Fall verneint, bei welchem der Verstorbene den Angehörigen bestohlen hat und das Verhältnis seit Jahrzehnten zerrüttet war (OVG Lüneburg, Beschl. vom 19.5.2003 – 8 ME 76 / 03 –), aber auch bei Misshandlungen in der Ehe (OVG RhPf, Urt. vom 10.1.2005 – 12 A 11605 / 04.OVG –). Ein Kind muss aber grundsätzlich auch dann für die Bestattungskosten der Eltern aufkommen, wenn keine intakten Familienverhältnisse gegeben sind (vgl. VG Koblenz, Urt. vom 14.6.2005 – 6 K 93 / 05. KO –). Die fehlende Kontaktaufnahme zum Bestattungspflichtigen ist unerheblich, wenn dieser zu keinem Zeitpunkt im Verfahren erklärt hat, er hätte bei rechtzeitiger Benachrichtigung eine Bestattung veranlasst (VG Minden, Urt. vom 29.1.2015 – 11 K 1984 / 14 –). Die Bestattungspflicht entfällt nicht ausnahmsweise, weil der Bestattungspflichtige den Verstorbenen nicht gekannt hat oder das Erbe ausgeschlagen hat (VG Neustadt/Wstr., Urt. vom 4.12.2018 – 5 K 509 / 18 –). Zur Frage eines Härtefalls mangels familiärer Bindung, vgl. auch VG Neustadt, Urt. vom 14.9.2015 – 5 K 282 / 15 – (hier verneint). Eine unbillige Härte liegt vor, wenn der Verstorbene einen tätlichen Angriff auf den Kläger und dessen Mutter verübt hat und beide dadurch, dass sie für finanzielle Forderungen gegen den Verstorbenen in Anspruch genommen wurden, an den Rand des Existenzminimums getrieben worden sind (VG Düsseldorf, Urt. vom 22.2.2010 – 23 K 3310 / 08 –). Die Heranziehung des eigentlichen Bestattungspflichtigen zu den Bestattungskosten kann bei schwerwiegenden Verfehlungen, wie sie sich in Straftaten von erheblichem Gewicht (Mord, Totschlag, Vergewaltigung, sexueller Missbrauch) realisieren, den Grundsatz der Verhältnismäßigkeit verletzen (vgl. hierzu VGH Kassel, NVwZ-RR 2012 S. 212). Die Möglichkeit, einen Anspruch auf Übernahme der Bestattungskosten aus § 74 SGB XII geltend zu machen, schließt eine unbillige Härte aus (OVG NRW, Urt. vom 25.6.2015 – 19 A 488 / 13 –, vgl. hierzu auch ThürOVG, Urt. vom 23.4.2015 – 3 KO 341 / 11 –).

Der Vater eines Verstorbenen hat auch dann die Kosten der Überführung zu tragen, wenn die Erben nicht rechtzeitig zu ermitteln sind (vgl. hierzu VG Koblenz, Urt. vom 24.8.2005 – 5 K 2700 / 04. KO –). Das OVG NRW vertrat die Auffassung, dass die Behörde nicht auf einen nachrangig Bestattungspflichtigen zurückgreifen kann, wenn der Vorrangige wegen Vorliegens einer unbilligen Härte nicht herangezogen werden kann (vgl. hierzu

OVG NRW, Urt. vom 20.4.2010 – 19 A 1666 / 08 –). Vgl. auch VG München, Urt. vom 10.3.2016 – M 12 K 16.327 –, zur erlaubten vorrangigen Heranziehung der Schwester des Verstorbenen, weil die vorrangig verpflichtete Ehefrau und Kinder des Verstorbenen im Ausland leben und keine Vollstreckungsmöglichkeiten vorhanden sind. Darüber hinaus gibt es auch weitere zivilrechtliche Kostenansprüche nach den Vorgaben des § 844 BGB (Kostentragungspflicht des Unfallverursachers) bzw. § 1968 BGB (Kostentragungspflicht des oder der Erben). In diesen Fällen könnte ein Verantwortlicher nach § 13 BestG ggf. zivilrechtlich seine Kosten gegenüber den genannten Ersatzpflichtigen im Zivilverfahren geltend machen.

Bei der Durchführung der Bestattung durch die Ordnungsbehörde hat diese einerseits darauf zu achten, dass eine würdige Beisetzung erfolgt, andererseits müssen die Bestattungskosten unter Beachtung der Verhältnismäßigkeitsgrundsatzes im Rahmen des Ortsüblichen gehalten werden, wobei auf eine einfache Sargausführung zurückgegriffen werden kann. Die Ordnungsbehörde kann, wie dargestellt, ihre Aufwendungen für die nach § 9 BestG verantwortlichen Personen zurückverlangen, notfalls im Wege des „Verwaltungszwanges". Es erfolgt jedoch keine Erstattung der Bestattungskosten von dem nach § 15 BSHG (jetzt: § 74 SGB XII) zuständigen Sozialhilfeträger (VG Würzburg, NVwZ 1992 S. 88). Die Wohnsitzgemeinde ist auch nicht Verpflichtete im Sinne von § 74 SGB XII (§ 15 BSHG a. F.), wenn eine Person in einer anderen Gemeinde verstirbt (VGH München, NVwZ 1994 S. 600). Im Übrigen kann eine langjährige Gemeindebürgerin, die vor ihrem Tode zum Zwecke der Pflege in eine andere Gemeinde verzogen war, verfügen, auf ihrem ursprünglichen Gemeindefriedhof bestattet zu werden (OVG Koblenz, Urt. vom 11.1.2000 – 7 A 11163 / 99 –). Besteht ein Nachlass, welcher mangels Erben auf den Fiskus übergeht, hat die Ordnungsbehörde einen Erstattungsanspruch gegenüber dem Fiskus nach § 1968 BGB in Höhe der Kosten für eine standesgemäße Beerdigung. Der Staat haftet allerdings nur für die Kosten in Maximalhöhe des Nachlasses. Die Haftung des Staates ist nämlich auf den Nachlass beschränkt.

Ist eine verantwortliche Person im Sinne von § 9 BestG vorhanden, für die die Kosten der Bestattung nicht zumutbar sind, so hat der „Verpflichtete" einen Anspruch auf Übernahme der Bestattungskosten nach § 74 SGB XII (§ 15 BSHG a. F.) Anspruchsberechtigt ist jede natürliche Person, die öffentlich-rechtlich oder zivilrechtlich zumindest mit einem Anteil verpflichtet ist, die Bestattungskosten zu tragen (vgl. BVerwG, Urt. vom 13.3.2003 – 5 C 2 / 02 –).

Bei der Prüfung der Erstattungspflicht im Rahmen der Sozialbestattung nach § 74 SGB XII wird unterschieden zwischen der finanziellen und der persönlichen Unzumutbarkeit. Es wird heute vielfach bezweifelt, ob die bis zum 2004 erfolgte sterbegeldfinanzierte Bestreitung der einzelnen Bestattungsleistungen nicht deutlich günstiger für die Gesamtbelastung der Allgemeinheit war. § 74 SGB XII führt heute in der Umsetzung zu erheblichen Streitigkeiten für die öffentliche Hand, nicht zuletzt wegen der uneinheitlichen Umsetzung der Vorschrift (vgl. hierzu *Tresoret/Seifert*, LKRZ 2010 S. 287). So hat das BSG in einem Fall entschieden, dass der Sozialhilfeträger im Rahmen der Sozialbestattung nach § 74 SGB XII die Übernahme von Bestattungskosten nicht allein anhand pauschalierend begrenzter Vergütungssätze bestimmt, wenn die tatsächlichen Kosten höher sind (Urt. vom 25.8.2011 – B 8 SO 20 / 10 R –). Kostentragungspflichtig können neben dem ausdrücklich in § 13 BestG genannten Personenkreis auch vertraglich Verpflichtete (z. B. aus einem notariellen Vertrag), der Vater des Kindes beim Tode der nicht mit ihm verheirateten Mutter infolge der Schwangerschaft oder Entbindung (§ 1615m BGB) oder dessen Erben im Falle des § 1615n BGB sein.

Daneben können es auch diejenigen sein, die im Rahmen der öffentlich-rechtlichen Bestattungspflicht handeln und die Kosten zu tragen haben aus dem Werkvertrag mit dem Bestattungsunternehmer bzw. durch Heranziehung der Ordnungsbehörde. Hierfür reicht die aufgrund der sich aus den landesrechtlichen Bestimmungen des Bestattungsrechts ergebende öffentlich-rechtliche Verpflichtung aus, obwohl diese, wie dargestellt, keine unmittelbare Kostentragung regelt.

Die Entscheidung, inwieweit einem Verpflichteten die Kostentragung zugemutet werden kann, ist eine Billigkeitsentscheidung, die der vollen verwaltungsgerichtlichen Überprüfung unterliegt. Bei der Ermittlung der Zumutbarkeit sind vor allem die Höhe des Nachlasses, die Höhe des voraussichtlichen Bestattungsaufwandes, die persönlichen und wirtschaftlichen Verhältnisse des Verpflichteten und etwaige besonders enge menschliche Beziehungen zum Verstorbenen zu berücksichtigten, wobei die Kostentragung umso höher sein kann, je enger das Verwandtschaftsverhältnis zum Verstorbenen war. Der von einer Sozialhilfeträgerin jüdischen Glaubens geäußerte Wunsch nach einer Übernahme der Kosten für die jüdische Bestattung ist angemessen. Die Gewährleistung der aus der Religionsfreiheit nach Art. 4 GG fließenden Rechte darf jedoch nicht dazu führen, dass der Sozialhilfeträger jede Besonderheit zu finanzieren hat (VG Hannover, NVwZ-RR 2005 S. 44 ff.). Nicht zu den erforderlichen Kosten einer Bestattung gehören Ausgaben für Feierlichkeiten, Todesanzeigen und Danksagungen, gerichtliche oder polizeiliche Maßnahmen, Überführung, Obduktion, ordnungsbehördliche Maßnahmen oder Kosten der laufenden Grabpflege. Bei dem Anspruch auf Übernahme von Bestattungskosten durch den Sozialhilfeträger handelt es sich um einen sozialhilferechtlichen Anspruch eigener Art, dem nicht entgegensteht, dass die Bestattung bereits vor Unterrichtung des Sozialhilfeträgers durchgeführt worden ist und die Kosten vor seiner Entscheidung beglichen worden sind. Der Hilfeempfänger hat allerdings den Sozialhilfeträger innerhalb einer angemessenen Frist (ca. 14 Tage) zu unterrichten (vgl. BVerwG, NJW 1998 S. 1329). Gelegentlich kommt es vor, dass „dritte Personen" die Bestattung veranlassen, ohne hierzu verpflichtet zu sein. Eine solche Auftragsvergabe führt dazu, dass diese Person die Kosten der Bestattung trägt, ohne Ersatzansprüche geltend zu machen zu können. Es sei denn, der Betroffene haben ein „positives Erbe" hinterlassen. Einen sozialrechtlichen Anspruch auf Kostenübernahme kann, wie dargestellt, nur derjenige geltend machen, der zur Bestattung rechtlich verpflichtet ist. Wer in Unkenntnis, z. B. aus Gründen der guten Nachbarschaft, den Bestattungsauftrag für seine verstorbene Nachbarin veranlasst, kann im Nachhinein, wenn weder Erben, Verwandte noch ein Nachlass vorhanden sind, diese Kosten auch nicht im Wege der Geschäftsführung ohne Auftrag von der Ordnungsbehörde erstattet bekommen. Im Rahmen der Gefahrenabwehr muss also die Ordnungsbehörde selbst die Entscheidung darüber haben, ob und ggf. wie sie die Gefahr beseitigt. Nach Ansicht des BVerwG (BVerwGE 80, 170) dürfen sich im Bereich der Gefahrenabwehr keine privatrechtlichen Befugnisse zur Einmischung in die Rechtssphäre Dritter etablieren. Der Verwaltung würde der Handlungsspielraum und die Entscheidung über das Wann, Wo und Wie der zu erbringenden Leistung genommen werden. Eine derartige Anerkennung würde das öffentlichrechtliche Kompetenzgefüge sprengen. Zu diesem Ergebnis kam auch das VG Koblenz (Urt. vom 24.1.2008 – 1 K 1409 / 07 –). Ein Altenheim hatte in der Annahme, „bestattungspflichtig" zu sein, die Beisetzung eines verstorbenen Heimbewohners in Auftrag gegeben und danach erfolglos versucht, die Bestattungskosten vom zuständigen Ordnungsamt zurückzufordern.

Voraussetzung für die Übernahme von Bestattungskosten durch den Sozialhilfeträger ist wie angeführt nach § 74 SGB XII die Unzumutbarkeit der Kostentragung durch den dazu Verpflichteten sowie deren Erforderlichkeit. Das Sozialgericht Gelsenkirchen (Urt. vom 31.8.2021 – S 12 SO 191 / 19 –) hat in diesem Zusammenhang entschieden, dass derjenige, der für die Kosten aufgekommen ist, die Erben des Verstorbenen lediglich angeschrieben und gebeten hat, die Kosten zu übernehmen, sich dann aber nicht darum kümmert, ob diese auch leistungsfähig sind, keinen solchen Erstattungsanspruch nach § 74 SGB XII hat. Zum Anspruch auf Erstattung von Beerdigungskosten bei Geschwistern hat das LG Heilbronn (Urt. vom 6.2.2023 – Ad 7 S 1 / 22 –) Stellung genommen. Sind die beiden erwachsenen Kinder des geschiedenen Erblassers nach dem Landesrecht gleichermäßen bestattungspflichtig und lässt ein Kind die Beerdigung durchführen, dann hat es gegenüber dem anderen Kind einen Anspruch aus Innenausgleich nach den Regelungen der Geschäftsführung ohne Auftrag. Dass das andere Kind möglicherweise nicht einverstanden mit der Beerdigung war, ist unerheblich, da die Bestattungspflicht eine öffentlich-rechtliche Pflicht ist. Bestattungskosten sind vom Sozialhilfeträger nicht nach § 74 SGB XII zu übernehmen, wenn der Sohn des Verstorbenen bei Ausschlagung der Erbschaft es unterlässt, Ansprüche gegen die vorrangig verpflichteten Erben geltend zu machen. Die Geltendmachung und Verfolgung vorrangig oder gleichrangiger Ausgleichsansprüche ist zumutbar, soweit diese nicht erkennbar aussichtslos sind (SG Gelsenkirchen, Urt. vom 30.5.2023 – S 12 SO 52 / 21 –).

Ist der Ehegatte nach Landesrecht vorrangig und unabhängig von einer Erbenstellung zur Besorgung der Bestattung verpflichtet, wird sein Anspruch auf Übernahme von Bestattungskosten nicht durch die Kostentragungspflicht eines Erben ausgeschlossen. Ausgleichsansprüche gegen den Erben darf der Sozialhilfeträger dem Bestattungspflichtigen dann nicht entgegenhalten, wenn zwar die Erbenstellung feststeht, aber der Anspruch wegen fehlender Solvenz des Erben nicht durchsetzbar erscheint (BSG, Urt. vom 12.12.2023 – B 8 SO 20 / 22 R –).

Zu den ortsüblichen angemessenen Kosten einer Bestattung im Sinne von § 74 SGB XII zählen auch die Aufwendungen, die auf die ordnungsbehördlich verfügte Bestattung des Verstorbenen in einem Urnenwahlgrab entstehen. Es obliegt den Trägern der Sozialhilfe, gegenüber den Ordnungsbehörden darauf hinzuwirken, dass diese keine Bestattungen zu sozialhilferechtlich unangemessenen Kosten vornehmen (LSG Sachsen-Anhalt, Urt. vom 26.8.2025 – L 8 SO 31 / 23 –).

Für eine rechtswidrig unter Verletzung der Bestimmungen der Friedhofsordnung ohne den Willen des Verstorbenen durchgeführte anonyme Bestattung kann die Ordnungsbehörde von den bestattungspflichtigen Angehörigen nicht die Erstattung der verauslagten Nutzungsrechtsgebühr für eine anonyme Grabstätte verlangen (VGH BW, Urt. vom 5.11.2025 – 1 S 719 / 23 –).

Überwiegend verneint wurde die Frage, ob die Ordnungsbehörde im Falle einer Bestattung ohne vorhandene bestattungspflichtige Personen aus Kostengründen gezwungen sein kann, eine Feuerbestattung durchzuführen (vgl. hierzu VG Gießen, NVwZ-RR 2000 S. 795 ff.; OVG Münster, NVwZ-RR 1997 S. 99; VGH Mannheim, NVwZ 2002, S. 995; VGH BW, Urt. vom 5.11.2025 – 1 S 719 / 23 –). Eine Feuerbestattung gegen den Willen des Verstorbenen ist unzulässig (vgl. hierzu auch *Faßbender*, VR 2005 S. 47). So bezieht sich der Wille des Verstorbenen nur auf die Bestattungsart (also Erd- oder Feuerbestattung), nicht aber auf besondere Verfahrensweisen der Beisetzung (z. B. Kutschfahrt mit acht Schimmeln durch den Ort). Es bestehen jedoch keine Bedenken, wenn die Ordnungsbehörde die Feuerbestattung anordnet, wenn keine gegenteiligen Verfügungen des Verstorbenen vorliegen. Gleiches ist auch denkbar in Zusammenhang mit der Zuführung eines Leichnams zu anatomischen Zwecken, sofern keine gegenteiligen Erklärungen bestehen (vgl. VGH Mannheim, NJW 1997 S. 3113). Kritischer muss die weit verbreitete Durchführung von „anonymen Bestattungen" aus Kostengründen (etwa zur Vermeidung von Grabpflegekosten) gesehen werden. In der Literatur wird diese Art der Bestattungsform im Hinblick auf das allgemeine Persönlichkeitsrecht, das auch die Achtung der Identität nach dem Tode umfasst, zum Teil als unzulässig angesehen, wenn die Bestattungsform von dem Verstorbenen nicht ausdrücklich gewählt worden ist (vgl. zur Thematik auch *Stelkens/Cohrs*, NVwZ 2002 S. 923 ff.; *Spranger*, ZFSH/SGB 2000 S. 323).

§ 14
Benachrichtigungspflicht

[1] Wer eine verstorbene Person, ein tot geborenes oder in der Geburt verstorbenes Kind oder ein Sternenkind auffindet oder beim Eintritt des Todes anwesend ist, hat unverzüglich eine der in § 13 Abs. 1 genannten Personen oder die Polizei zu benachrichtigen. [2] Vom Auffinden eines Leichenteils ist die Polizei unverzüglich zu unterrichten.

Erläuterungen:

Die Benachrichtigungspflicht trifft denjenigen, der eine verstorbene Person oder ein tot geborenes oder in der Geburt verstorbenes Kind oder ein Sternenkind auffindet oder beim Eintritt des Todes anwesend ist. Der Begriff „Sternenkind" hat sich etabliert für Kinder, die vor, während oder kurz nach der Geburt verstorben sind.

Dies wird bei Sterbefällen in Krankenhäusern und Altenheimen häufig der Fall sein. Damit wird sichergestellt, dass der Verantwortliche im Sinne von § 13 Abs. 1 BestG oder die Polizei die nach dem Gesetz erforderlichen Maßnahmen veranlassen kann. Die Bestimmung dient im Übrigen der Strafverfolgung und der öffentlichen Sicherheit und Ordnung. Innerdienstliche Dienstanweisungen in Betrieben, Heimen etc. bleiben von dieser Regelung unberührt.

§ 15
Leichenschau

(1) Jede Leiche ist zur Feststellung des Todes, des Todeszeitpunkts, der Todesart – nach natürlicher Tod, nicht natürlicher Tod oder ungeklärt – und der Todesursache von einer Ärztin oder einem Arzt äußerlich zu untersuchen (Leichenschau).

(2) [1] Jede Ärztin oder jeder Arzt ist verpflichtet, die Leichenschau vor Ort unverzüglich vorzunehmen und die Todesbescheinigung auszustellen und auszuhändigen. [2] Bei Sterbefällen in Krankenhäusern, vergleichbaren Einrichtungen und sonstigen Anstalten sind die dort tätigen Ärztinnen und Ärzte nach Satz 1 verpflichtet. [3] Ärztinnen und Ärzte des öffentlichen Gesundheitsdienstes können die Leichenschau vornehmen und die Todesbescheinigung ausstellen und aushändigen.

(3) Sind Anhaltspunkte dafür vorhanden, dass der Tod im ursächlichen Zusammenhang mit einer medizinischen Maßnahme eingetreten ist, dürfen die die medizinische Maßnahme veranlassenden oder durchführenden Ärztinnen und Ärzte die Leichenschau nicht durchführen.

(4) [1] Die Polizei oder die Staatsanwaltschaft ist von der leichenschauenden Ärztin oder dem leichenschauenden Arzt unverzüglich zu benachrichtigen, wenn

1. **Anhaltspunkte für einen nicht natürlichen Tod vorhanden sind,**
2. **die Todesursache ungeklärt ist,**
3. **Anhaltspunkte vorhanden sind, dass der Tod auf eine außergewöhnliche Entwicklung im Verlauf einer Behandlung oder der Einnahme von Drogen oder Medikamenten zurückzuführen ist,**
4. **die Leiche nicht sicher identifiziert werden kann,**
5. **es sich bei der Leiche um ein Kind handelt, welches das 14. Lebensjahr noch nicht vollendet hat, es sei denn, der Tod kann zweifelsfrei auf eine Vorerkrankung zurückgeführt werden,**
6. **der Tod in amtlichem Gewahrsam eingetreten ist oder**
7. **bereits fortgeschrittene oder erhebliche Leichenveränderungen vorliegen.**

[2] Bis zum Eintreffen der Polizei hat die leichenschauende Ärztin oder der leichenschauende Arzt vor Ort zu bleiben und dafür Sorge zu tragen, dass an der Leiche und deren Umgebung keine Veränderungen vorgenommen werden. [3] Vorgenommene Veränderungen an der Leiche oder deren Umgebung sind von der Ärztin oder dem Arzt zu dokumentieren.

(5) [1] Jede Person, in deren Beisein eine Person verstorben ist oder ein Kind tot geboren wurde oder die eine Leiche, ein totgeborenes Kind oder ein Sternenkind auffindet, hat die Leichenschau unverzüglich zu veranlassen; dies gilt für die Verantwortlichen nach

§ 13 Abs. 1 und 2 auch dann, wenn eine vorläufige Todesbescheinigung nach Absatz 6 ausgestellt worden ist. [2] Bei offensichtlichen Anhaltspunkten für einen nicht natürlichen Tod ist unverzüglich die Polizei zu benachrichtigen. [3] Tritt der Tod in einem Betrieb, einem Heim, einer Schule, einer Anstalt, einem Krankenhaus oder einer vergleichbaren Einrichtung ein, veranlasst die Leiterin oder der Leiter oder die Inhaberin oder der Inhaber dieser Einrichtung oder eine von ihr oder ihm hierzu befugte Person die Leichenschau.

(6) Erfolgt die Feststellung des Todes durch eine Ärztin oder einen Arzt während eines Einsatzes im Rettungsdienst, so ist sie oder er nur zur Ausstellung und Aushändigung einer vorläufigen Todesbescheinigung verpflichtet.

(7) [1] Vor einer Einäscherung ist grundsätzlich eine zweite Leichenschau als besondere amtliche Leichenschau durch Ärztinnen oder Ärzte des öffentlichen Gesundheitsdienstes oder von diesen beauftragten Fachärztinnen oder Fachärzte für Rechtsmedizin oder Pathologie durchzuführen. [2] Die Person, welche die erstmalige Leichenschau durchgeführt hat, darf nicht die zweite Leichenschau vornehmen. [3] Absatz 4 gilt entsprechend.

(8) Bei Leichen, die

1. **zur Einäscherung in ein anderes Land der Bundesrepublik Deutschland, in welchem keine zweite Leichenschau vor der Einäscherung vorgeschrieben ist, oder**
2. **ins Ausland**

befördert werden sollen, ist ebenfalls eine zweite Leichenschau gemäß Absatz 7 durchzuführen.

(9) Die Kosten der Leichenschau haben die zur Bestattung Verpflichteten zu tragen.

(10) [1] Die Leichenschau kann verweigert werden, wenn die leichenschauende Ärztin oder der leichenschauende Arzt sich selbst oder eine in § 52 Abs. 1 der Strafprozessordnung bezeichnete Person der Gefahr einer straf- oder ordnungswidrigkeitsrechtlichen Verfolgung aussetzen würde. [2] Wird die Leichenschau nach Satz 1 verweigert, ist die jeweilige Ärztin oder der jeweilige Arzt verpflichtet, den Tod festzustellen, und hat sie oder er dafür Sorge zu tragen, dass eine andere Ärztin oder ein anderer Arzt die Leichenschau durchführt.

BestG-DVO:

§ 15

Schutzmaßnahmen

(1) Hat die verstorbene Person bei Eintreten des Todes eine übertragbare Krankheit, bei der die konkrete Gefahr besteht, dass gefährliche Erreger beim Umgang mit der Leiche übertragen werden, oder besteht der Verdacht einer solchen Krankheit, so gilt unbeschadet der nach dem Infektionsschutzgesetz angeordneten Schutzmaßnahmen darüber hinaus Folgendes:

1. *Personen, die mit der Leiche in Berührung kommen oder kommen können, müssen Schutzhandschuhe und Schutzkleidung aus Einmalmaterial oder persönliche Schutzausrüstung tragen. Schutzhandschuhe und Schutzkleidung aus Einmalmaterial sind nach beendeter Tätigkeit sachgerecht zu entsorgen. Persönliche Schutzausrüstung ist nach beendeter Tätigkeit einer entsprechenden Reinigung und Desinfektion zu unterziehen. Sollte eine Reinigung und Desinfektion zur Verhinderung der Übertragung von gefährlichen Erregern nicht ausreichend geeignet sein, ist die persönliche Schutzausrüstung sachgerecht zu entsorgen. Bei notwendigen aerosol- und Tröpfchen generierenden Maßnahmen sollen zusätzlich eine FFP2-Maske oder eine Maske höheren Standards und ein Augen- und Gesichtsschutz getragen werden.*

2. *Vor dem Verlassen des Totenzimmers ist eine sachgerechte Desinfektion durchzuführen. Desinfektionen von Händen, Haut, Instrumenten und Flächen sind mit geeigneten Mitteln und Verfahren zur Inaktivierung von Krankheitserregern vorzunehmen. Über geeignete Desinfektions- und Sterilisationsmaßnahmen berät das Gesundheitsamt. Dieses kann auch die Verwendung bestimmter Desinfektionsmittel und -verfahren anordnen.*
3. *Die Leiche ist unverzüglich in ein mit desinfizierender Lösung getränktes Tuch einzuhüllen und einzusargen und in eine Leichenhalle nach § 6 Abs. 1 und 5 zu überführen.*
4. *Ist eine solche Leichenhalle nicht vorhanden und kann die Leiche nicht in eine andere Leichenhalle überführt werden, so muss sie in einem besonderen Raum aufbewahrt werden, der für diese Zeit ausschließlich diesem Zweck dienen darf. Nach der Bestattung ist dieser Raum sachgerecht zu desinfizieren.*
5. *Die Bestattung in einer oberirdischen Grabkammer ist nicht zulässig.*
6. *Anstelle der Leichenschau nach § 16 Abs. 1 BestG wird zunächst lediglich der Tod festgestellt.*

(2) [1] Die leichenschauende Ärztin oder der leichenschauende Arzt hat dafür Sorge zu tragen, dass Personen, die mit der Leiche umgehen, auf die Ansteckungsgefahr und die gebotenen Schutzmaßnahmen hingewiesen werden. [2] Der Sarg ist deutlich mit dem Vermerk „Vorsicht Infektionsgefahr, nicht öffnen!" zu kennzeichnen.

§ 17
Aufbewahrungsfristen

[1] Die örtlich zuständigen Ordnungsbehörden bewahren den nicht-vertraulichen Teil der Todesbescheinigung 30 Jahre auf. [2] Die Gesundheitsämter bewahren den vertraulichen Teil der Todesbescheinigung und die Obduktionsscheine mindestens 30 Jahre auf. [3] Die von der Verwaltungsstelle Datenmanagementsystem Mortalität beim Statistischen Landesamt digitalisierten vertraulichen Teile der Todesbescheinigungen können sowohl im Datenmanagementsystem Mortalität beim Statistischen Landesamt als auch im Landeskrebsregister und in den Gesundheitsämtern unbefristet aufbewahrt werden. [4] Die Fristen beginnen mit dem Tage der Ausstellung.

Erläuterungen:

Absatz 1 definiert die Leichenschau. Zur Feststellung des Todes, des Todeszeitpunktes, der Todesart und Todesursache jeder Leiche bedarf es einer Leichenschau. Dies kann nur durch einen Arzt durchgeführt werden. Durch die Leichenschau wird der Tod und damit das Ende der Rechtspersönlichkeit eines Menschen, insbesondere auch der zivilrechtliche bedeutsame Todeszeitpunkt, festgestellt. Daneben sind Todesart (natürlicher/unnatürlicher Tod) und Todesursache (Krankheit oder sonstige Ursachen, die den Tod unmittelbar herbeigeführt haben) zu untersuchen. Durch die Leichenschau soll verhindert werden, dass vermeintlich Tote (Scheintote) bestattet werden. Die Leichenschau bietet außerdem die Grundlage für die Todesursachenstatistik, die zum Zwecke der medizinischen Wissenschaft geführt wird.

Absatz 2 enthält die Verpflichtung für alle Ärzte in Rheinland-Pfalz, die Leichenschau unverzüglich durchzuführen und dies in der Todesbescheinigung zu dokumentieren. Danach ist jeder approbierte Arzt, ob niedergelassen oder angestellt, egal welcher Fachrichtung, verpflichtet, sobald er über eine Leiche in Kenntnis gesetzt wurden, sich ohne schuldhafte Verzögerung zum Leichenfundort zu begeben und die Leichenschau durchzuführen. Die unverzügliche Feststellung des Todeseintritts und die Untersuchung der Leiche sind opportun, da der Zeitfaktor hierbei eine erhebliche Rolle spielt. Ärzte des öffentlichen Gesundheitsdienstes sind von der Verpflichtung ausgenommen. Es wird klargestellt, dass bei Verstorbenen in Krankenhäusern, vergleichbaren Einrichtungen und Anstalten –

wie etwa Justizvollzugsanstalten – nur die dort tätigen Ärzte zur Leichenschau verpflichtet sind. Diese Regelung bedeutet jedoch nicht, dass diese Ärzte nicht für andere Leichenschauen außerhalb ihres Tätigkeitsfelds pflichtig sind.

Absatz 3 stellt klar, dass Ärzte, die eine medizinische Maßnahme veranlasst haben, die ursächlich für den Tod sein könnte, die Leichenschau nicht durchführen dürfen. Es soll damit verhindert werden, dass eine Gefahr einer möglichen Verschleierung oder gar einer falschen Todesart- oder Todesursachenbestimmung ausgeschlossen ist.

Absatz 4 klärt die Sachverhalte, wann Strafverfolgungsbehörden von den leichenschauenden Ärzten immer zwingend zu benachrichtigen sind. Dies ist gegeben, wenn ein nicht natürlicher Tod vorliegt, die Todesursache ungeklärt ist, der Tod auf Drogen oder Medikamente zurückzuführen ist, außergewöhnliche Entwicklungen innerhalb einer Behandlung aufgetreten sind, eine Leichenidentifizierung unmöglich ist, fortgeschrittene Leichenveränderungen vorliegen, der Tod in amtlichem Gewahrsam eingetreten ist oder es sich bei der Leiche um ein Kind bis zum vollendeten 14. Lebensjahr handelt, wenn nicht zweifelsfrei eine Vorerkrankung für den Tod ursächlich ist. Die Regelung Satz 1 Nr. 3 zu den außergewöhnlichen Entwicklungen im Verlauf einer Behandlung umfassen auch ärztliche, pflegerische und sonstige Fehlbehandlungen. Die Regelung in Satz 1 Nr. 5 ist notwendig, da der Tod eines Kindes ohne Vorerkrankung ein besonders empfindsames Thema in der Bevölkerung ist. Auch soll damit verhindert werden, dass die leichenschauende Ärztin oder der leichenschauende Arzt, wenn auch unbewusst, vom Schmerz der Eltern beeinflusst wird und deshalb vielleicht zu schnell einen unnatürlichen Tod dokumentiert. Um der Verschleierung eines unnatürlichen Todes oder dem Verdacht auf eine solche hinsichtlich von in amtlichen Gewahrsam verstorbenen Personen vorzubeugen, ist die Regelung nach Satz 1 Nr. 6 erforderlich.

Zusätzlich werden die leichenschauenden Ärztinnen und Ärzte verpflichtet, bis zum Eintreffen der Polizei vor Ort zu bleiben und sicherzustellen, dass weder an der Leiche noch an der direkten Umgebung Veränderungen vorgenommen werden. Sollten jedoch Veränderungen erfolgt sein, sind diese zu dokumentieren. Dies dient Beweissicherungen hinsichtlich eines möglichen unnatürlichen Todes.

Nach Absatz 5 haben Personen, die eine Leiche auffinden, unverzüglich eine Leichenschau zu veranlassen. Das gilt auch für Personen, die beim Tod einer anderen Person anwesend sind oder die Verantwortung für Räumlichkeiten innehaben, in welchen sich eine Leiche befindet. Bei offensichtlichen Anhaltspunkten für einen nicht natürlichen Tod ist unverzüglich die Polizei zu benachrichtigen. Es wird deutlich hervorgehoben, dass diese Regelung auch Sternenkinder umfasst. Im Falle der Ausstellung einer vorläufigen Todesbescheinigung sind die Verantwortlichen nach § 13 Abs. 1 und 2 zur unverzüglichen Veranlassung der Leichenschau verpflichtet. In bestimmten Einrichtungen sind der Leiter, der Inhaber, oder eine von diesen bestimmte Person dazu verpflichtet, die Leichenschau unverzüglich zu veranlassen.

Nach Absatz 6 sind Rettungsdienstärzte oder Ärzte des ärztlichen Bereitschaftsdiensts nicht zur Leichenschau verpflichtet. Sie haben lediglich den Tod festzustellen und dies in der vorläufigen Todesbescheinigung zu dokumentieren. Die Rettungsdienstärzte sind Teil der Gefahrenabwehr und nicht Dienstleistende im Gesundheitsbereich, weshalb die Leichenschau nicht zu ihren Aufgaben gehört. Aufgrund des oftmals nicht vorhandenen Zeitfaktors, gerade bei einer Vielzahl von Leichen durch größere Unglücke, oder des schnellstmöglichen Einsatzes, ist eine Leichenschau nicht durchführbar. Hier ist es nur oberste Aufgabe, den Tod festzustellen. Es bleibt ihnen jedoch unbenommen, auch eine komplette Leichenschau durchzuführen.

Absatz 7 bestimmt zwingend die zweite amtliche Leichenschau vor einer Einäscherung. Diese wird insbesondere durch die Ärzte der Gesundheitsämter durchgeführt. Da aber mit dem Gesetz auch noch zusätzliche zweite amtliche Leichenschauen (Abs. 8 und § 19 Abs. 4) eingeführt werden, ist eine Beauftragung von speziell dazu geeigneten Fachärzten durch die Gesundheitsämter erlaubt, auch um die Aufgabenerfüllung zu gewährleisten. Eine zweite amtliche Leichenschau vor der Einäscherung ist zwingend notwendig, da sie dazu dient, mögliche, bei der ersten Leichenschau nicht entdeckte Anzeichen für einen unnatürlichen Tod aufzudecken. Sie kontrolliert die Ergebnisse der ersten Leichenschau, um sichergehen zu können, dass der Einäscherung nichts im Wege steht, da nach einer Einäscherung eine nachträgliche Untersuchung der Leiche nicht mehr möglich ist. Um diese Kontrollfunktion zu gewährleisten, darf dabei die erste und die zweite Leichenschau nicht von der gleichen Person und nur von beauftragen und speziell geeigneten Ärzten durchgeführt werden. Dies sind in der Regel Ärzte des öffentlichen Gesundheitsdienstes sowie Fachärzte der Rechtsmedizin und der Pathologie.

Mit Absatz 8 wird die zweite amtliche Leichenschau auch für Leichen vorgesehen, die zur Einäscherung in ein anderes Bundesland überführt werden sollen, in welchem eine zweite amtliche Leichenschau nicht durchgeführt wird. Entsprechendes gilt für Leichen, die ins Ausland befördert werden sollen.

Absatz 9 regelt die Kostentragungspflicht für die Leichenschau. Die Kostentragungspflicht obliegt den zur Bestattung verpflichteten.

Absatz 10 regelt den Ausnahmefall einer möglichen Verweigerung der Durchführung einer Leichenschau, sollte sich der Arzt oder die Angehörigen des Toten, analog des Zeugnisverweigerungsrechts in der Strafprozessordnung, damit der Gefahr einer strafrechtlichen oder ordnungswidrigen Verfolgung aussetzen. Trotz Verweigerung der Durchführung der Leichenschau muss der Arzt zumindest den Tod der Person feststellen und sich darum kümmern, dass ein anderer Arzt die Leichenschau durchführt.

§ 15 BestG-DVO normiert Schutzmaßnahmen zur Sicherheit der mit einem Leichnam in Kontakt kommenden Personen. Es wird vor allem hervorgehoben, dass infektionsschutzrechtliche Anordnungen Vorrang haben. Außerdem wird in Absatz 1 Nummer 6 geregelt, dass aufgrund der Infektionsgefahr keine ausführliche Leichenschau durchgeführt wird, wenn dies für die bei der Leichenschau anwesenden Personen eine besondere Infektionsgefahr auslösen würde.

§ 16
Durchführung der Leichenschau

(1) Die Leichenschau ist unverzüglich und sorgfältig an der vollständig entkleideten, von Verbänden und Pflastern befreiten Leiche vorzunehmen.

(2) Dabei sind alle Körperregionen, einschließlich aller Körperöffnungen, wie zum Beispiel Mund, Augen, Nase, Ohren, insbesondere auch der Genitalbereich, der Rücken und die behaarte Kopfhaut, zu untersuchen.

(3) [1] Sind Anhaltspunkte für einen nicht natürlichen Tod vorhanden, ist von der Entkleidung abzusehen. [2] Pflaster, Verbände und medizinische Installationen dürfen nicht entfernt werden. [3] Eine begonnene Leichenschau ist abzubrechen. [4] Der Tod ist festzustellen. [5] § 15 Abs. 4 ist anzuwenden.

(4) [1] Grundsätzlich ist die Leichenschau an dem Ort vorzunehmen, an dem der Tod eingetreten ist oder die Leiche aufgefunden wurde. [2] Befindet sich die Leiche an einer Örtlichkeit, an welcher die Leichenschau nicht ordnungsgemäß durchgeführt werden kann, und liegen keine Anhaltspunkte für einen nicht natürlichen Tod vor, kann sich die Ärztin oder der Arzt auf die Todesfeststellung beschränken, wenn sichergestellt ist, dass die ordnungsgemäße Leichenschau an einem geeigneten Ort durchgeführt wird.

(5) Bestehen Anhaltspunkte, dass die Leiche eine meldepflichtige Krankheit hat oder mit einer ähnlichen gefährlichen, übertragbaren Krankheit infiziert ist, die durch den Umgang mit der Leiche weiterverbreitet werden kann, oder sonstige Gefahren von der Leiche ausgehen, hat die leichenschauende Ärztin oder der leichenschauende Arzt

1. **unverzüglich das örtliche Gesundheitsamt zu benachrichtigen,**
2. **die Leiche zu kennzeichnen und**
3. **die erforderlichen Schutzmaßnahmen zu treffen.**

(6) [1]Der leichenschauenden Ärztin oder dem leichenschauenden Arzt und von dieser oder diesem hinzugezogenen Hilfspersonen ist zum Zwecke der Durchführung der Leichenschau der hierzu notwendige Zutritt zu Grundstücken, Gebäuden und Räumen zu gewähren. [2]Das Grundrecht der Unverletzlichkeit der Wohnung (Artikel 13 des Grundgesetzes) wird insoweit eingeschränkt.

(7) Wird der Zutritt nach Absatz 6 verwehrt oder die Ärztin oder der Arzt an der Durchführung der Leichenschau gehindert oder dabei behindert, gilt § 15 Abs. 4 entsprechend.

Erläuterungen:

§ 16 dient der Regelung einer sachgerechten Leichenschau. Absatz 1 schreibt die Grundsätze der unverzüglichen und sorgfältigen Leichenschau fest und geht auf die gründliche Untersuchung an der vollständig entkleideten, von Verbänden und Pflastern befreiten Leiche ein.

Absatz 2 zählt auf, was bei der Leichenschau zwingend zu untersuchen ist. Diese detaillierte Darstellung ist notwendig, da Strafverfolgungsbehörden oder rechtsmedizinische Institute immer wieder darauf hinweisen, dass die Leichenschau nicht ordnungsgemäß in aller notwendigen Ausführlichkeit durchgeführt wurde und so Anhaltspunkte für einen möglichen unnatürlichen Tod übersehen werden können.

Absatz 3 bestimmt, wie der leichenschauende Arzt sich zu verhalten hat, sollten während der Leichenschau Anhaltspunkte für einen nicht natürlichen Tod erkennbar werden. Die angefangene Leichenschau ist sofort abzubrechen, nur noch der Tod festzustellen und die Strafverfolgungsbehörden zu benachrichtigen. Die Regelung, dass Pflaster, Verbände und medizinische Installationen nicht entfernt werden dürfen ist wichtig, da ansonsten Fragen, wie etwa hinsichtlich eine korrekten Drainagelage oder einer Fehlintubation, autopisch nicht mehr beantwortet werden können.

Absatz 4 schreibt die Grundsätze der Örtlichkeit vor, an welcher die Leichenschau durchzuführen ist. Grundsätzlich ist dies der Ort, wo sich die Leiche befindet. Kann die Leichenschau am Leichenfundort nicht ordnungsgemäß durchgeführt werden, zum Beispiel aufgrund der Lichtverhältnisse oder anderen ungewöhnlichen Orten und sind keine Anhaltspunkte für einen nicht natürlichen Tod vorhanden, ist die Todesfeststellung vor Ort ausreichend, wenn die Leiche an einen zur Leichenschau geeigneten Ort verbracht werden kann und dort die Leichenschau erfolgt.

Mit Absatz 5 wird das Verfahren bei Anhaltspunkten für meldepflichtige oder ähnlich gefährliche, übertragbare Krankheiten geregelt. Danach soll unverzüglich das örtliche Gesundheitsamt benachrichtigt, die Leiche gekennzeichnet und die erforderlichen Schutzmaßnahmen getroffen werden. Schutzmaßnahmen bedeuten auch, die weiteren Personen, wie Bestatter oder Beschäftigte in Krematorien, die mit der Leiche in Kontakt kommen, auf eine Ansteckungsgefahr hinzuweisen.

Absatz 6 schränkt das Grundrecht der Unverletzlichkeit der Wohnung ein, insoweit dem Leichenschauarzt und deren Helfern zum Zwecke der Durchführung der Leichenschau der Zutritt zum Auffindungsort der Leiche gewährt werden muss. Diese Einschränkung der Unverletzlichkeit der Wohnung ist zulässig, erforderlich und verhältnismäßig. Das Grundrecht der Unverletzlichkeit der Wohnung tritt gegenüber der zwingend notwendigen Leichenschau zur Feststellung des Todes zurück. Dabei ist es unerheblich, ob aus religiösen oder anderen Gründen eine Leichenschau nicht gewünscht wird.

Absatz 7 definiert, wie die Leichenschauärzte sich zu verhalten haben, sollten sie an der Leichenschau gehindert oder behindert werden, so auch, wenn ihnen der Zutritt zum Leichenfundort verweigert wird.

§ 17

Auskunftspflicht

[1] Angehörige der Heil- und Heilhilfsberufe, die die verstorbene Person vor deren Tod untersucht, behandelt oder gepflegt haben, die in § 13 Abs. 1 genannten Personen sowie Personen, die mit der verstorbenen Person zusammengelebt haben oder Kenntnis von Umständen des Todes haben könnten, sind gegenüber der leichenschauenden Ärztin oder dem leichenschauenden Arzt zur Auskunft über alle für die Leichenschau und die Ausstellung der Todesbescheinigung relevanten Umstände verpflichtet. [2] Diese Personen können die Auskunft verweigern, soweit sie dadurch sich selbst oder eine in § 52 Abs. 1 der Strafprozessordnung bezeichnete Person der Gefahr einer straf- oder ordnungswidrigkeitsrechtlichen Verfolgung aussetzen würden.

Erläuterungen:

Die Regelung soll den die Leichenschau durchführenden Arzt in die Lage versetzen, Todesart und Todesursache festzustellen. Häufig ist der die Leichenschau durchführende Arzt nicht der behandelnde Arzt (Hausarzt). Die Auskunftspflicht besteht sowohl bei Sterbefällen als auch bei Totgeburten. Bei Totgeburten betrifft sie neben den äußeren Begleitumständen bei der Geburt auch die Auskunft über Regelwidrigkeiten im Schwangerschaftsverlauf. In diesem Falle ist der Arzt auf Informationen des in Satz 2 genannten Personenkreis angewiesen, insbesondere um den Leichenschauschein auszustellen zu können. Unter Todesumständen sind die äußeren Begleiterscheinungen zu verstehen, unter denen der Tod eingetreten ist. Insoweit geht die in Satz 1 festgelegte Mitteilungspflicht der Ärzte und sonstigen Personen der allgemeinen Schweigepflicht – insbesondere der ärztlichen Schweigepflicht vor. Die Verletzung der Auskunftspflicht ist bußgeldbewehrt (vgl. § 27 Abs. 1 Nr. 17 BestG). Satz 2 regelt die Fälle, wann die Auskunft nach Absatz 1 verweigert werden kann.

§ 18

Todesbescheinigung

(1) Die Todesbescheinigung dient insbesondere

1. **der Bescheinigung des Todes einer Person,**
2. **dem Nachweis des Todeszeitpunkts und des Zeitpunkts der Leichenauffindung,**
3. **dem Nachweis der Todesursache,**
4. **der Identifikation der Leiche,**
5. **der für die Aufklärung von etwaigen Straftaten erforderlichen Mitteilung der Todesart,**
6. **der Prüfung, ob Infektionsgefahren vorhanden sind, welche Maßnahmen zur Gefahrenabwehr notwendig machen, sowie**
7. **Zwecken der Forschung und Statistik.**

(2) Die leichenschauende Ärztin oder der leichenschauende Arzt hat die Todesbescheinigung vollständig, richtig und gut leserlich, unter Angabe der eigenen Kontaktdaten zur Sicherstellung der Erreichbarkeit für Nachfragen der Verwaltungs- und Strafverfolgungsbehörden auszufüllen.

BestG-DVO:

§ 7

Todesbescheinigung

(1) [1] Die Ärztin oder der Arzt darf die Todesbescheinigung erst ausstellen, wenn sie oder er die Leiche persönlich untersucht hat. [2] Soweit erforderlich soll die Ärztin oder der Arzt Auskünfte über eine dem Tod vorausgegangene Erkrankung und die Todesumstände einholen.

(2) Die Todesbescheinigung ist in Schriftform nach dem Muster der Anlage 1 oder mittels eines vom fachlich zuständigen Ministerium veröffentlichten Online-Dienstes für die elektronische Todesbescheinigung auszustellen.

(3) [1] Wird die Todesbescheinigung schriftlich erteilt, ist der vertrauliche Teil der Todesbescheinigung in vierfacher Ausfertigung (Blatt 1 bis 4) auszustellen. [2] Blatt 1 und 2 werden von der Ärztin oder dem Arzt, die oder der die Leichenschau vorgenommen hat, in einem Fensterbriefumschlag verschlossen und zusammen mit dem nicht-vertraulichen Teil der Todesbescheinigung der nach § 13 Abs. 1 oder Abs. 2 BestG verantwortlichen Person ausgehändigt, die diese Unterlagen der Standesbeamtin oder dem Standesbeamten vorzulegen hat. [3] Blatt 3 hat die Ärztin oder der Arzt zusammen mit dem nicht ausgefüllten Obduktionsschein (Blatt 1 und 2) in einem Umschlag, der bei der Leiche verbleibt, zu verschließen. [4] Blatt 4 verbleibt bei der Ärztin oder dem Arzt. [5] Die Ärztin oder der Arzt, der die Obduktion nach § 19 BestG durchführt, hat den Obduktionsschein in zweifacher Ausfertigung (Blatt 1 und 2) nach dem Muster der Anlage 2 auszustellen und zusammen mit Blatt 3 des vertraulichen Teils der Todesbescheinigung an das für den Sterbeort zuständige Gesundheitsamt zu übersenden. [6] Wird keine Obduktion durchgeführt, so hat die Bestatterin oder der Bestatter den Umschlag nach Satz 3 vor der Bestattung an sich zu nehmen und an das für den Sterbeort zuständige Gesundheitsamt zu übersenden.

(4) [1] Die Standesbeamtin oder der Standesbeamte sammelt und ergänzt die ihr oder ihm nach Absatz 3 Satz 2 vorgelegten Todesbescheinigungen. [2] Sie oder er übersendet Blatt 1 und 2 des vertraulichen Teils der Todesbescheinigungen mindestens einmal monatlich an das für den Sterbeort zuständige Gesundheitsamt. [3] Das Gesundheitsamt überprüft die ihm zugeleiteten Todesbescheinigungen auf Vollständigkeit der Eintragungen, veranlasst notwendige Korrekturen und Nachträge und leitet die überprüfte Fassung von Blatt 1 und 2 an die Verwaltungsstelle Datenmanagementsystem Mortalität beim Statistischen Landesamt weiter. [4] Zudem erhalten das Statistische Landesamt und das Landeskrebsregister die für die jeweiligen Zwecke erforderlichen Daten. [5] Die Verwaltungsstelle Datenmanagementsystem Mortalität leitet die bearbeitete und digitalisierte Todesbescheinigung und Blatt 1 an die zuständigen Gesundheitsämter zurück. [6] Blatt 2 wird nach Abschluss der Arbeiten beim Statistischen Landesamt vernichtet. [7] Der nicht-vertrauliche Teil der Todesbescheinigung verbleibt in den in § 12 Abs. 1 genannten Fällen bei der örtlichen Ordnungsbehörde, die den Leichenpass ausgestellt hat; bei den neuen Bestattungsformen nach § 11 Abs. 8 BestG bei der örtlichen Ordnungsbehörde des Einäscherungsorts und ansonsten bei der örtlichen Ordnungsbehörde des Bestattungsorts.

(5) Auf Antrag kann das Gesundheitsamt und mit dessen Zustimmung ebenfalls die Verwaltungsstelle Datenmanagementsystem Mortalität beim Statistischen Landesamt Einsicht in die Todesbescheinigungen gewähren oder Auskünfte daraus erteilen, wenn

1. *dies zur rechtmäßigen Erfüllung der Aufgaben der die Einsicht oder Auskunft begehrenden öffentlichen Stelle erforderlich ist,*
2. *die Antragstellerin oder der Antragsteller ein rechtliches Interesse an der Kenntnis der Todesumstände einer verstorbenen Person glaubhaft macht und kein Grund zu der Annahme besteht, dass durch die Offenbarung schutzwürdige Belange der verstorbenen Person oder ihrer Hinterbliebenen beeinträchtigt werden, oder*

3. *Hochschulen oder andere mit wissenschaftlicher Forschung befasste Stellen die Angaben für ein wissenschaftliches Forschungsvorhaben benötigen und dem wissenschaftlichen Interesse an der Durchführung des Vorhabens größeres Gewicht als den Belangen der verstorbenen Person oder ihrer Hinterbliebenen beizumessen ist.*

(6) [1] In den Fällen des § 15 Abs. 6 BestG ist eine vorläufige Todesbescheinigung in dreifacher Ausfertigung (Blatt 1 bis 3) nach dem Muster der Anlage 3 auszustellen. [2] Blatt 1 verbleibt bis zum Abschluss der vollständigen Leichenschau in einem verschlossenen Umschlag bei der Leiche. [3] Blatt 2 ist für die nach § 13 Abs. 1 und 2 BestG verantwortliche Person bestimmt und Blatt 3 verbleibt bei der Ärztin oder dem Arzt, die oder der die vorläufige Leichenschau vorgenommen hat.

(7) [1] Wird die Todesbescheinigung elektronisch erteilt, ist durch die leichenschauende Ärztin oder den leichenschauenden Arzt sicherzustellen, dass die Identität der Leiche im weiteren Bestattungsverfahren mittels nicht ablösbarer und fälschungssicherer Kennzeichnung eindeutig erkennbar ist. [2] Die durch die leichenschauende Ärztin oder den leichenschauenden Arzt elektronisch erstellte Todesbescheinigung wird nach Abschluss automatisiert an das für den Sterbeort zuständige Standesamt (nicht-vertraulicher Teil) und das für den Sterbeort zuständige Gesundheitsamt (vertraulicher Teil) übermittelt. [3] Das Gesundheitsamt überprüft die ihm zugeleiteten Todesbescheinigungen auf Vollständigkeit der Eintragungen, veranlasst notwendige Korrekturen und Nachträge und leitet die überprüfte Fassung an die Verwaltungsstelle Datenmanagementsystem Mortalität beim Statistischen Landesamt weiter. [4] Zudem erhalten das Statistische Landesamt und das Landeskrebsregister die für die jeweiligen Zwecke erforderlichen Daten. [5] Die verantwortliche Person nach Absatz 3 Satz 2 erhält die Zugriffsdaten auf den nicht-vertraulichen Teil der Todesbescheinigung im Online-Dienst. [6] Die Verwaltungsstelle Datenmanagementsystem Mortalität im Statistischen Landesamt leitet die bearbeitete und digitalisierte Todesbescheinigung an die zuständigen Gesundheitsämter zurück. [7] Für den Fall, dass eine Obduktion ärztlich angezeigt ist, gibt die leichenschauende Ärztin oder der leichenschauende Arzt außerhalb des Online-Dienstes Blatt 3 der Todesbescheinigung in Papierform an die zuständige Polizei oder Staatsanwaltschaft weiter.

Erläuterungen:

Absatz 1 legt den Zeitpunkt der Ausstellung der Todesbescheinigung durch den leichenschauenden Arzt fest. Nach Absatz 2 kann die Todesbescheinigung in Papierform oder in elektronischer Form ausgestellt werden. Als elektronische Form ist ausschließlich die Nutzung des vom fachlich zuständigen Ministerium zur Verfügung gestellten Online-Dienstes für die elektronische Todesbescheinigung zulässig. Eine anderweitige elektronische Ausstellung der Todesbescheinigung ist nicht erlaubt. Die Möglichkeit der elektronischen Todesbescheinigung mittels entsprechenden Online-Dienst soll im Rahmen der Umsetzung des Onlinezugangsgesetzes durch die Landesregierung ermöglicht werden. Der Inhalt der Todesbescheinigung, der vorläufigen Todesbescheinigung und des Obduktionsscheins müssen dem Muster entsprechen, das vom fachlich zuständigen Ministerium im Ministerialblatt der Landesregierung Rheinland-Pfalz bekannt gemacht wird.

Die Absätze 3 bis 6 legen die Verfahrensweise in Bezug auf die Todesbescheinigung oder des Obduktionsscheins und die damit einhergehenden Aufgaben der Standesämter, der Gesundheitsämter und des Statistischen Landesamtes fest.

Absatz 7 legt fest, dass der Leichenschauarzt dafür Sorge zu tragen hat, dass die Personen, die nachfolgend in Kontakt mit der Leiche kommen, wie etwa der Bestatter sicher feststellen können, wessen Leichnam sie vor sich haben. Dies ist notwendig, da bei der elektronischen Todesbescheinigung keine Todesbescheinigung mehr in Papierform bei der Leiche verbleibt, welche mit der elektronisch verfügten Todesbescheinigung abgeglichen werden kann. Eine erkennbare Sicherstellung der Identität des Leichnams könnte beispielsweise mittels Fußzettel erfolgen.

§ 7 Absatz 1 BestG-DVO legt die notwendigen Zwecke der Todesbescheinigung fest. Sie dient der Bescheinigung des Todes, der Dokumentation über Todeszeitpunkt, Todesursache, Todesart, zur Identifikation der Leiche, der Aufklärung von Straftaten, der Dokumentation von Infektionsgefahren und der notwendigen Gefahrenabwehrmaßnahmen und letztlich auch der Statistik und Forschung.

Absatz 2 definiert die formellen Anforderungen, die die Todesbescheinigung an die Leichenschauärzte stellt. Dies ist notwendig, um zu gewährleisten, dass die Todesbescheinigungen ohne Zweifel für die anderen Beteiligten am Bestattungsverfahren verwendbar sind. In der Praxis wird immer wieder seitens der Bestattungsinstitute, der Rechtsmedizin oder der Strafverfolgungsbehörden kritisiert, dass die Todesbescheinigungen schlecht lesbar oder unvollständig ausgefüllt wurden, was auch die Kontaktdaten der leichenschauenden Ärzte betrifft. Dies hat unter anderem eine Verzögerung der Bestattungsverfahren zur Folge, wodurch die Einhaltung der gesetzlichen Bestattungsfristen gefährdet werden kann. Die Regelung bezieht sich sowohl auf die schriftlich wie auch auf die elektronisch ausgefüllte Todesbescheinigung.

§ 19
Obduktion

(1) [1] Die Obduktion ist die ärztlich fachgerechte Öffnung einer Leiche, die Entnahme und Untersuchung von Organen und Geweben sowie die anschließende Wiederherstellung des Leichnams. [2] Sie dient der Aufklärung von Todesursachen, Erbkrankheiten oder ansteckenden Infektionen, der Beweissicherung und der Überprüfung ärztlichen oder pflegerischen Handelns, ist Teil der Qualitätssicherung und liefert Daten zur Epidemiologie und für die medizinische Forschung.

(2) [1] Eine Obduktion darf nur durchgeführt werden, wenn die verstorbene Person schriftlich eingewilligt hat. [2] Besteht eine solche Einwilligung nicht, können auch die Verantwortlichen nach § 13 Abs. 1 schriftlich einwilligen, sofern dies nicht dem erkennbaren Willen der verstorbenen Person widerspricht. [3] Lehnt im Falle mehrerer gleichrangiger Verantwortlicher nach § 13 Abs. 1 eine oder einer von diesen die Obduktion ab, darf sie nicht durchgeführt werden.

(3) Auch ohne Einwilligung nach Absatz 2 können Obduktionen veranlasst werden, wenn diese

1. **gesetzlich geregelt sind oder**
2. **zur Aufklärung von Todesursachen notwendig sind und das Interesse an der Durchführung der Obduktion die schutzwürdigen Interessen der verstorbenen Person und der Verantwortlichen nach § 13 Abs. 1 überwiegt.**

(4) [1] Bei Kindern, die vor der Vollendung des sechsten Lebensjahrs verstorben sind, soll eine Obduktion durchgeführt werden, wenn die Todesursache nicht zweifelfrei erkennbar oder nicht zweifelsfrei bekannt ist. [2] Die leichenschauende Ärztin oder der leichenschauende Arzt trifft die Feststellung nach Satz 1 und informiert die Eltern oder sonstige Personensorgeberechtigte und das örtlich zuständige Gesundheitsamt über die nach Satz 1 durchzuführende Obduktion. [3] Vor der Obduktion ist eine zweite Leichenschau gemäß § 15 Abs. 7 durchzuführen, aufgrund deren Ergebnis dann eine Obduktion erfolgen soll, wenn weiterhin Zweifel gemäß Satz 1 bestehen. [4] Ergeben sich im Rahmen der zweiten Leichenschau Anhaltspunkte gemäß § 15 Abs. 4 Satz 1 Nr. 1 oder Nr. 3, so ist diese sofort abzubrechen und unverzüglich die Polizei oder die Staatsanwaltschaft zu benachrichtigen.

(5) Die Obduktion darf nur durch Fachärztinnen und Fachärzte für Rechtsmedizin oder Pathologie oder von Ärztinnen und Ärzten in Weiterbildung unter entsprechender Anlei-

tung von Fachärztinnen oder Fachärzten für Rechtsmedizin oder Pathologie durchgeführt werden.

(6) Die Kosten der Obduktion sind, soweit gesetzlich nichts anderes bestimmt ist, von der Person zu tragen, die die Durchführung veranlasst hat oder in deren Interesse sie erfolgt.

(7) Ergeben sich im Rahmen der Obduktion Anhaltspunkte gemäß § 15 Abs. 4 Satz 1 Nr. 1 oder Nr. 3, so ist diese sofort abzubrechen und unverzüglich die Polizei oder die Staatsanwaltschaft zu benachrichtigen.

(8) Soweit es im Hinblick auf den Zweck der Obduktion erforderlich ist, dürfen Leichenteile zurückbehalten werden.

Erläuterungen:

Mit § 19 wird die Obduktion, auch innere Leichenschau, klinische Sektion oder Autopsie genannt, geregelt. Dies ist notwendig, da auch im Gesetz von der Obduktion gerade in Bezug auf den nicht natürlichen Tod gesprochen wird und zur Abgrenzung zur (äußeren) Leichenschau nach § 15 dieses Gesetzes dient.

Absatz 1 definiert die Obduktion und ihren Umfang. Sie wird nach der in § 15 notwendigen äußeren Leichenschau zur Aufklärung von Todesursachen, zur Beweissicherung, zur Feststellung von Erbkrankheiten oder ansteckenden Infektionen durchgeführt. Sie trägt außerdem dazu bei, das medizinische Wissen, zugunsten der Allgemeinheit, auszuweiten.

Absatz 2 regelt die Zulässigkeit einer privat veranlassten Obduktion. Diese darf zunächst nur mit schriftlicher Einwilligung der verstorbenen Person, und wenn eine solche nicht vorhanden ist, mit Einwilligung der Verantwortlichen gemäß § 13 Abs. 1 erfolgen, sofern dies nicht offensichtlich dem Willen der verstorbenen Person widerspricht. Dies wäre beispielsweise der Fall, wenn die verstorbene Person ihre einmal erteilte dokumentierte Zustimmung zur Obduktion wieder zurückgezogen hat. Die Möglichkeit der Einwilligung durch die Verantwortlichen ist für diese wichtig, um unter anderem Erbkrankheiten feststellen lassen zu können oder Sicherheit über die Todesursache zu erlangen.

Absatz 3 definiert, in welchen Fällen eine Obduktion auch ohne Einwilligung der Verstorbenen oder Verantwortlichen zulässig ist. Eine Obduktion kann neben anderen landes- oder bundesgesetzlichen Bestimmungen zur Todesursachenaufklärung veranlasst werden, wenn das Interesse daran das schutzwürdige Interesse des Verstorbenen und Verantwortlichen überwiegt. Gesetzlich geregelte Fälle zur Durchführung einer Obduktion finden sich unter anderem in §§ 87 ff. der Strafprozessordnung, in § 25 in Verbindung mit § 6 Abs. 1 des Infektionsschutzgesetzes, in §§ 103 ff. des Siebten Buchs Sozialgesetzbuch, dort im Rahmen von möglichen Versicherungsleistungen.

Mit Absatz 4 wird geregelt, dass Kindern vor Vollendung des sechsten Lebensjahres obduziert werden sollen, wenn Zweifel an der Todesursache bestehen. Im Regelfall ist also eine Obduktion durchzuführen, Ausnahmen im Einzelfall sind möglich. Da dies ein heikles Thema ist und in die Totenfürsorge der Eltern eingegriffen wird, wird der Durchführung der Obduktion wie bei einer Feuerbestattung eine zweite amtliche Leichenschau vorgeschaltet, um sicherzustellen, dass eine Obduktion aufgrund von Zweifeln an einem natürlichen Tod wirklich notwendig ist. Die zweite amtliche Leichenschau stellt somit einen Kontrollmechanismus dar, um unnötige Obduktionen zu vermeiden. Das Land hat die Gesetzgebungskompetenz für die beabsichtigte Regelung. Für die Gesetzgebung auf dem Gebiet des Bestattungs- und Leichenwesen, also auch für die Vorschriften über die äußere und innere Leichenschau, sind die Länder zuständig (Art. 70 Abs. 1 GG). Die vorgeschlagene Regelung ist insbesondere keine Regelung des gerichtlichen Verfahrens nach Art. 74 Abs. 1 Nr. 1 GG. Die auf dieser Grundlage erlassene bundesrechtliche Strafprozessordnung regelt, wie zu verfahren ist, wenn Anhaltspunkte dafür vorhanden sind, dass jemand eines nicht natürlichen Todes gestorben ist (§ 159 StPO) und unter welchen Voraussetzungen eine Leichenschau oder Leichenöffnung durchgeführt wird, wenn ein fremdes Verschulden am Tod in Betracht kommt. Solche Fälle nimmt die hier vorgeschlagene Regelung nicht in den Blick, sie bewegt sich vielmehr außerhalb des Bereichs strafprozessualer Maßnahmen. Die Regelung bezieht sich auf Fälle, in denen die Todesursache weder zweifelsfrei erkennbar noch zweifelsfrei bekannt ist. Es bedarf also – anders als in § 159 Abs. 1 StPO – keiner Anhaltspunkte für ein Fremdverschulden oder eines nicht natürlichen Todes. Ergeben sich während der zweiten amtlichen Leichenschau oder der Leichenöffnung Anhaltspunkte für einen nicht natürlichen Tod, so sind unverzüglich gemäß § 15 Abs. 4 die Strafverfolgungsbehörden zu benachrichtigen mit der Folge, dass gegebenenfalls auf strafprozessualer Rechtsgrundlage obduziert wird. Die Obduktionspflicht dient einem legitimen Zweck, nämlich der Entlarvung von Kindstötungen und somit einer höheren Aufklärungsquote bei Kindstötungen. Die Dunkelziffer von Kindern, die in Deutschland durch Fremdeinwirkung getötet werden, wird um einiges höher eingestuft als die sich aus der jährlichen polizeilichen Kriminalstatistik ergebenden Opferzahlen. Gerade bei Babys, die zu Tode geschüttelt oder erstickt wurden, sind oft keine Spuren von Gewalt sichtbar. Zudem hat eine solche Regelung präventive Wirkung und dient damit allgemein dem Schutz von Kindern. Das sechste Lebensjahr wurde als Grenze für die Obduktionspflicht deshalb gewählt, weil der Gesetzgeber davon ausgeht, dass mit der Einschulung Kinder aus dem Bereich der Familie herausgelöst werden und sich ihren Klassenkameraden oder Betreuungspersonen mitteilen bzw. diese Veränderungen des Kindes erkennen können. Auch in der polizeilichen Kriminalstatistik werden Säuglinge und Kinder bis zur Vollendung des sechsten Lebensjahres jeweils zu einer Gruppe zusammenfasst. Eine Obduktion nach § 159 Abs. 1 StPO zur Aufklärung von Straftaten würdigt den postmortalen Achtungsanspruch der verstorbenen Kinder nach Artikel 1 Abs. 1 des Grundgesetzes nicht herab. Nach der Ausarbeitung des Deutschen Bundestages zum Thema der Verfassungsmäßigkeit einer bundesgesetzlichen Obduktionspflicht für Kleinkinder und Säuglinge (WD 3 – 3000 – 201 / 14 vom 21.10.2014) greift die Einführung einer Obduktionspflicht zwar in das Recht der Totenfürsorge der Eltern nach Artikel 2 Abs. 1 GG ein, dient aber der Aufklärung von Kapitalverbrechen und erscheint damit insgesamt verhältnismäßig.

Absatz 5 bestimmt, dass nur bestimmte Fachärzte eine Obduktion durchführen dürfen. In Rheinland-Pfalz sind dies Pathologen und Rechtsmediziner. Da auch im Rahmen der Weiterbildung zu diesen Facharztrichtungen Obduktionen vorzunehmen sind, dürfen diese ebenso von Ärzten in Weiterbildung unter Aufsicht von den oben genannten Fachärzten durchgeführt werden.

Absatz 6 regelt die Kostentragung der Obduktionen. Das Gesetz geht hierbei davon aus, dass die Kosten von der Person zu tragen sind, die die Durchführung veranlasst oder bzw. in deren Interesse sie erfolgt ist.

Absatz 7 bestimmt die Verfahrensweise, sollten bei der Obduktion Anhaltspunkte für einen nicht natürlichen Tod auftreten.

Absatz 8 erlaubt die Zurückbehaltung von Leichenteilen in erforderlichen Fällen. Dies kann beispielsweise zum Zweck der Beweismittelsicherung oder für weitere Forschungen zu Krankheiten erforderlich sein.

§ 20

Anatomische Sektion

(1) Die anatomische Sektion ist die Zergliederung von Leichen oder Leichenteilen in anatomischen Instituten zum Zwecke der Lehre und Forschung über den Aufbau des menschlichen Körpers.

(2) Eine anatomische Sektion darf nur durchgeführt werden, wenn

1. die verstorbene Person schriftlich eingewilligt hat,

2. nach der durchgeführten Leichenschau ein natürlicher Tod oder die Genehmigung der Staatsanwaltschaft nach § 159 Abs. 2 Strafprozessordnung vorliegt und

3. sie der Lehre des medizinischen oder naturwissenschaftlichen Nachwuchses gemäß Approbations- oder Ausbildungsordnung oder der Forschung dient.

(3) [1]Die anatomische Sektion darf nur von Fachärztinnen und Fachärzten für Anatomie oder unter deren ärztlicher Aufsicht und Leitung oder unter Aufsicht und Leitung von hauptberuflich tätigen wissenschaftlichen Personal der Hochschule, das im Rahmen medizinischer Studiengänge die Anatomie lehrt, durchgeführt werden. [2]Ergeben sich im Rahmen der anatomischen Sektion Anhaltspunkte gemäß § 15 Abs. 4 Satz 1 Nr. 1 oder Nr. 3, so ist diese sofort abzubrechen und unverzüglich die Polizei oder die Staatsanwaltschaft zu benachrichtigen.

(4) [1]Nach Beendigung der anatomischen Sektion haben die nach Absatz 3 für die Durchführung der Anatomie Verantwortlichen ein Protokoll schriftlich oder elektronisch anzufertigen, welches auch die Voraussetzungen nach Absatz 2 bestätigt. [2]Die Bestattung der Leichenteile ist durch das anatomische Institut, möglichst im Einvernehmen mit den Verantwortlichen nach § 13 Abs. 1, zu veranlassen, falls sich aus dem Willen der verstorbenen Person nicht etwas anderes ergibt. [3]Die Kosten der Bestattung sowie der Grabnutzung und -pflege hat das anatomische Institut zu tragen. [4]Soweit es zum Zwecke der Forschung oder der Lehre notwendig ist, dürfen Leichenteile zurückbehalten werden.

Erläuterungen:

Absatz 1 definiert die anatomische Sektion in Abgrenzung zur Obduktion. Sie gilt für Leichen und Leichenteile und dient der Lehre und Forschung. Anatomische Institute können bei Universitäten, Universitätskliniken, Privatuniversitäten, Medizinischen Hochschulen bestehen.

Absatz 2 regelt die Zulässigkeit der anatomischen Sektion. Sie bedarf der ausdrücklichen, schriftlichen Zustimmung der verstorbenen Person und kann erst nach der (äußeren) Leichenschau bei festgestelltem natürlichen Tod oder nach Freigabe der Leiche oder von Leichenteilen zur Bestattung an die Verantwortlichen nach § 13 Abs. 1 durch die Staatsanwaltschaft nach § 159 Abs. 2 StPO durchgeführt werden. Sie dient der medizinischen Forschung und der medizinischen oder naturwissenschaftlichen Lehre des Nachwuchses gemäß der jeweiligen Approbations- oder Ausbildungsordnung.

Absatz 3 bestimmt, unter welcher Aufsicht oder Leitung die anatomische Sektion durchgeführt werden darf. Zusätzlich wird die Verfahrensweise bestimmt, sollten bei der anatomischen Sektion Anhaltspunkte für einen nicht natürlichen Tod auftreten. Nach Absatz 4 hat die für die Durchführung der anatomischen Sektion verantwortliche Person nach Absatz 3 das Vorliegen der Voraussetzungen für eine anatomische Sektion zu prüfen und die Durchführung zu dokumentieren. Nach Beendigung der anatomischen Sektion ist das anatomische Institut verpflichtet, für die Bestattung zu sorgen und Kosten der Bestattung und der Grabpflege zu übernehmen. Hinsichtlich der Bestattungsart soll, wenn möglich, der Wille der verstorbenen Person oder der Verantwortlichen nach § 13 Abs. 1 berücksichtigt werden. Das Institut für Anatomie an der Universitätsmedizin der Johannes Gutenberg-Universität in Mainz handhabt dies schon so und übernimmt die Grabpflege für 20 Jahre. In bestimmten Fällen können die Leichenteile zurückbehalten werden. Dies gilt gerade auch dann, wenn eine komplette Leiche zur anatomischen Sektion zur Verfügung gestellt wurde.

§ 21
Einsargung

(1) [1]Leichen sind nach Abschluss der Leichenschau unverzüglich einzusargen. [2]Leichen in medizinischen Einrichtungen können nach Abschluss der Leichenschau auch in Leichensäcken zur Aufbewahrung in Kühlräumen bis zur Überführung aufbewahrt werden. [3]Während der Überführung und außerhalb von Leichenhallen ist der Sarg geschlossen zu

halten. [4] Eine Öffnung des Sarges ist grundsätzlich nur anlässlich der notwendigen Tätigkeiten von Bestatterinnen und Bestattern, der Abschiednahme in den Räumlichkeiten von Bestattungsunternehmen, anlässlich einer Einäscherung, anlässlich von Bestattungsfeiern sowie anlässlich einer Tuchbestattung direkt am Grab, zugelassen. [5] Die örtliche Ordnungsbehörde kann Ausnahmen zulassen.

(2) [1] Bestehen Anhaltspunkte gemäß § 16 Abs. 5, ist die Leiche unbeschadet anderer Rechtsvorschriften unverzüglich zu desinfizieren und einzusargen; der Sarg ist sofort zu schließen. [2] Er darf ohne schriftliche oder elektronische Genehmigung der örtlichen Ordnungsbehörde nicht wieder geöffnet werden.

BestG-DVO:

§ 8

Särge

(1) [1] Särge müssen aus festen Werkstoffen hergestellt und gut abgedichtet sein, so dass bis zur Bestattung keine Flüssigkeit austreten kann. [2] Der Sargboden ist mit einer ausreichend starken Schicht aufsaugenden Materials auszulegen. [3] Särge und ihre Innenausstattung müssen biologisch abbaubar sein und dürfen keinerlei für die Umwelt schädliche Stoffe enthalten. [4] Sie müssen so beschaffen sein, dass die Verwesung innerhalb der Ruhezeit möglich ist.

(2) [1] Zur Feuerbestattung dürfen nur Särge aus Vollholz oder festen, ökologisch unbedenklichen Werkstoffen verwendet werden, die eine ausreichende Stabilität für Transport und Einäscherung gewährleisten sowie den Anforderungen der Verordnung über Anlagen zur Feuerbestattung vom 19. März 1997 (BGBl. I S. 545) in der jeweils gültigen Fassung entsprechen. [2] Die Särge und ihre Innenausstattung, die Sargbeigaben und die Leichenbekleidung dürfen nicht aus Werkstoffen bestehen, die bei der Verbrennung stark rußen, giftige Gase oder starke Hitze entwickeln oder Schmelzrückstände hinterlassen. [3] Große nicht brennbare Metallteile am oder im Sarg müssen vor der Einäscherung entfernt werden.

(3) Särge, die nicht in die Erde eingebracht werden, sondern die oberhalb der Erde verwahrt werden sollen, müssen so beschaffen sein, dass während der Verwesung keine Zersetzungsstoffe austreten.

(4) [1] Für die Bergung oder für die Überführung einer Leiche in ein medizinisches Institut zu wissenschaftlichen Zwecken oder zur Durchführung einer Obduktion kann ein Transportsarg oder eine wasch- und desinfizierbare und mehrfach verwendbare Leichenhülle mit Roll- und Scherentrage verwendet werden. [2] Der Transportsarg oder die Leichenhülle ist nach jedem Gebrauch gründlich zu reinigen und zu desinfizieren.

Erläuterungen:

Absatz 1 legt fest, dass Leichen grundsätzlich nach Abschluss der Leichenschau unverzüglich einzusargen sind und der Sarg geschlossen zu halten ist, solange die örtlich zuständige Ordnungsbehörde keine Ausnahme für eine Sargöffnung genehmigt hat. Eine Sonderregelung gilt für medizinische Einrichtungen, welche die Leichen auch in Leichensäcken zur Aufbewahrung in Kühlräumen aufbewahren können. In der Praxis ist es in Kliniken aus Platzgründen nicht möglich, die Leichen in Särgen in Kühlräumen aufzubewahren, bis sie überführt werden. Bestattungsunternehmen oder Feuerbestattungslagen dürfen zur Verrichtung ihrer Tätigkeit die Särge öffnen, ohne jedoch die Verstorbenen dadurch öffentlich auszustellen, indem sie den Sarg offenstehen lassen. Die Öffnung des Sarges bei Bestattungsunternehmen ist unter anderem notwendig, um die verstorbene Person herzurichten oder um in Feuerbestattungsanlagen dem Einäscherungssarg die notwendige Identifikationsplakette beizulegen. Vielen Menschen ist es ein Bedürfnis, sich nochmal persönlich von der verstorbenen Person zu verabschieden zu können. Die Abschiednahme am offenen Sorg kann eine große Hilfe für die Verarbeitung der Trauer sein, da sie es einfacher macht, zu verstehen, dass ein geliebter Mensch gegangen ist. Aufgrund der dabei zu beachtenden pietätvollen Art und Weise ist die Abschiednahme am offenen Sarg nur in den würdevollen Räumlichkeiten von Bestattungsunternehmen oder anlässlich von Bestattungsfeiern zugelassen.

Absatz 2 regelt, wie mit der Leiche, bei der es sich nach der Definition in § 11 Abs. 2 auch nur um den Kopf und den Rumpf handeln kann, umzugehen ist, die beim Todeseintritt an einer infektionsschutzrechtlich meldepflichtigen oder ähnlich ansteckenden Krankheit gelitten hat.

Durch die BestG-DVO wird eine Konkretisierung der Anforderung an die Beschaffenheit von Särgen für die Erdbestattung im Hinblick auf mögliche Auswirkungen auf Boden und Grundwasser ergänzt. Zudem wird in Absatz 3 eine Regelung für solche Särge aufgegriffen, die oberhalb der Erde, z. B. in oberirdischen Grüften oder in Kirchen, beigesetzt werden.

§ 22
Überführung

(1) [1] Eine Leiche ist nach Ausstellung der Todesbescheinigung in eine Leichenhalle oder in speziell dafür vorgesehene Kühlräume zu überführen und dort aufzubewahren, sofern nicht eine Überführung in eine andere Einrichtung zur Durchführung einer richterlichen oder staatsanwaltschaftlichen Leichenschau, ärztlicher Maßnahmen oder wissenschaftlicher Untersuchungen erfolgt. [2] Die Überführung muss spätestens 36 Stunden nach Eintritt des Todes erfolgen. [3] Die Überführung der Leiche bei natürlichen Todesfällen ist durch die in § 13 Abs. 1 benannten Verantwortlichen zu veranlassen. [4] Wird von diesen Verantwortlichen niemand tätig, veranlasst die örtliche Ordnungsbehörde die Überführung der Leiche. [5] Die Kosten für die Überführung und die Aufbewahrung tragen die Verantwortlichen nach § 13 Abs. 1.

(2) Im Falle des § 15 Abs. 6 darf die Überführung nach Ausstellung einer vorläufigen Todesbescheinigung vorgenommen werden.

(3) [1] Zur Überführung von Leichen im Straßenverkehr dürfen nur hierfür besonders ausgestattete Särge und Bestattungsfahrzeuge verwendet werden. [2] Zur Überführung zum Zweck der Organspende können alle zugelassenen Rettungsmittel verwendet werden.

(4) Die örtliche Ordnungsbehörde kann Ausnahmen von den Verpflichtungen nach den Absätzen 1 und 3 zulassen, wenn gesundheitliche Gefahren nicht zu befürchten sind und eine würdige Überführung gesichert ist.

(5) [1] Für Leichen, die ins Ausland überführt werden sollen, stellt die örtliche Ordnungsbehörde des Sterbeorts einen Leichenpass aus. [2] Bei Überführungen innerhalb der Bundesrepublik Deutschland ist ein Leichenpass auszustellen, wenn dies durch Rechtsvorschrift vorgeschrieben ist.

(6) Im Falle von Ereignissen, die eine Bergung von vielen Toten zur Folge hat, kann von den Anforderungen nach Absatz 3 abgesehen werden.

BestG-DVO:

§ 11
Bestattungsfahrzeuge, Leichentransportbehältnisse, Leichen- und Urnentransport

(1) [1] Bestattungsfahrzeuge nach § 22 Abs. 3 BestG sowie zur Überführung von Leichen bestimmte Särge oder Leichenhüllen müssen würdig gestaltet sein. [2] Der Leichenraum muss umschlossen und vom Fahrerraum getrennt sein; er muss gegen austretende Flüssigkeit abgedichtet sein und eine Befestigungsvorrichtung für den Sarg enthalten. [3] Der Leichenraum muss abwaschbar und für eine Desinfektion geeignet sein.

(2) [1] Wird eine Leiche an einen anderen Ort als den Sterbeort überführt und wurde die Todesbescheinigung schriftlich erteilt, ist der nicht-vertrauliche Teil der Todesbescheinigung und, wenn darin gesundheitliche Bedenken gegen die Überführung erhoben werden, eine schriftliche Erlaubnis des Gesundheitsamts mitzuführen, aus der sich ergibt, welche Bedingungen und Auflagen bei der Überführung zu beachten sind. [2] Wurde die Todesbescheinigung in elektronischer Form erteilt, ist ein entsprechender Nachweis mitzuführen. [3] In den Fällen des § 15 Abs. 8 BestG ist zusätzlich der Nachweis über die zweite Leichenschau mitzuführen.

(3) Ascheurnen müssen nicht in einem Bestattungsfahrzeug transportiert werden.

§ 12
Leichenpass

(1) [1] Ein Leichenpass zur Beförderung einer Leiche ist auf Antrag der nach § 13 BestG Verantwortlichen von der örtlichen Ordnungsbehörde des Sterbeorts nach dem Muster der Anlage 4 auszustellen. [2] Dem Antrag sind folgende Unterlagen beizufügen:

1. *die Sterbeurkunde oder eine Bescheinigung der Standesbeamtin oder des Standesbeamten über die Eintragung des Sterbefalls in das Verzeichnis der angezeigten, aber noch nicht beurkundeten Sterbefälle,*
2. *der nicht-vertrauliche Teil der Todesbescheinigung,*
3. *eine schriftliche Erklärung der Bestatterin oder des Bestatters darüber, dass die Leiche den Bestimmungen des Bestattungsgesetzes und dieser Verordnung entsprechend eingesargt und mit einem Bestattungsfahrzeug nach § 11 Abs. 1 überführt wird,*
4. *in Fällen des § 11 Abs. 2 Satz 1 die dort genannte Erlaubnis des Gesundheitsamts,*
5. *in Fällen des § 15 Abs. 8 BestG der Nachweis der Durchführung der zweiten amtlichen Leichenschau sowie*
6. *in Fällen des § 159 der Strafprozessordnung die schriftliche Genehmigung der Staatsanwaltschaft zur Bestattung.*

(2) Soweit ein ausländischer Staat für die Beförderung in seinem Hoheitsgebiet weitere Angaben verlangt, sollen diese in den Leichenpass aufgenommen werden.

Erläuterungen:

Absatz 1 bestimmt die Überführung der Leiche innerhalb von 36 Stunden nach Eintritt des Todes in eine Leichenhalle oder in spezielle dafür vorgesehene Kühlräume. Ausnahmen bestehen bei der richterlich oder staatsanwaltschaftlich angeordneten Leichenschau oder wissenschaftlichen Untersuchungen. Die Verpflichtung, für die Überführung zu sorgen, wird den Verantwortlichen nach § 13 Abs. 1 auferlegt. Sollten diese ihrer Verpflichtung nicht nachkommen, kann die zuständige Behörde eine Ersatzvornahme vornehmen, die Kosten tragen die Verantwortlichen nach § 13 Abs. 1.

Absatz 2 gestattet die Überführung auch ohne Leichenschau im Falle, dass eine vorläufige Todesbescheinigung von Ärzten während eines Rettungsdienstes oder ärztlichen Bereitschaftsdienstes ausgestellt wurde, da diese nicht zu einer Leichenschau verpflichtet sind.

Absatz 3 legt fest, dass Leichen im Straßenverkehr nur in hierfür vorgesehenen Leichentransportbehältnissen – wie Särgen – und Bestattungsfahrzeugen befördert werden dürfen. Diese Regelung dient dazu, dass Leichen nicht in normalen Kraftfahrzeugen oder Anhängern transportiert werden. Ausnahmeregelung besteht hinsichtlich der Überführung zum Zwecke der Organspende. Die Person ist dann zwar schon Leiche im Sinne des Gesetzes, da der Hirntod eingetreten ist, allerdings müssen die anderen Organe sozusagen noch am Leben gehalten werden und die Leiche schnellstmöglich zur Organspende in die Klinik transportiert werden, was nur durch die Verwendung von Rettungsmitteln (Fahr-, Wasser- oder Luftfahrzeuge des Rettungsdienstes) gewährleistet werden kann.

Mit Absatz 4 wird der örtlichen Ordnungsbehörde unter bestimmten Voraussetzungen gestattet, Ausnahmen von den Absätzen 1 und 3 zuzulassen.

Absatz 5 stellt den sachgerechten Leichentransport ins Ausland mittels Leichenpasses sicher. Bei einem Leichentransport innerhalb der Bundesrepublik Deutschland ist ein Leichenpass nur erforderlich, wenn dies von dem anderen Bundesland gefordert wird.

Mit Absatz 6 wird eine Ausnahmeregelung für die Verwendung der in Absatz 3 vorgeschriebenen Särge oder Bestattungsfahrzeuge geschaffen. Diese soll bei Ereignissen greifen, welche eine Vielzahl von Toten mit sich bringen, da nicht gewährleistet werden kann, die notwendige Anzahl an Bestattungsfahrzeugen und Särgen rechtzeitig bereitstellen zu können.

Die BestG-DVO definiert in § 11 Abs. 1 die Beschaffenheit von Bestattungsfahrzeugen und anderen zur Überführung von Leichen bestimmten Transportbehältnissen. Damit wird sichergestellt, dass Leichen nicht in einem beliebigen Fahrzeug oder Anhänger transportiert werden dürfen.

Absatz 2 legt fest, welche Dokumente bei der Überführung der Leiche zu einem Ort außerhalb des Sterbeortes mitzuführen sind.

Absatz 3 regelt den Urnentransport in Abgrenzung zum Leichentransport. Eine Ascheurne muss nicht zwangsläufig mittels eines Bestattungsfahrzeugs überführt werden, sondern kann auch versandt werden, da bei Ascheurnen keine Körperflüssigkeiten mehr austreten können und auch kein Sarg vorhanden ist.

Absatz 4 legt fest, dass anlässlich der neuen Bestattungsformen die Ascheurne an die Bestattungsunternehmen zu übergeben oder zu übersenden ist.

Neu eingefügt wird, dass der Leichenpass nach dem im Ministerialblatt der Landesregierung veröffentlichten Muster auszustellen ist.

§ 23
Warte- und Bestattungsfrist

(1) [1]Eine Leiche darf frühestens 48 Stunden nach Eintritt des Todes erdbestattet oder eingeäschert werden. [2]Die Erdbestattung oder Einäscherung muss innerhalb von 14 Tagen nach Todesfeststellung erfolgen. [3]In Fällen des § 159 der Strafprozessordnung hat die Erdbestattung oder Einäscherung spätestens innerhalb von 14 Tagen nach schriftlicher Genehmigung der Staatsanwaltschaft zu erfolgen. [4]Die Ausbringung der Asche nach § 11 Abs. 7 Satz 4 oder Abs. 8 Satz 1 und die Beisetzung der Ascheurne auf einem Friedhof oder privaten Bestattungsplatz haben innerhalb von sechs Monaten nach der Einäscherung zu erfolgen.

(2) [1]Die örtliche Ordnungsbehörde des Bestattungsorts kann die Bestattung vor Ablauf der in Absatz 1 Satz 1 bestimmten Frist anordnen, wenn jede Möglichkeit eines Scheintodes ausgeschlossen ist oder gesundheitliche Gefahren zu befürchten sind. [2]Sie kann die Bestattung auf Antrag vor Ablauf der in Absatz 1 Satz 1 bestimmten Frist zulassen, wenn begründete religiöse Gründe hierfür vorliegen oder die oder der Antragstellende ein sonstiges berechtigtes Interesse an der vorzeitigen Bestattung hat. [3]Die Frist nach Absatz 1 Satz 2 und 3 kann auf Antrag durch die örtliche Ordnungsbehörde verlängert werden, wenn gesundheitliche und hygienische Bedenken nicht bestehen. [4]Die Frist nach Absatz 1 Satz 4 kann auf Antrag durch die örtliche Ordnungsbehörde verlängert werden.

Erläuterungen:

Die Wartefrist nach § 23 Abs. 1 soll verhindern, dass vermeintlich Tote (Scheintote) bestattet werden; daneben sollen etwaige Ermittlungen im Rahmen der Strafverfolgung möglich bleiben. Andererseits erfordern gesundheitliche und hygienische Belange, dass Leichen innerhalb einer bestimmten Frist (Bestattungsfrist) beigesetzt werden. Die Frist ist auch derart bestimmt, dass die nach § 13 verantwortlichen Personen die notwendigen Bestattungsformalitäten erledigen können. Die Erdbestattung oder die Einäscherung hat innerhalb von 14 Tagen zu erfolgen. Gibt es Anhaltspunkte für einen nicht natürlichen Tod im Sinne von § 159 der Strafprozessordnung, so hat die Erdbestattung oder die Einäscherung spätestens 14 Tage nach erfolgter schriftlicher Genehmigung der Staatsanwaltschaft (Freigabe) zu erfolgen. Sowohl die Ausbringung der Asche bei Seebestattung (§ 11 Abs. 7 Satz 4) oder bei Flussbestattung (§ 11 Abs. 8 Satz 1) als auch die Beisetzung der Ascheurne auf einem Friedhof oder privaten Bestattungsplatz haben innerhalb von sechs Monaten zu erfolgen. Diese Regelung ist zur Sicherstellung der Ausbringung der Asche und Beisetzung von Ascheurnen und deren Abholung bei Feuerbestattungsanlagen erforderlich. Bezüglich der Fristberechnung ist nach § 31 Abs. 1 VwVfG auf die Vorschriften der §§ 186 ff. BGB Bezug zu nehmen. Dabei kann sich eine Fristverschiebung deshalb ergeben, weil das Ende der Frist auf einem Samstag, Sonn- oder gesetzlichen Feiertag fällt (§ 193 BGB). Problematisch kann die Berechnung der Wartefrist allenfalls dann werden, wenn der Zeitpunkt des Todes nicht eindeutig feststeht wie z. B. bei Leichenfunden. Hilfestellung können hierbei die Vorgaben über die Beurkundung eines Sterbefalls geben. Eingetragen wird der Zeitraum, in welchem der Tod eingetreten ist. Hierbei wird im Zweifel je ein Zeitpunkt genannt, bei welchen die Person mit Sicherheit noch lebte und ein Zeitpunkt, wann die Person mit Sicherheit verstorben war. Zur Fristberechnung kann auf den letzten Zeitpunkt Bezug genommen werden.

Beispiel für einen Sterbeeintrag nach § 31 PStG, VV Nr. 31.1:

... ist zwischen dem 9.1.2026, 17.00 Uhr und dem 15.1.2026, 19.00 Uhr verstorben.

Berechnung der Bestattungsfrist nach §§ 187 ff. BGB:

Fristbeginn: 16.1.2026, 00:00 Uhr. Fristende: 29.1.2026, 24:00 Uhr.

Absatz 2 regelt die Fälle, in denen von den in Absatz 1 gesetzten Fristen durch die örtliche Ordnungsbehörde auf Antrag der Verantwortlichen nach § 13 Abs. 1 abgewichen werden kann. So wird unter anderem etwaigen religiösen Belangen Rechnung getragen, auch früher bestattet werden zu können, wenn ein möglicher Scheintod ausgeschlossen ist und keine anderen Gründe dagegensprechen. Scheintod beschreibt den Zustand von tiefer Bewusstlosigkeit mit klinisch nicht oder kaum nachweisbaren Lebenszeichen wie Atmung, Puls, Herztöne, Pupillenreaktion u. a.

§ 24
Feuerbestattungsanlagen

(1) [1] Leichen dürfen nur in Feuerbestattungsanlagen eingeäschert werden, deren Betrieb nach Absatz 2 genehmigt ist. [2] Einäscherungen haben in einem hierfür geeigneten Sarg zu erfolgen.

(2) [1] Feuerbestattungsanlagen dürfen nur mit schriftlicher oder elektronischer Genehmigung der Aufsichts- und Dienstleistungsdirektion errichtet, wesentlich verändert und betrieben werden. [2] Die Genehmigung wird unbeschadet anderer Rechtsvorschriften erteilt, wenn die anerkannten Regeln der Technik und die Bestimmungen dieses Gesetzes beachtet sind. [3] Feuerbestattungsanlagen müssen über Leichenhallen verfügen.

(3) Die Genehmigung wird nur einer kommunalen Gebietskörperschaft, einem von kommunalen Gebietskörperschaften gebildeten Zweckverband oder einer juristischen Person des Privatrechts erteilt.

(4) Der Betreiber einer Feuerbestattungsanlage regelt deren Nutzung durch Satzung oder Ordnung.

BestG-DVO:

§ 16

Einäscherungsverzeichnis

[1] Alle Einäscherungen sind vom Träger der Feuerbestattungsanlage in ein Einäscherungsverzeichnis einzutragen. [2] Die Eintragung umfasst den Vor- und Familiennamen, das Geschlecht, das Geburtsdatum und den Todestag der verstorbenen Person, den Tag und die laufende Nummer der Einäscherung, den Bestattungsort und die Art des Transports der Asche dorthin. [3] Im Falle einer neuen Bestattungsform nach § 11 Abs. 8 Satz 1 BestG sind darüber hinaus einzutragen:

1. *Name und Anschrift der Bestatterin oder des Bestatters, an die oder den die Asche ausgehändigt wurde,*
2. *Name und Anschrift der Person, an die die Aushändigung letztlich erfolgte und*
3. *gegebenenfalls Name und Anschrift des zur Aushändigung eingeschalteten Transportunternehmens.*

[4] Das Einäscherungsverzeichnis und die ihm zugrundeliegenden Genehmigungen und Bescheinigungen sind mindestens 15 Jahre nach der letzten Eintragung aufzubewahren.

Erläuterungen:

Absatz 1 bestimmt, dass Leichen nur in einem geeigneten Sarg in genehmigten Feuerbestattungsanlagen eingeäschert werden dürfen.

Absatz 2 regelt die Grundsätze der Genehmigung von Feuerbestattungsanlagen und die zuständige Genehmigungsbehörde.

Mit Absatz 3 wird festgelegt, wer eine Genehmigung zum Betrieb einer Feuerbestattungsanlage erlangen kann.

Nach Absatz 4 haben die Betreiber zur Regelung der Nutzung der Feuerbestattungsanlage eine Satzung oder Ordnung zu erlassen.

§ 16 BestG-DVO verpflichtet den Träger von Feuerbestattungsanlagen, ein Einäscherungsverzeichnis zu führen. Darin sind die genauen Daten zu der verstorbenen Person, die Einäscherungsnummer, der Bestattungsort, die Art des Transports, die Aushändigung an den Bestatter und im Falle von § 4 die Daten der Person, an die die Ascheurne oder Ascheteile ausgehändigt wurden, niederzuschreiben. Zudem ist die Aufbewahrung des Einäscherungsverzeichnisses für 15 Jahre verpflichtend.

§ 25

Ausgrabung, Umbettung

(1) Leichen, menschliche Überreste und Ascheurnen dürfen nach erfolgter Bestattung auf einem Friedhof oder privaten Bestattungsplatz nur aufgrund eines wichtigen Grundes, welcher das öffentliche Interesse an der Wahrung der Totenruhe überwiegt, vor Ablauf der Mindestruhezeit mit schriftlicher oder elektronischer Genehmigung der örtlichen Ordnungsbehörde ausgegraben, umgebettet, überführt oder nachträglich eingeäschert werden.

(2) Die Ruhezeit wird mit der Umbettung weder unterbrochen, noch beginnt sie erneut.

(3) Soll die Umbettung nicht innerhalb desselben Friedhofs erfolgen, muss der Nachweis einer anderen zur Verfügung stehenden Grabstätte vorgelegt werden.

(4) Die Ausgrabung oder Umbettung einer Leiche soll bis sechs Monate nach der Bestattung nicht vorgenommen werden.

(5) Im Falle einer nachträglichen Einäscherung ist die zweite Leichenschau nach § 15 Abs. 7 durchzuführen.

(6) Das Weitere ist durch Friedhofssatzung oder Friedhofsordnung zu regeln.

Erläuterungen:

Absatz 1 regelt die Voraussetzungen einer möglichen Ausgrabung, Umbettung, Überführung oder nachträglichen Einäscherung von auf dem Friedhof oder privaten Bestattungsplätzen bestatteten Leichen, menschlichen Überresten und Ascheurnen während der Ruhezeit, um die Wahrung der Totenruhe sicherzustellen. Hierfür ist ein wichtiger Grund erforderlich.

Nach den sittlichen und religiösen Anschauungen sowie nach dem allgemeinen Pietätsempfinden soll die Totenruhe grundsätzlich nicht gestört werden. Sie ist auch strafrechtlich geschützt (§ 168 StGB). Demzufolge ist auch eine Bestimmung in einer Friedhofssatzung zulässig, die die Umbettung einer Leiche nur in den ersten fünf Jahren bei dringendem öffentlichem Interesse gestattet (vgl. hierzu VG Dessau, Urt. vom 15.1.1988 – 1 K 2977 / 97 –). Neben den dringenden öffentlichen Gründen (z. B. Aufhebung eines Bestattungsplatzes) ist eine Umbettung auch bei besonderen Fällen wie triftigen privaten Gründen möglich. Anerkannt ist beispielsweise der Wunsch einer Witwe, mit ihrem verstorbenen Ehemann eine Grabstätte zu teilen, sofern der Wunsch nicht auf andere Weise erfüllt werden kann. Dies gilt auch für die Fälle, wenn mehrere in verschiedenen Grabstätten beigesetzte Angehörige einer Familie in einem Grab vereinigt werden sollen. Ein wichtiger Grund für eine Umbettung kann dann gegeben sein, wenn der Ort der Bestattung erheblichen Einfluss auf den Gesundheitszustand (Depression) des Totenfürsorgeberechtigten hat und ohne Umbettung eine Verschlimmerung droht oder bereits eingetreten ist (VG Düsseldorf, Urt. vom 22.10.2012 – 23 K 4866 / 11 –). Nicht ausreichend ist der Eigenwille einer Erbin nach Verlegung der Grabstätte an einen anderen Ort, weil diese dort besser besucht und gepflegt werden kann (OVG Lüneburg, Urt. vom 5.12.1984 – 2 A 799 / 84 –). Ein Irrtum des Verstorbenen bei der Auswahl der Grabstätte stellt keinen wichtigen Grund für eine Umbettung dar (VG Minden, Urt. vom 21.9.2015 – 11 K 103 / 15 –). Vgl. auch SächsOVG, Beschl. vom 13.6.2016 – 3 B 111 / 16 –, bzgl. bestätigter Verweigerung einer Umbettung im Hinblick auf entgegenstehende Friedhofsregelungen. Der Wille verstorbener Ehegatten, die letzte Ruhe in einer gemeinsamen Grabstätte zu finden, führt nur dann auf einen die Umbettung rechtfertigenden wichtigen Grund, wenn er darauf gerichtet war, diese Form der letzten Ruhe durch eine Umbettung herbeizuführen (OVG Münster, NVwZ-RR 2010 S. 281). Dem eindeutigen Willen des Verstorbenen, auf einem bestimmten Friedhof beerdigt zu werden, steht das Umbettungsverlangen des mit der Grabpflege beauftragten Angehörigen innerhalb der Mindestruhezeit (15 Jahre) entgegen, auch wenn es sich um unter der Erde bestattete Urnen handelt. Die spätere Veränderung der Lebensumstände des mit der Grabpflege beauftragten Angehörigen (hier: Umzug) rechtfertigt es bei einer eindeutigen Grabwahl grundsätzlich nicht, die Urne des verstorbenen Angehörigen umzubetten. Dies gilt auch dann, wenn die Familie (Schwestern und Ehepartner) in einem Grab zusammengeführt werden sollen (VG Karlsruhe, Urt. vom 15.11.2005 – 11 K 1007 / 05 –). Der Wunsch des Verstorbenen, nicht ewig allein in einer Grabstätte bestattet zu sein, deutet noch nicht darauf hin, dass er in einer Familiengrabstätte bestattet werden wollte (OVG Lüneburg, Beschl. vom 30.11.2015 – 8 LA 152 / 15 –).

Das VG Koblenz (Urt. vom 21.7.2003 – 2 K 367 / 03 –, bestätigt durch das OVG RhPf, Urt. vom 20.4.2004 – 7 A 11930 / 03. OVG –) hat nochmals klargestellt, dass eine Witwe, die nach dem Tod ihres Mannes in eine andere Gemeinde zieht, nicht verlangen kann, dass ihr verstorbener Ehemann schon nach einem Jahr auf dem Friedhof der anderen Gemeinde umgebettet wird. Das der Ehefrau zustehende Bestattungs- und Totensorgerecht gebe ihr nämlich kein uneingeschränktes Verfügungsrecht über den beigesetzten Leichnam. Ein wichtiger Grund ist allerdings, so die Richter weiter, ein zu Lebzeiten verfügter Wille der verstorbenen Person, welcher erst nach der Bestattung bekannt wird.

Bei Umbettungen im ersten Jahr der Ruhezeit muss ein dringendes öffentliches Interesse an der Umbettung vorliegen. Lässt sich der Wille des Verstorbenen nicht feststellen, bestimmen die nächsten Angehörigen und Verwandten, in erster Linie der Ehegatte, danach die Kinder über Art und Ort der Bestattung, allerdings ist auch hier eine Umbettung nur aus besonderen Gründen zulässig (OLG Oldenburg, NJW-RR 1990 S. 1416). Über den letzten Willen des Verstorbenen dürfen sich die Angehörigen nicht hinwegsetzen (BGH, FamRZ 1978 S. 15 f.). Hat der überlebende Ehegatte die gemeinsame Grabstätte für seinen vorverstorbenen Ehegatten und für sich selbst ausgesucht, so sind die nächsten Angehörigen nur dann berechtigt, eine spätere Umbettung zu veranlassen, wenn nach dem wirklichen und mutmaßlichen Willen des Verstorbenen anzunehmen ist, dass er das Grab nicht als endgültige Ruhestätte ausgesucht hat und für eine Umbettung ein dringender sittlich gerechtfertigter Grund vorliegt; dies gilt auch dann, wenn die Nutzungsdauer der ausgewählten Grabstätte auf 25 Jahre beschränkt ist (OLG Zweibrücken, NJW-RR 1993 S. 1482). Sind mehrere Angehörige vorhandenen, von denen jedoch nur einer die Umbettung wünscht, während die übrigen Angehörigen diesem Vorhaben nicht zugestimmt haben, muss es bei dem bisherigen Zustand verbleiben (VGH Kassel, NVwZ-RR 1993 S. 339). Entscheidungen über Meinungsverschiedenheiten der Angehörigen in Zusammenhang mit Umbettungsanträgen fällen die ordentlichen Gerichte (BGH, MDR 1978 S. 299). Demzufolge haben die zuständigen Behörden bei offensichtlichen Streitigkeiten von den Betroffenen entsprechende Einverständniserklärungen zu verlangen.

Gelegentlich wird es auch Fälle geben, bei welchen eine Umbettung aus öffentlichen Gründen erforderlich ist. So beispielsweise bei Umgestaltung von Friedhofsteilen. In diesem Fällen hat der Friedhofsträger auch das Recht gegen den Willen der Angehörigen entsprechende Umbettungen vorzunehmen. Das Nutzungsrecht an der Grabstätte findet seine Grenzen im öffentlichen Interesse der allgemeinen Friedhofsgestaltung. So muss einem Friedhofsträger das Recht zustehen, im öffentlichen Interesse unter Einhaltung der Friedhofsordnung notwendige Umbettungen vornehmen zu können. Durch die Ausgrabung und Umbettung darf die Gesundheit, insbesondere die mit der Durchführung Betrauten, nicht gefährdet werden. Aus diesem Grund hat die zuständige Ordnungsbehörde nach Einholung des Einverständnisses des Friedhofsträgers auch das Benehmen mit dem Gesundheitsamt herzustellen. Die Mitwirkung des Gesundheitsamtes ist jedoch bei einer Urnenumbettung entbehrlich. Versagt der Friedhofsträger die Zustimmung, so kann diese im Verwaltungsrechtsweg eingeklagt werden. Die Umbettungsgenehmigung kann mit Auflagen und Bedingungen verbunden werden, um entsprechende Gesundheitsrisiken vorzubeugen. Es ist daher eine Kontaktaufnahme mit dem Gesundheitsamt erforderlich, um entsprechende Auflagen abzustimmen. Als allgemeine Auflagen kommen beispielsweise in Betracht:

Absperrung der Ausgrabungsstätte, Exhumierung in den Zeiträumen, in der der Friedhof der Öffentlichkeit nicht zugänglich ist bzw. frühmorgens oder auch bei kühler Witterung (z. B. in den Monaten Oktober bis März), Regelungen zum Transport, ggf. neuen Sarg verwenden usw.

Auch die versehentliche Beisetzung in ein falsches Grab führt nicht automatisch zu einem Umbettungsverlangen. Einen entsprechenden Fall hatte das OVG NRW (Beschl. vom 10.11.1998 – 19 A 1320 / 98 –) verhandelt. Einem auf den Folgenbeseitigungsanspruch gestützten Verlangen nach Umbettung eines Leichnams (wegen Beisetzung in einem falschen Grab) kann der aus Art. 1 Abs. 1 GG abgeleitete Schutz der unantastbaren Würde des Menschen entgegenstehen. Dieser verlangt auch den Schutz der Totenruhe des Verstorbenen. Im Rahmen des bei der Kollision zweier grundrechtsgeschützter Rechtsgüter vorzunehmenden verhältnismäßigen Ausgleichs nach den Kriterien der Zumutbarkeit kann der Schutz der Totenruhe gegenüber dem Grabstättenbenutzungsrecht vorrangig sein; dies gilt insbesondere, wenn das letzte Recht nicht vollständig entzogen und der vom Berechtigten angestrebte Erfolg auf andere Weise erreicht werden kann. Der Verlust des Bestattungsrechts (an einer bereits belegten Grabstelle) führt nicht zum Untergang des Grabgestaltungsrechts. Das Totenfürsorgerecht eines überlebenden Ehegatten, dessen verstorbene Ehefrau irrtümlich in einem fremden Grab bestattet wurde, erstreckt sich nicht auf das Grabgestaltungsrecht (an der fremden Grabstätte).

Die Durchführung der Umbettung hat demzufolge regelmäßig durch ein Bestattungsunternehmen zu erfolgen, so dass nicht etwa die Urne einem Angehörigen ausgehändigt werden darf. Denkbar ist natürlich auch eine Umsetzung durch Bedienstete des Friedhofsträgers, sofern die Umbettung innerhalb eines Friedhofs erfolgt. Die Wiederausgrabung einer Leiche auf Anordnung der Polizeibehörden oder der Gerichte, z. B. zum Zwecke einer Leichenschau oder Leichenöffnung (vgl. § 87 StPO), bedarf nicht der Erlaubnis durch den Friedhofsträger. Dieser Ausgrabung hat allerdings zumindest ein Arzt beizuwohnen, der später die Leichenschau oder Leichenöffnung vornimmt.

Ob eine Umbettungsgenehmigung erforderlich ist, wenn die allgemeine Ruhefrist abgelaufen ist, ist strittig Barthel (*Barthel* in: Gaedke, Handbuch des Friedhofs- und Bestattungsrechts, 11. Auflage, Kap. 15, Rn. 15) ist der Ansicht, dass in diesem Falle keine Umbettung oder Ausgrabung vorliegt, der an die entsprechenden materiellen Voraussetzungen und das formelle Genehmigungserfordernis gebunden ist. Es bleibe aber immer noch der Grundsatz der Pietät beachtlich. So darf eine Herausgabe von Leichenresten oder Resten einer Ascheurne nur erfolgen, wenn deren weiterer Verbleib in pietätvoller Form gewährleistet wird. Dies kann nur auf einem Friedhof oder einem sonst zugelassenen Begräbnisplatz erfolgen, um die Achtung der Totenruhe zu gewährleisten. Das OVG RhPf (Beschl. vom 2.10.2025 – 7 A 10791 / 25 –) hatte sich mit einem Fall zu befassen, bei dem eine Angehörige die Umbettung der Aschenurne ihres verstorbenen Vaters nach Ablauf der Ruhefrist begehrt hatte. Die Umbettung wurde mangels des Vorliegens eines wichtigen Grundes behördlich versagt. Gegen die Bestätigung dieser Entscheidung durch des VG Trier (Urt. vom 30.5.2025 – 7 K 3809 / 24 –) war der Antrag auf Zulassung der Berufung erfolgreich. Die Richter des OVG RhPf stellten hierbei fest, dass für die Zeit nach Ablauf der Mindestruhefrist das neue Bestattungsgesetz jedenfalls nicht vorsehe, dass eine solche Umbettung nur aufgrund eines wichtigen Grundes möglich ist. Tendenziell scheint das Gericht wohl auch davon auszugehen, dass zumindest eine „Umbettungsgenehmigung" erforderlich ist.

Denn das öffentliche Interesse an einer ordnungsgemäßen Bestattung endet mit der Ruhezeit. Damit stellt sich aber auch die Frage, ob eine Urne nach Ablauf der Ruhefrist einem Angehörigen einfach ausgehändigt werden darf. § 6 Abs. 5 und 6 BestG gibt hierzu Anhaltspunkte. Sogenannte Schmuckurnen dürfen nach Ablauf der Ruhezeit an die Angehörigen ausgehändigt werden. Ansonsten verbleiben aufgefundene Ascheurnen, menschliche Überreste bzw. Aschen verstorbener Personen auf dem Friedhof (siehe § 6 Abs. 5). Die Kosten einer Ausgrabung oder Umbettung hat grundsätzlich derjenige zu tragen, auf dessen Veranlassung sie vorgenommen wird. Soweit bei einer Umbettung Schäden entstehen, die auf schuldhaftem Verhalten der Friedhofsbediensteten beruhen, hat der Friedhofsträger den entstandenen Schaden zu beseitigen.

Wer die Särge bzw. Urnen seiner Eltern umbetten lässt, ohne Inhaber des Totenfürsorgerechts zu sein, stört die Totenruhe und ist den Geschwistern, die durch die Umbettung an der Ausübung der Totenfürsorge gehindert werden, zur Zahlung eines Schmerzensgeldes verpflichtet. Das Totenfürsorgerecht leitet sich weder aus dem Grabnutzungsrecht für das (ursprüngliche) Elterngrab noch aus einer transmortalen Vollmacht ab, sondern ergibt sich aus dem geäußerten oder mutmaßlichen Willen des Verstorbenen (LG Ulm, Urt. vom 20.1.2012 – 2 O 356 / 11 –).

Absatz 2 bestimmt, dass eine Umbettung keinen Einfluss auf die laufende Ruhezeit hat.

Nach Absatz 3 muss ein Nachweis einer anderen Grabstätte bei dem Umbettungsantrag beigefügt werden.

Absatz 4 legt den Zeitraum nach der Bestattung fest, innerhalb dessen eine Umbettung oder Ausgrabung einer Leiche grundsätzlich verboten ist.

Mit Absatz 5 wird bestimmt, dass auch bei einer nachträglichen Einäscherung eine zweite amtliche Leichenschau zu erfolgen hat. Eine nachträgliche Einäscherung kann beispielsweise dann erfolgen, wenn nach der Erdbestattung der letzte Wille der verstorbenen Person aufgefunden wird, in welcher ausdrücklich die Feuerbestattung gewünscht wird.

Nach Absatz 6 obliegt es den Friedhofsträgern, Näheres durch Satzung oder Ordnung zu regeln.

§ 26

Berufsausübung, Schutzmaßnahmen und Schweigepflicht beim Umgang mit verstorbenen Personen

(1) [1]Personen, die beruflich die Reinigung, Ankleidung oder Einsargung von Leichen vornehmen, die in Feuerbestattungsanlagen, anatomischen Instituten, Instituten der Pathologie oder Instituten der Rechtsmedizin mit nicht konservierten Leichen oder Leichenteilen umgehen oder die Tätigkeit einer Totengräberin oder eines Totengräbers ausüben, dürfen nicht zugleich in einem Heil- oder Heilhilfsberuf oder im Nahrungsmittel-, Genussmittel-, Gaststätten- oder Friseurgewerbe tätig sein oder beschäftigt werden; das Grundrecht der freien Berufsausübung (Artikel 12 Abs. 1 des Grundgesetzes) wird insoweit eingeschränkt. [2]Dies gilt nicht für Personen, die in anatomischen Instituten ausschließlich mit konservierten Leichen oder Leichenteilen umgehen, sowie für Ärztinnen und Ärzte, die in anatomischen Instituten, Instituten der Pathologie oder Instituten der Rechtsmedizin Leichenschauen durchführen; sie haben während dieser Tätigkeit geeignete Schutzkleidung zu tragen.

(2) Bestehen Anhaltspunkte gemäß § 16 Abs. 5, so sind von der Bestattungsunternehmerin oder dem Bestattungsunternehmer spezifische Schutzmaßnahmen im Rahmen des Infektionsschutzes gegen die Ansteckungsgefahr bei Umgang mit der verstorbenen Person zu treffen.

(3) [1]Die in Absatz 1 genannten Personen unterliegen der Schweigepflicht darüber, was ihnen im Rahmen ihrer Tätigkeit mit einer verstorbenen Person Persönliches über diese zur Kenntnis gelangt ist. [2]Die Verantwortlichen nach § 13 Abs. 1 können diese von der Schweigepflicht entbinden. [3]Die Schweigepflicht findet keine Anwendung, soweit Auskünfte zum Schutz eines höherwertigen Rechtsgutes zwingend erforderlich sind.

Erläuterungen:

Absatz 1 legt fest, dass bestimmte Berufsgruppen nicht gleichzeitig zusätzlich beruflich mit Leichen oder Leichenteilen umgehen dürfen. Damit wird das Grundrecht der freien Berufsausübung insoweit eingeschränkt. Dies hat neben hygienerechtlichen Gründen und dem Infektionsschutz auch ethische Aspekte.

Absatz 2 bestimmt, dass die Bestattungsunternehmer schon bei Verdacht einer meldepflichtigen übertragbaren Krankheit Schutzmaßnahmen im Rahmen des Infektionsschutzgesetzes gegen die Ansteckungsgefahr zu ergreifen haben.

Mit Absatz 3 wird die Schweigepflicht für die Personen aus Absatz 1 eingeführt und geregelt.

TEIL 3

ORDNUNGSWIDRIGKEITEN, ÜBERGANGS- UND SCHLUSSBESTIMMUNGEN

§ 27

Ordnungswidrigkeiten

(1) Ordnungswidrig handelt, wer vorsätzlich oder fahrlässig

1. entgegen § 1 Abs. 3 Friedhöfe ohne Genehmigung errichtet, erweitert oder wieder belegt,

2. entgegen § 4 Abs. 3 Satz 1 einen privaten Bestattungsplatz ohne Genehmigung errichtet, erweitert oder wieder belegt,
3. entgegen § 4 Abs. 3 Satz 2 eine verstorbene Person ohne Genehmigung auf einem privaten Bestattungsplatz bestattet,
4. entgegen § 4 Abs. 4 die Veräußerung eines Grundstücks mit privatem Bestattungsplatz nicht anzeigt,
5. entgegen § 9 ein Grabmal oder eine Grabeinfassung aus Naturstein aufstellt, das oder die nachweislich mit schlimmster Form von Kinderarbeit hergestellt worden ist,
6. entgegen § 10 Abs. 1 einen privaten Bestattungsplatz vor Ablauf der Ruhezeit anderen Zwecken zuführt,
7. entgegen § 10 Abs. 5 nach der Aufhebung eines privaten Bestattungsplatzes vor Ablauf der Ruhezeit eine Leiche, menschliche Überreste oder eine Ascheurne nicht umbettet,
8. als Träger einer medizinischen Einrichtung oder als Ärztin oder Arzt entgegen § 11 Abs. 4 Satz 6 der Hinweispflicht nicht nachkommt,
9. entgegen § 11 Abs. 4 Satz 7 bis 9 oder Abs. 5 ein Sternenkind oder eine Leibesfrucht aus einem Schwangerschaftsabbruch nicht würdig sammelt oder würdig bestattet,
10. entgegen § 11 Abs. 6 handelt,
11. entgegen § 11 Abs. 7 bis 9 eine verstorbene Person oder die Asche einer verstorbenen Person nicht oder nicht ordnungsgemäß bestattet oder die Asche nicht ordnungsgemäß ausbringt,
12. entgegen § 14 der Benachrichtigungspflicht nicht nachkommt,
13. entgegen § 15 Abs. 2 als Ärztin oder Arzt die Leichenschau nicht oder nicht unverzüglich vornimmt oder die Todesbescheinigungen nicht ausstellt oder nicht aushändigt,
14. entgegen § 15 Abs. 4 als Ärztin oder Arzt die Polizei oder die Staatsanwaltschaft nicht oder nicht unverzüglich benachrichtigt, nicht bis zum Eintreffen der Polizei vor Ort bleibt oder nicht dafür Sorge trägt, dass keine Veränderungen vorgenommen werden,
15. entgegen § 15 Abs. 5 nicht oder nicht unverzüglich die Leichenschau veranlasst oder nicht oder nicht unverzüglich die Polizei benachrichtigt,
16. gegen die Bestimmungen des § 16 verstößt,
17. gegen die Auskunftspflicht nach § 17 verstößt,
18. entgegen § 18 Abs. 2 als Ärztin oder Arzt die Todesbescheinigung nicht vollständig, nicht richtig oder ohne Angabe der Kontaktdaten ausfüllt,
19. gegen die Regelungen des § 19 oder des § 20 verstößt,
20. entgegen § 21 einen Sarg offen lässt oder ohne Genehmigung öffnet,
21. entgegen § 22 Abs. 1 eine Leiche nicht oder nicht innerhalb von 36 Stunden nach Eintritt des Todes überführen lässt,
22. entgegen § 22 Abs. 3 eine Leiche nicht in einem Bestattungsfahrzeug überführt,
23. entgegen § 22 Abs. 5 eine Leiche ohne Leichenpass überführt,
24. entgegen § 23 Abs. 1 eine Leiche vorzeitig bestattet oder bestatten lässt, eine Leiche vorzeitig einäschert oder einäschern lässt oder eine Leiche oder Asche einer verstorbenen Person zu spät bestattet oder bestatten lässt,
25. entgegen § 24 Abs. 1 eine Leiche in einer nicht genehmigten Feuerbestattungsanlage einäschert oder einäschern lässt,

26. entgegen § 25 Abs. 1 eine Leiche, menschliche Überreste oder eine Ascheurne ohne Genehmigung oder entgegen § 25 Abs. 4 eine Leiche vor Ablauf von sechs Monaten ausgräbt oder ausgraben lässt,

27. gegen das Betätigungsverbot nach § 26 Abs. 1 verstößt,

28. entgegen § 26 Abs. 2 keine Schutzmaßnahmen trifft oder

29. gegen die Schweigepflicht nach § 26 Abs. 3 verstößt.

(2) Ordnungswidrig handelt auch, wer vorsätzlich oder fahrlässig einer aufgrund des § 29 Abs. 1 dieses Gesetzes erlassenen Rechtsverordnung zuwiderhandelt, soweit die Rechtsverordnung für einen bestimmten Tatbestand auf diese Bußgeldbestimmung verweist.

(3) Die Ordnungswidrigkeit kann mit einer Geldbuße bis zu zehntausend Euro geahndet werden.

(4) Zuständige Verwaltungsbehörde im Sinne des § 36 Abs. 1 Nr. 1 des Gesetzes über Ordnungswidrigkeiten ist

1. in den Fällen des Absatzes 1 Nr. 1 bis 4 und 6 die Genehmigungsbehörde und

2. im Übrigen die örtliche Ordnungsbehörde.

BestG-DVO:

§ 19

Ordnungswidrigkeiten

(1) Ordnungswidrig im Sinne des § 27 Abs. 2 BestG handelt, wer vorsätzlich oder fahrlässig

1. entgegen § 2 Abs. 4 und 5 eine Flussbestattung durchführt, ohne dass die dort geregelten Voraussetzungen vorliegen; Ordnungswidrigkeiten und Straftatbestände nach wasserrechtlichen Vorschriften bleiben unberührt,

2. entgegen § 4 Abs. 1 die Ascheurne öffnet, Ascheteile entnimmt, ohne dazu beauftragte Bestatterin oder dazu beauftragter Bestatter zu sein,

3. entgegen § 4 Abs. 2 als Bestatterin oder Bestatter die Asche oder Ascheurne an nicht berechtigte Personen aushändigt,

4. entgegen § 7 Abs. 1 als Ärztin oder Arzt die Todesbescheinigungen ohne persönliche Untersuchung der Leiche ausstellt,

5. ein Fahrzeug oder sonstiges Transportbehältnis zur Überführung einer Leiche benutzt, das den Anforderungen des § 11 Abs. 1 nicht entspricht,

6. entgegen § 14 Abs. 1 als verantwortliche Leiterin oder verantwortlicher Leiter einer Feuerbestattungsanlage eine Leiche einäschert, bevor ihr oder ihm die erforderlichen amtlichen Unterlagen vorliegen,

7. entgegen § 14 Abs. 5 der oder dem Verantwortlichen nach § 13 Abs. 1 BestG die Ascheurne aushändigt,

8. nicht die nach § 15 erforderlichen Schutzmaßnahmen trifft oder nicht auf die Ansteckungsgefahr hinweist.

(2) Zuständige Verwaltungsbehörde im Sinne des § 36 Abs. 1 Nr. 1 des Gesetzes über Ordnungswidrigkeiten ist die örtliche Ordnungsbehörde.

Erläuterungen:

Einzelne Ordnungswidrigkeiten

Im Ordnungswidrigkeitenrecht gilt das Opportunitätsprinzip, d. h. die Verfolgung der Ordnungswidrigkeit steht im pflichtgemäßen Ermessen der Verwaltungsbehörde. Dies bedeutet jedoch nicht, dass die Verwaltungsbehörde in ihrer Entscheidung, eine Ordnungswidrigkeit zu verfolgen und zu ahnden völlig frei ist. Die Ausübung pflichtgemäßen Ermessens setzt voraus, dass aus sachlichen Gründen entschieden wird, wobei insbesondere das Gebot der Gleichbehandlung, das Übermaßverbot und das Willkürverbot zu berücksichtigen sind. Ebenso können Richtlinien und Verwaltungsvorschriften zu einer gewissen Ermessensbindung führen. Aber auch solche Richtlinien entbinden die Verfolgungsbehörde nicht davon, die Entscheidung über die Verfolgung oder Nichtverfolgung einer Ordnungswidrigkeit unter Berücksichtigung aller objektiven und subjektiven Umstände des Einzelfalls zu treffen. Das Absehen von der Verfolgung bzw. die Einstellung des Verfahrens bei begonnener Verfolgung wird insbesondere dann in Betracht kommen, wenn der Verfahrensaufwand für Ermittlungen des Sachverhalts außer Verhältnis zur Bedeutung des Verstoßes steht. Ausnahmsweise kann die Nichtverfolgung einer Ordnungswidrigkeit auch aufgrund besonderer Umstände des Betroffenen geboten sein (z. B. wegen Alter oder Gebrechlichkeit).

Grundsatz des rechtlichen Gehörs

Nach dem Grundsatz des rechtlichen Gehörs ist jeder Person, bevor ihre Rechte durch eine staatliche Maßnahme unmittelbar beeinträchtigt werden, Gelegenheit zu einer Äußerung zu geben. Nur so ist gewährleistet, dass der Betreffende sich rechtzeitig in der für ihn geeigneten Weise verteidigen kann. Die grundlegende Bestimmung findet sich in Art. 103 Abs. 1 GG.

Untersuchungsgrundsatz

Der Untersuchungsgrundsatz verpflichtet die Verfolgungsbehörde, sich nicht auf das zu beschränken, was der Betroffene vorträgt. Sie muss von Amts Wegen den Sachverhalt aufklären (§ 46 Abs. 1 OWiG mit § 160 Abs. 2 StPO). Das gilt also nicht nur für die Verwaltungsbehörde, sondern entsprechend auch für die Staatsanwaltschaft. Die Staatsanwaltschaft kann ihre Aufklärungspflichten als Verfolgungsbehörde von der Verwaltungsbehörde erfüllen lassen (bei Übernahme des Verfahrens wegen eines Zusammenhangs zwischen Straftat und Ordnungswidrigkeit; § 63 Abs. 1 Satz 1 OWiG; nach Übersendung der Akten an sie durch die Verwaltungsbehörde, § 69 Abs. 4 Satz 2 OWiG).

Anmerkungen zu verschiedenen Tatbeständen:

Nach Nr. 1 begeht derjenige eine Ordnungswidrigkeit, wer schuldhaft (vorsätzlich oder fahrlässig) einen Friedhof errichtet, erweitert oder wieder belegt ohne hierfür die erforderliche Genehmigung nach § 1 Abs. 3 eingeholt zu haben. Hintergrund dieser Regelung ist, dass die Anlegung eines neuen Friedhofs oder die Erweiterung bestehender Anlagen ein komplexes Verwaltungsverfahren ist. Es erfordert zwingend eine Genehmigung der zuständigen Behörde (meist die Kreisordnungsbehörde oder Bezirksregierung) unter Einbeziehung des Gesundheits- und Wasserwirtschaftsamtes. Es bestehen eine Reihe von rechtlichen und baulichen Voraussetzungen. Die Anlegung eines Friedhofs bezeichnet die Planung, Genehmigung, bauliche Errichtung und gärtnerische Gestaltung einer neuen Begräbnisstätte. Dies umfasst den gesamten Prozess von der Standortwahl und den behördlichen Genehmigungen bis zur eigentlichen Anlage der Wege, Grabfelder, Grünflächen und Gebäude.

Nach Nr. 2 handelt ordnungswidrig, wer schuldhaft einen privaten Bestattungsplatz ohne Genehmigung errichtet, erweitert oder wieder belegt. Während die Nr. 2 bereits die Anlegung, Erweiterung und Wiederbelegung eines privaten Bestattungsplatz als rechtswidrig einstuft, verfolgt die Nr. 3 eine weitere Ordnungswidrigkeit, wenn auf diesem Platz eine verstorbene Person ohne Genehmigung bestattet wird.

Beispiel: Die Ehefrau von A. möchte im Garten des gemeinsamen Hausgrundstücks ihre letzte Ruhe finden. Im Rahmen einer Totenfürsorgeverfügung bestimmt sie diesen Willen. Im Friedhofsgesetz gibt es hierzu die Möglichkeit der Anlegung eines privaten Bestattungsplatzes außerhalb eines Friedhofs, welcher nach § 4 Abs. 2 BestG an eine behördliche Genehmigung gebunden ist und insbesondere auch ein berechtigtes Bedürfnis oder Interesse erfordert. Ein solcher Bedarf bzw. ein Interesse dürfte bei einem normalen Sterbefall regelmäßig ausgeschlossen sein, da das Gesetz als Bestattungsort grundsätzlich noch einen Friedhofszwang vorsieht, um zu verhindern, dass alle Personen im eigenen Garten beigesetzt werden. Andererseits sieht das Gesetz die besondere Bestattungsart der Ausbringung der Asche außerhalb des Friedhofes oder eines privaten Bestattungsplatz vor (vgl. § 11 Abs. 8 BestG). Die Durchführung der Bestattungsart erfolgt in diesem Falle durch einen Bestatter und umfasst lediglich das Verstreuen der Asche und nicht die Beisetzung einer Urne bzw. die Anlegung einer Grabstelle. Würde also die Beisetzung einer Urne und die Schaffung einer Grabstätte auf dem Grundstück ohne Genehmigung vorgenommen, wäre dies sowohl als Verstoß gegen § 27 Abs. 1 Nr. 2 als auch Nr. 3 zu werten. Für den Bestatter, der hier rechtwidrig mitwirkt, könnte eine Beteiligung an einer Ordnungswidrigkeit nach § 14 OWiG infrage kommen.

Nr. 3 regelt die Bestattung einer verstorbenen Person ohne die hierzu erforderliche Genehmigung. Bei diesen Fällen wird man immer von einer Tateinheit ausgehen können, da hier immer von einer gleichzeitigen Verletzung des § 27 Abs. 1 Nr. 2 auszugehen ist. Die Bestattung auf einem privaten Bestattungsplatz erfolgt stets ohne Genehmigung, da der Bestattungsvorgang einen privaten Bestattungsplatz voraussetzt, der ebenfalls einer Genehmigung bedarf.

Nach Nr. 4 handelt ordnungswidrig, wer die Veräußerung eines Grundstücks mit privatem Bestattungsplatz nicht anzeigt.

Nach Nr. 11 handelt ordnungswidrig, wer eine verstorbene Person nicht oder nicht ordnungsgemäß bestattet oder die Asche nicht ordnungsgemäß ausbringt. Hierunter sind im Regelfalle die Fälle zu subsumieren, bei welchen zunächst die Aufbewahrung der Urne im persönlichen Umfeld erfolgt und später entschieden wird, die Urne außerhalb der vorgesehenen Bestattungsformen zu bestatten (z. B. private Verstreuung der Aschenreste, Vergraben der Urne auf einem Waldgrundstück usw.).

Absatz 3

Absatz 3 steckt den Bußgeldrahmen ab. Ordnungswidrigkeiten können mit einer Geldbuße von bis zu 10.000 Euro geahndet werden. Bei geringfügigen Ordnungswidrigkeiten kommt eine Verwarnung mit der Festsetzung eines Verwarnungsgeldes in Betracht. Verwarnungen ohne Festsetzung eines Verwarnungsgeldes sind im Ordnungswidrigkeitenrecht die Ausnahme. Eine Verwarnung mit Verwarnungsgeld soll erteilt werden, wenn eine Verwarnung ohne Verwarnungsgeld unzureichend ist (§ 56 Abs. 1 Satz 2 OWiG). Sie wird, wie dargestellt, bei Zuwiderhandlungen die Regel sein. Das Verwarnungsgeld beträgt mindestens 5 Euro und höchstens 35 Euro. Die Verwarnung wird nur wirksam, wenn der Betroffene nach Belehrung über sein Verweigerungsrecht mit ihr einverstanden ist und das Verwarnungsgeld innerhalb der entsprechenden Frist (eine Woche) bezahlt. Für Ordnungswidrigkeiten gilt gemäß § 31 Abs. 1 Nr. 4 OWiG eine Verjährungsfrist von sechs Monaten. Zu den Unterbrechungstatbeständen vgl. § 33 OWiG.

Die Einleitung eines Ermittlungsverfahrens erfolgt nach den Vorgaben des Ordnungswidrigkeitenrechts von Amts wegen oder durch eine Anzeige. Eingeleitet wird demnach ein Verfahren nur aufgrund eines konkreten Verdachts. Als Beweismittel kennt das Ordnungswidrigkeitenrecht im Regelfall die Aussage des Betroffenen, die Zeugenaussage, das Gutachten eines Sachverständigen, den Augenschein oder auch die Vorlagen von Schriftstücken oder Urkunden. Bei Lärmstörungen liegt im Regelfall eine Zeugenaussage des Anzeigenden zu Grunde. Kommen am Ende eines Ermittlungsverfahrens weder die Verfahrenseinstellung noch eine Verwarnung in Betracht, wird die Ordnungswidrigkeit durch den Erlass eines Bußgeldbescheides geahndet (vgl. § 65 OWiG). Der Bußgeldbescheid ist ein Verwaltungsakt. Der Inhalt ergibt sich aus § 66 OWiG. Gegen den Bußgeldbescheid ist das Rechtsmittel des Einspruchs zulässig (vgl. § 67 OWiG).

Ein Bußgeldverfahren ist auch einzuleiten, wenn der Betroffene die Verwarnung nicht annimmt, indem er das festgestellte Verwarnungsgeld nicht innerhalb der Wochenfrist (vgl. § 56 Abs. 1 OWiG) einzahlt.

Wird durch die Handlung Strafrecht verletzt, ist das Verfahren an die Staatsanwaltschaft abzugeben. Insbesondere findet hier die Vorschrift des § 168 STGB (Schutz der Totenruhe) eine besondere Bedeutung. Mit § 168 des Strafgesetzbuches (StGB) stellt der deutsche Staat die Störung der Totenruhe unter Strafe. Ziel dieses Gesetzes ist es, das sittliche Pietätsgefühl der Allgemeinheit sowie den postmortalen Persönlichkeitsschutz von Verstorbenen zu wahren.

Die Straftat kann mit einer Freiheitsstrafe von bis zu drei Jahren oder mit einer Geldstrafe geahndet werden; auch der Versuch ist strafbar.

Was genau ist strafbar?

Das Gesetz unterteilt den Tatbestand in vier wesentliche Handlungen:

1. Unbefugte Wegnahme von sterblichen Überresten

Es ist verboten, ohne Zustimmung des Berechtigten (z. B. der Angehörigen oder der Friedhofsverwaltung) einen Leichnam, Leichenteile oder die Asche eines Verstorbenen wegzunehmen. Auch das Abtrennen und Entwenden von Körperteilen (etwa von Zahngold nach einer Einäscherung) fällt hierunter.

Beispiel: Der Totenfürsorgeberechtigte setzt die Wünsche der verstorbenen Person bezüglich des Umgangs mit ihren sterblichen Überresten im Rahmen der gesetzlichen Vorgaben um. Das betrifft v. a. die Wahl der Bestattungsart und der Beisetzung sowie die Gestaltung der Grabstätte. Wenn sich eine Person zu Lebzeiten gewünscht hat, nach ihrem Tod beerdigt zu werden, und der Totenfürsorgeberechtige diesen Wunsch umsetzt, d. h. eine Beerdigung beauftragt, handelt es sich gerade nicht um eine Störung der Totenruhe. Wenn der Wille der verstorbenen Person bezüglich ihrer sterblichen Überreste entsprechend den bestattungsrechtlichen Vorgaben des Bundeslandes umgesetzt wird, kann es sich nicht um eine Störung der Totenruhe im strafrechtlichen Sinne handeln. Die Beerdigung als neue Bestattungsalternative stärkt vielmehr die körperliche Selbstbestimmung auch über den Tod hinaus – indem sie Menschen eine Wahl ermöglicht, die sich für sie stimmig anfühlt.

2. Beschimpfender Unfug an Leichen/Asche

Wer pietätloses, verachtendes oder respektloses Verhalten an einem Leichnam oder an der Asche ausübt – wie etwa das Verunstalten oder das Zurschaustellen in entwürdigender Weise –, macht sich strafbar.

3. Zerstörung oder Beschädigung von Ruhestätten

Das mutwillige Beschädigen, Zerstören oder Verwüsten von Grabstätten, Aufbahrungsorten (z. B. in einer Leichenhalle) oder öffentlichen Gedenkstätten ist strafbar.

4. Beschimpfender Unfug an Ruhestätten

Ebenso strafbar ist das Verüben von beschimpfendem Unfug an diesen Orten. Hierzu gehört beispielsweise das Beschmieren von Grabsteinen mit obszönen Parolen oder das Feiern von lärmenden Partys direkt auf Gräbern.

Wichtige rechtliche Einordnungen

- **Ermittlung von Amts wegen:** Die Störung der Totenruhe ist ein Offizialdelikt. Die Behörden (Polizei und Staatsanwaltschaft) ermitteln daher automatisch, sobald sie von einem solchen Vorfall erfahren. Es ist kein gesonderter Strafantrag erforderlich.

- **Rechtsgut:** Das Gesetz schützt nicht das Eigentum an dem Leichnam, sondern die Achtung vor dem Tod und dem toten Menschen. Aus diesem Grund ist das Einverständnis des Verstorbenen zu Lebzeiten in der Regel rechtlich irrelevant; maßgeblich ist das Pietätsgefühl der Lebenden.

Stellt die zuständige Behörde bei Verstoß gegen eine Bestattungsvorschrift fest, dass möglicherweise auch § 168 StGB tangiert wird, ist das Verfahren an die Staatsanwaltschaft zur Ermittlung einer strafbaren Handlung abzugeben. Kommt die Staatsanwaltschaft nach Ermittlungen zum Schluss, dass eine Verletzung der Strafvorschrift nicht vorliegt oder verfolgt werden soll, wird das Verfahren zur Prüfung der Einleitung eines Ordnungswidrigkeitenverfahrens nach dem Bestattungsrecht an die zuständige Ahndungsbehörde zurückgegeben.

Die BestG-DVO enthält weitere Ordnungswidrigkeitentatbestände.

§ 28
Übergangsbestimmungen, Evaluation

(1) Die aufgrund des Bestattungsgesetzes vom 4. März 1983 (GVBl. S. 69), zuletzt geändert durch Gesetz vom 19. Dezember 2019 (GVBl. S. 341), BS 2127-1, erteilten Genehmigungen bleiben auch nach Inkrafttreten dieses Gesetzes bestehen.

(2) Zur Gewährleistung des dauernden Ruherechts nach § 7 sowie der neuen Bestattungsformen nach § 11 Abs. 8 Satz 1 soll innerhalb eines Jahres nach Inkrafttreten dieses Gesetzes eine Anpassung der Friedhofssatzungen und Friedhofsordnungen erfolgen.

(3) Dieses Gesetz soll fünf Jahre nach dessen Inkrafttreten evaluiert werden.

§ 29
Durchführungsvorschriften

(1) Das fachlich zuständige Ministerium wird ermächtigt, durch Rechtsverordnung

1. **Anforderungen an Friedhöfe (§ 1 Abs. 3), private Bestattungsplätze (§ 4) und Leichenhallen (§ 2 Abs. 1) festzulegen,**
2. **Anforderungen an die zulässigen Bestattungsformen (§ 11 Abs. 7 und 8) festzulegen,**
3. **Anforderungen an die Leichenschau (§§ 15 und 16) und die Obduktion (§ 19) einschließlich der erforderlichen Verfahrensregelungen festzulegen,**
4. **das Nähere über Inhalt, Form, Ausstellung, Verwendung, Nutzung und Verbleib der vorläufigen Todesbescheinigung (§ 15 Abs. 6) und der Todesbescheinigung (§ 18) einschließlich der erforderlichen Verfahrensregelungen festzulegen,**
5. **Anforderungen an die Beschaffenheit von Särgen, Ascheurnen, Bestattungstüchern und die Einsargung (§ 21) festzulegen,**
6. **Anforderungen an Bestattungsfahrzeuge, Leichentransporte bei Tuchbestattungen (§ 12), Urnentransporte und die Überführung (§ 22) sowie die hierbei erforderlichen Dokumentationen festzulegen,**
7. **Inhalt und Form des Leichenpasses (§ 22 Abs. 5) und das Verfahren seiner Ausstellung und Verwendung zu bestimmen,**
8. **zu bestimmen, welche Dokumentationen, Nachweise und Verzeichnisse die Betreiber von Feuerbestattungsanlagen zu führen haben sowie die Aufbewahrungsfristen für Dokumentationen (§ 11 Abs. 10), die Todesbescheinigungen (§ 18 Abs. 1) und die Verzeichnisse festzulegen,**
9. **das Nähere zum Verfahren der Einäscherung anlässlich einer Feuerbestattung (§ 11 Abs. 7 und § 24) zu bestimmen,**

10. das Verfahren der Entnahme von Ascheteilen, der Aushändigung der Ascheurne zur privaten Aufbewahrung oder zur Ausbringung außerhalb von Friedhöfen und der Flussbestattungen (§ 11 Abs. 8 und 10) zu bestimmen,

11. Schutzmaßnahmen bei Ansteckungsgefahr durch den Umgang mit Leichen (§ 16 Abs. 5, § 21 Abs. 2 und § 26 Abs. 2) festzulegen,

12. das Nähere über die Zuständigkeiten und das Verfahren einer pflichtigen Obduktion von Kindern (§ 19 Abs. 4) zu bestimmen,

13. das Verfahren zur Erstattung des Vermögensnachteils sowie Näheres zu den Aufwendungen zur Graberhaltung (§ 7 Abs. 4) zu bestimmen und

14. behördliche Zuständigkeiten zur Durchführung dieses Gesetzes festzulegen, soweit in diesem Gesetz keine Zuständigkeiten bestimmt worden sind.

(2) Die zur Durchführung dieses Gesetzes erforderlichen Verwaltungsvorschriften erlässt das fachlich zuständige Ministerium.

Erläuterungen:

Das zuständige Fachministerium hat am 20.1.2026 (GVBl. S. 2026) die Landesverordnung zur Durchführung des Bestattungsgesetzes erlassen.

§ 30

Inkrafttreten, Außerkrafttreten

(1) Dieses Gesetz tritt am Tage nach der Verkündung in Kraft.

(2) Gleichzeitig tritt das Bestattungsgesetz vom 4. März 1983 (GVBl. S. 69), zuletzt geändert durch Gesetz vom 19. Dezember 2019 (GVBl. S. 341), BS 2127-1, außer Kraft.

(3) [1] Die Landesverordnung zur Durchführung des Bestattungsgesetzes vom 20. Juni 1983 (GVBl. S. 133), zuletzt geändert durch Verordnung vom 15. April 2020 (GVBl. S. 126), BS 2127-1-1, bleibt in Kraft. [2] Das fachlich zuständige Ministerium wird ermächtigt, die nach Satz 1 fortgeltende Landesverordnung durch Rechtsverordnung aufzuheben.

BestG-DVO:

§ 20

Inkrafttreten, Außerkrafttreten

(1) Diese Verordnung tritt am Tage nach der Verkündung in Kraft.

(2) Gleichzeitig tritt die Landesverordnung zur Durchführung des Bestattungsgesetzes vom 20. Juni 1983 (GVBl. S. 133), zuletzt geändert durch Verordnung vom 15. April 2020 (GVBl. S. 126), BS 2127-1-1, außer Kraft.

(3) Anstelle der Muster der Anlagen 1 bis 5 können bis zum Ablauf des 31. Mai 2026 auch die entsprechenden Muster der Anlagen 1 bis 5 der Landesverordnung zur Durchführung des Bestattungsgesetzes vom 20. Juni 1983 (GVBl. S. 133), zuletzt geändert durch Verordnung vom 15. April 2020 (GVBl. S. 126), BS 2127-1-1, verwendet werden.

Anhang

Anhang 1

Friedhofssatzung
– Muster –
mit erläuternden Hinweisen

Der Gemeinderat/Stadtrat von ... hat aufgrund des § 24 der Gemeindeordnung für Rheinland-Pfalz (GemO) sowie der §§ 2, Abs. 1, 5 Abs. 3, 8, 9 des Bestattungsgesetzes (BestG) folgende Satzung beschlossen, die hiermit bekanntgemacht wird:

1.
ALLGEMEINE VORSCHRIFTEN

§ 1
Geltungsbereich

Diese Satzung gilt für den/die im Gebiet der Gemeinde/Stadt ... gelegenen Friedhof/Friedhöfe, die in der Trägerschaft der/des (Gemeinde/Stadt/Anstalt des öR,.....) stehen.

§ 2
Friedhofszweck/Bestattungsanspruch

(1) Die Friedhöfe im Sinne des § 1 der Satzung dienen der Bestattung von

a) Personen, die zum Zeitpunkt ihres Todes Einwohner der Gemeinde/Stadt waren und für deren Angehörige in gerader Linie oder bis zum zweiten Grade in der Seitenlinie, welche zum Todeszeitpunkt nicht in der Gemeinde gewohnt haben, sofern deren Bestattung sachgerecht begründet werden kann.

b) Personen, die ein besonderes Recht auf Bestattung in einer bestimmten Grabstätte haben,

c) Totgeburten und Sternenkinder nach § 11 Abs. 4 Satz 1 und 2 und Abs. 5 BestG; soweit diese in der Gemeinde geboren wurden bzw. wenn ein Elternteil Einwohner der Gemeinde ist oder

d) Personen, die ohne Einwohner zu sein nach § 2 Abs. 2 Satz 3 und 4 BestG zu bestatten sind.

(2) Auf einem Friedhof soll ferner bestattet werden, wer früher in der Gemeinde/Stadt gewohnt hat und seine Wohnung hier nur wegen der Aufnahme in eine auswärtige Altenpflege- oder ähnliche Einrichtung oder wegen Verlegung des Wohnsitzes zu auswärts wohnenden Angehörigen zur Vermeidung der Aufnahme in einer der genannten Einrichtungen aufgegeben hat.

(3) Die Bestattung anderer Personen kann auf Antrag von dem Friedhofsträger zugelassen werden.

§ 3
Schließung und Aufhebung

(1) Der Friedhof oder Teile des Friedhofs können ganz oder teilweise für weitere Bestattungen oder Beisetzungen gesperrt (Schließung) oder anderen Zwecken gewidmet werden (Aufhebung) – vgl. § 10 BestG –.

(2) Durch die Schließung wird die Möglichkeit weiterer Bestattungen und Beisetzungen ausgeschlossen. Soweit durch die Schließung das Recht auf weitere Bestattungen oder Beisetzungen in Wahl- oder Urnenwahlgrabstätten (Sondergräber) erlischt, wird dem Nutzungsberechtigten für die restliche Nutzungszeit bei Eintritt eines weiteren Bestattungs- oder Beisetzungsfalles auf Antrag eine andere Wahl- bzw. Urnenwahlgrabstätte in der Gemeinde zur Verfügung gestellt. Soweit die Nutzungszeit noch nicht abgelaufen ist, können die Nutzungsberechtigten in diesen Fällen die Umbettung auf eigene Kosten dahin verlangen.

(3) Durch die Aufhebung geht die Eigenschaft des Friedhofes als Ruhestätte der Toten verloren. Die in Reihen- oder Urnenreihengrabstätten Bestatteten werden, falls die Ruhezeit noch nicht abgelaufen ist, die in Wahl- oder Urnenwahlgrabstätten Bestatteten, falls die Nutzungszeit noch nicht abgelaufen ist, auf Kosten des Friedhofsträgers in andere Grabstätten umgebettet. Bei privaten Bestattungsplätzen richtet sich die Umbettung nach § 10 Abs. 5 Satz 3 BestG.

(4) Schließung oder Aufhebung werden öffentlich bekanntgemacht. Die Verantwortlichen nach § 13 Abs. 1 BestG oder die Nutzungsberechtigten erhalten außerdem eine schriftliche Benachrichtigung, wenn ihr Aufenthalt bekannt oder über das Einwohnermeldeamt zu ermitteln ist.

(5) Umbettungstermine werden spätestens einen Monat vorher öffentlich bekanntgemacht. Gleichzeitig werden sie den Verantwortlichen nach § 13 Abs. 1 BestG oder den Nutzungsberechtigten entsprechend § 3 Abs. 4 Satz 2 mitgeteilt.

(6) Ersatzgrabstätten werden vom Friedhofsträger auf seine Kosten entsprechend den Grabstätten auf dem aufgehobenen bzw. geschlossenen Friedhof oder dem Friedhofsteil hergerichtet. Die Ersatzwahlgrabstätten werden Gegenstand des Nutzungsrechts. Für die Herrichtung von Ersatzwahlgrabstätten und den Erwerb erforderlicher Nutzungsrechte bei der Aufhebung oder Schließung von privaten Bestattungsplätzen sind die Verantwortlichen nach § 13 Abs. 1 BestG oder die Nutzungsberechtigten verantwortlich.

2.
ORDNUNGSVORSCHRIFTEN

§ 4
Öffnungszeiten

(1) Die Öffnungszeiten werden an den Eingängen durch Aushang bekanntgegeben. Zu anderen Zeiten darf der Friedhof nur mit Erlaubnis des Friedhofsträgers betreten werden.

(2) Der Friedhofsträger kann aus besonderem Anlass das Betreten eines Friedhofes oder einzelner Friedhofsteile vorübergehend untersagen.

§ 5

Verhalten auf dem Friedhof

(1) Die Besucher haben sich auf dem Friedhof der Würde des Ortes entsprechend zu verhalten. Die Anordnungen des Friedhofspersonals sind zu befolgen.

(2) Kinder unter... Jahren dürfen den Friedhof nur in Begleitung Erwachsener betreten.

(3) Auf dem Friedhof ist insbesondere nicht gestattet, die Wege mit Fahrzeugen aller Art zu befahren; Kinderwagen und Rollstühle, Behindertenfahrräder oder ähnliche Hilfsmittel sowie Handwagen zur Beförderung von Material zur Grabherrichtung, leichte Fahrzeuge von zugelassenen Gewerbetreibenden und Fahrzeuge der Friedhofsverwaltung/des Friedhofsträgers sind ausgenommen, Waren und Leistungen aller Art, sowie gewerbliche Dienste anzubieten und hierfür zu werben, an Sonn- und Feiertagen und in der Nähe einer Bestattung, Beisetzung oder Gedenkfeier störende Arbeiten auszuführen, Druckschriften zu verteilen, den Friedhof und seine Einrichtungen, Anlagen und Grabstätten zu verunreinigen oder zu beschädigen, Abraum außerhalb der dafür bestimmten Stellen abzuladen, Tiere – ausgenommen Blindenhunde – mitzubringen, zu spielen, zu lärmen und Musikwiedergabegeräte zu betreiben. Der Friedhofsträger kann Ausnahmen zulassen, soweit sie mit dem Zweck des Friedhofes und der Ordnung auf ihm vereinbar sind.

i) Gewerbsmäßig oder andere als eigene Grabstätten zu fotografieren oder zu filmen, es sei denn,
   - aa) ein entsprechender Auftrag eines Nutzungsberechtigten liegt vor oder
   - bb) der Friedhofsträger hat zugestimmt. Für das Verwaltungsverfahren gilt § 6 Abs. 1 Satz 2 und 3 entsprechend.

(4) Feiern und andere nicht mit einer Bestattung/Beisetzung zusammenhängende Veranstaltungen bedürfen der Zustimmung des Friedhofsträgers; sie sind spätestens ... Tage vorher anzumelden.

Erläuterungen:

Das VG Koblenz (Urt. vom 21.4.2011 – 1 K 1496 / 10 –) hat entschieden, dass die Verbandsgemeinde gemäß § 68 Abs. 1 Satz 1 GemO für den Erlass von Verwaltungsakten gegenüber dem Bürger zuständig ist. Hintergrund war die Rücknahme einer Erlaubnis durch den Stadtbürgermeister, die der Klägerin erlaubte, den Friedhof mit dem Privatfahrzeug zu befahren. Ohne Begründung hatte der Stadtbürgermeister die Fahrerlaubnis widerrufen. Das Gericht ist der Auffassung, dass der Stadtbürgermeister hierfür keine Befugnis hatte. Aus den Bestimmungen der GemO folge, dass die Verbandsgemeindeverwaltung die Verwaltungsgeschäfte einer verbandangehörigen Kommune in deren Namen und in deren Auftrag führe. Die Verbandsgemeindeverwaltung sei für den Erlass von Verwaltungsakten gegenüber dem Bürger sachlich zuständig. Da die fehlende Zuständigkeit auch nicht im Widerspruchsverfahren geheilt werden konnte, war der Bescheid allein schon aus diesen Gründen aufzuheben. Im Übrigen litt dieser an einem Ermessensfehler, denn der Stadtbürgermeister habe keine Zweckmäßigkeitserwägungen angestellt.

Das OVG Koblenz (Urt. vom 8.3.2005 – 12 C 12098 / 04 –) hatte im Übrigen entschieden, dass für die Zulassung des Befahrens der Friedhofswege von Gewerbetreibenden nur dann eine Gebühr erhoben werden kann, wenn in der Friedhofssatzung eine dementsprechende Amtshandlung vorgesehen ist.

§ 6

Ausführen gewerblicher Arbeiten[1)]

(1) Bildhauer, Steinmetze, Gärtner und sonstige mit der Gestaltung und Instandhaltung von Grabstätten befasste Gewerbetreibende bedürfen für Tätigkeiten auf dem Friedhof, vorbehaltlich anderweitiger gesetzlicher Regelungen, der vorherigen Zulassung durch die Friedhofsverwaltung, die gleichzeitig den Umfang der Tätigkeiten festlegt. Auf das Verwaltungsverfahren finden die Bestimmungen über die Genehmigungsfiktion nach § 42a des Verwaltungsverfahrensgesetzes (VwVfG) mit der Maßgabe Anwendung, dass die Frist nach § 42a Abs. 2 Satz 1 VwVfG vier Wochen beträgt. Das Verfahren kann über einen einheitlichen Ansprechpartner im Sinne des § 1 Abs. 1 des Landesgesetzes über die einheitlichen Ansprechpartner in Verwaltungsangelegenheiten vom 27.10.2009, GVBl. S. 355, in der jeweils geltenden Fassung abgewickelt werden.

---

1) Für das Verfahren zur grenzüberschreitenden vorübergehenden und gelegentlichen Erbringung von Dienstleistungen wird insbesondere auf die EU/EWR-Handwerk-Verordnung vom 18.3.2016 (BGBl. I S. 509) und auf die §§ 4 ff. der Gewerbeordnung wird verwiesen.

(2) Zugelassen werden nur solche Gewerbetreibende, die in fachlicher, betrieblicher und persönlicher Hinsicht zuverlässig sind.

(3) Zugelassene Gewerbetreibende erhalten eine Berechtigungskarte. Diese ist dem Friedhofspersonal vom Gewerbetreibenden oder seinen Mitarbeitern auf Verlangen vorzuzeigen.

(4) Die Zulassung kann entzogen werden, wenn die Voraussetzungen des Absatzes 2 nicht mehr vorliegen und die Gewerbetreibenden trotz zweimaliger schriftlicher Mahnung gegen die Bestimmungen der Friedhofssatzung verstoßen.

Erläuterungen:

In der Europäischen Union gilt der Grundsatz der Dienstleistungsfreiheit. Da auch auf Friedhöfen Dienstleistungserbringer wie Steinmetze oder Gärtner tätig sind, muss die Dienstleistungsfreiheit ebenfalls für diese gelten (vgl. zum Themenkomplex Lambrecht, LKRZ 2011 S. 441). So ist der Vorbehalt der Handwerksrolleneintragung für Steinmetzunternehmer aus dem europäischen Ausland nicht zu erfüllen. Hierzu gehört auch die Benennung eines einheitlichen Ansprechpartners (Art. 6 DLR) oder die Einführung der Genehmigungsfiktion (Art. 13 Abs. 4 DLR) zu Regelungen, die im Satzungsrecht einfließen sollten. In vielen Satzungen wurde bereits die Forderung nach einer Berufshaftpflichtversicherung für Gewerbebetreibende gestrichen. Der Friedhofsträger ist zwar grundsätzlich verpflichtet, Gewerbetreibenden die zu ihrer Betätigung auf dem Friedhofsgelände notwendige Zulassung zu erteilen, kann diese jedoch von bestimmten Voraussetzungen abhängig machen, die mit dem Friedhofszweck verbunden sind (so z. B. fachliche und persönliche Eignung, die Anerkennung der für das Gewerbe geltenden Unfallverhütungsvorschriften oder eine Berufshaftpflichtversicherung). Die Haftpflichtversicherung muss jedoch nicht bei einem deutschen Versicherungsunternehmen abgeschlossen worden sein, es genügt letztlich, dass im Haftungsfalle eine ausreichende Schadensregulierung gewährleistet ist.

3.
ALLGEMEINE BESTATTUNGSVORSCHRIFTEN

§ 7
Bestattung auf dem Friedhof; Ausbringung der Asche auf dem Friedhof und öffentlichen Flächen

(1) Der Friedhofsträger informiert die Friedhofsverwaltung unverzüglich über jede Bestattung auf dem Friedhof sowie das Ausbringen der Asche auf dem Friedhof und auf öffentlichen Flächen.

(2) Soll eine Bestattung oder Beisetzung in einer vorher erworbenen Wahlgrabstätte/Urnenwahlgrabstätte erfolgen, haben die Verantwortlichen nach § 13 Abs. 1 BestG das Nutzungsrecht nachzuweisen.

(3) Der Friedhofsträger/alt. die Friedhofsverwaltung setzt Ort und Zeit der Bestattung auf dem Friedhof im Benehmen mit den Angehörigen und der zuständigen Religionsgemeinschaft fest.

(4) Der Friedhofsträger stellt für das Ausbringen von Asche außerhalb des Friedhofs das Grundstück/die Grundstücke .... FlurNr. (genaue Bezeichnung) zur Verfügung. Die Ausbringung der Asche erfolgt nach § 11 Abs. 8 Satz 4 BestG sowie nach § 3 Abs. 1 und 2 der BestGDV.

(5) Die Ausbringung der Asche auf dem Friedhof kann auch vom Friedhofsträger oder durch die vom Friedhofsträger beauftragten Personen erfolgen.

§ 8
Särge

(1) Die Särge müssen festgefügt und so abgedichtet sein, dass jedes Durchsickern von Feuchtigkeit ausgeschlossen ist. Särge und Überurnen, die in der Erde beigesetzt werden, dürfen nicht aus schwer verrottbarem Material sein und müssen die Verwesung innerhalb der Ruhezeit ermöglichen.

(2) Die Särge sollen höchstens ... m lang, ... m hoch und im Mittelmaß ... m breit sein. Sind in Ausnahmefällen größere Särge erforderlich, ist die Zustimmung der Friedhofsverwaltung einzuholen. Die Särge für Kindergräber dürfen höchstens... m lang,... m hoch und im Mittelmaß... m breit sein.

(3) Särge, die oberhalb der Erde verwahrt werden sollen, dürfen während der Verwesung keine Zersetzungsstoffe freigeben.

§ 9
Tuchbestattung

(1) Bei einer Tuchbestattung muss das kontaktlose Hinablassen des Leichnams in das Grab gewährleistet sein. Das kann durch Leichentücher oder Versenktücher mit fest vernähten Schlaufen oder durch andere in gleicher Weise geeignete Vorrichtungen erfolgen.

(2) Die Herausnahme aus dem Sarg an der Grabstelle und das Hinablassen des Leichnams ist grundsätzlich durch Bestatterinnen und Bestatter oder von Friedhofsträger beauftragten Personen zulässig. Ein Anspruch auf Personal des Friedhofsträgers wird dadurch nicht begründet. Daneben können die nach § 13 Abs. 1 BestG Verantwortlichen geeignete Personen zur Herausnahme und zum Hinablassen des Leichnams bestimmen. Insoweit schließt der Friedhofsträger die Haftung für die ordnungsgemäße Durchführung aus.

(3) Die nach § 2 Abs. 7 Satz 2 BestGDV zur Verwesung erforderliche Holzschalung wird durch den Friedhofsträger oder von ihm beauftragte Personen verbaut.

(4) Bei Tuchbestattungen ist die örtliche Ordnungsbehörde zur Prüfung der hygienischen Voraussetzungen zu informieren. Bei einer Tuchbestattung aus nicht religiösen Gründen hat der Friedhofsträger darüber hinaus die Totenfürsorgeverfügung des/der Verstorbenen der Friedhofsverwaltung zur Prüfung der Voraussetzungen nach § 12 Abs. 1 Satz 2 BestG vorzulegen.

§ 10
Grabherstellung

(1) Die Gräber werden von dem Friedhofsträger oder von ihm Beauftragte ausgehoben und wieder verfüllt; § 9 Abs. 3 bleibt unberührt.

(2) Die Tiefe der einzelnen Gräber beträgt von der Erdoberfläche (ohne Hügel) bis zur Oberkante des Sarges bei Tuchbestattungen bis zur Oberkante der Holzschalung mindestens 0,90 m, bis zur Oberkante der Urne mindestens 0,50 m. Bei Tiefgräbern (§ 14 Abs. 3) beträgt die Tiefe bis zur Grabsohle 2,30 m.

(3) Die Gräber für Erdbestattungen müssen voneinander durch mindestens 0,30 m starke Erdwände getrennt sein.

(4) Der Nutzungsberechtigte hat Grabzubehör vorher auf seine Kosten entfernen zu lassen. Sofern beim Ausheben der Gräber Grabmale, Fundamente oder Grabzubehör durch die Friedhofsverwaltung entfernt werden müssen, sind die dadurch entstehenden Kosten durch den Nutzungsberechtigten der Friedhofsverwaltung zu erstatten.

§ 11
Ruhezeit[1)]

Die Ruhezeit für Leichen

auf dem Friedhof/Friedhofsteil/-feld A... beträgt... Jahre.

auf dem Friedhof/Friedhofsteil/-feld B beträgt ... Jahre

Die Ruhezeit bei Verstorbenen bis zum 5. Lebensjahr

auf dem Friedhof/Friedhofsteil/-feld beträgt ... Jahre.

Die Ruhezeit für ausgebrachte Aschen

auf dem Friedhof beträgt .... Jahre.

Die Ruhezeit für Aschen

beträgt auf Friedhof/Friedhofsteil/-feld A ... Jahre

auf Friedhof/Friedhofsteil/-feld B ... Jahre

Die Ruhezeit in Begräbniswäldern

beträgt ... Jahre

---

1) Zur Mindestruhezeit vgl. § 6 BestG.

§ 12
Umbettungen/Ausgrabungen/Überführungen

(1) Die Ruhe der Toten darf nicht gestört werden.

(2) Die Zulässigkeit von Ausgrabungen, Umbettungen, Überführungen oder nachträglichen Einäscherungen von Leichen, menschlichen Überresten und Aschen richtet sich nach § 25 BestG.

(3) Umbettungen werden vom Friedhofsträger oder durch von ihm Beauftragte durchgeführt. Der Friedhofsträger bestimmt den Zeitpunkt der Umbettung.

(4) Umbettungen erfolgen nur auf Antrag; antragsberechtigt sind die Verantwortlichen nach § 13 Abs. 1 BestG, bei Umbettungen aus Wahlgrabstätten/Urnenwahlgrabstätten der jeweilige Nutzungsberechtigte. Der Friedhofsträger ist bei dringendem öffentlichem Interesse berechtigt, Umbettungen vorzunehmen; § 10 BestG bleibt unberührt.

(5) Der Antragsteller hat die Kosten der Umbettung zu tragen und ist zum Ersatz von Schäden, die an benachbarten Grabstätten und Anlagen durch die Umbettung entstehen, verpflichtet.

(6) Der Ablauf der Ruhezeit und der Nutzungszeit wird durch eine Umbettung nicht unterbrochen oder gehemmt.

(7) Leichen, menschliche Überreste und Aschen dürfen zu anderen als zu Umbettungszwecken nur auf behördliche oder richterliche Anordnung hin ausgegraben werden.

(8) Nach Ablauf der Ruhezeit noch vorhandene Leichen- oder Aschereste können mit vorheriger Zustimmung des Friedhofsträgers in belegte Grabstätten mit Zustimmung des diesbezüglichen Nutzungsberechtigten ausgebettet werden.

4.
GRABSTÄTTEN

§ 13
Allgemeines, Arten der Grabstätten

(1) Die Grabstätten werden unterschieden in

a) Reihengrabstätten/Grabfelder für Erd-, Urnenbestattungen und das Ausbringen der Asche,
b) Wahlgrabstätten für Erd- und für Feuerbestattungen
c) Ehrengrabstätten
d) Begräbniswälder
e) Gedenkgrabstätten, § 2 Abs. 6 Satz 8 BestGDVO
f) Grabstätten für Sternenkinder
g) Grabstätten für Nachbestattungen nach § 11 Abs. 9 BestG
h) Grabstätten für Mensch/Tier.

(2) Die Grabstätten bleiben Eigentum des Friedhofseigentümers. An ihnen können Rechte nur nach dieser Satzung erworben werden. Es besteht kein Anspruch auf Verleihung des Nutzungsrechts an einer der Lage nach bestimmten Grabstätte oder auf Unveränderlichkeit der Umgebung.

(3) Soweit sich aus der Satzung nicht etwas anderes ergibt, gelten die Vorschriften für Reihen- und Wahlgrabstätten entsprechend auch für weitere Bestattungen.

§ 14
Reihengrabstätten

(1) Reihengrabstätten sind Grabstätten (Einzelgräber) für Erdbestattungen oder Urnenbestattungen, die der Reihe nach belegt und im Todesfall für die Dauer der Ruhezeit des zu Bestattenden schriftlich zugeteilt werden. Ein Wiedererwerb des Nutzungsrechts an der Reihengrabstätte ist nicht möglich.

(2) Es werden eingerichtet:

a) Einzelgrabfelder für Verstorbene bis zum vollendeten 5. Lebensjahr (Kindergrabstätten)

b) Einzelgrabfelder für Verstorbene ab vollendetem 5. Lebensjahr

c) Anonyme Grabfelder
Anonyme Grabstätten sind Urnengräber auf einem bestimmten Grabfeld, in dem Urnen in einer Fläche von ... für die Dauer der Ruhezeit beigesetzt werden. Die Grabstätten werden nicht gekennzeichnet.[1]

d) Grabfelder zur Ausbringung der Asche auf dem Friedhof.

e) Grabfelder zur Ausbringung der Asche auf öffentlichen Flächen außerhalb des Friedhofs. Für diese Sondernutzung werden Gebühren auf der Grundlage einer gesonderten Satzung erhoben.

(3) In jeder Reihengrabstätte darf – außer in den Fällen des § 15 sowie bei gleichzeitig zu bestattenden Personen/Familienangehörigen mit Tieferlegung oder mindestens einer Urnenbestattung mit Zustimmung des Friedhofsträgers – nur eine Leiche bestattet werden. § 11 Abs. 4 Satz 3–5 BestG bleibt unberührt.

(4) Das Abräumen von Einzelgrabfeldern oder Teilen von ihnen nach Ablauf der Ruhezeiten wird... Monate vorher veröffentlicht und durch ein Hinweisschild auf dem betreffenden Grabfeld bekanntgemacht.

Erläuterungen:

Bei den kostengünstigeren Reihen(Einzel-)gräbern werden die Beisetzungsfelder von der Friedhofsverwaltung festgelegt und die Gräber werden zeitlich und räumlich „der Reihe nach" belegt. Der Bestattungsanspruch richtet sich nicht auf eine bestimmte Grabstelle, sondern nur auf die Gewährung einer Grabstelle schlechthin. Die Einzel- und Reihengräber werden nur für die Dauer der Ruhefrist zur Verfügung gestellt. Nach deren Ablauf erlischt das Nutzungsrecht; eine Verlängerung ist grundsätzlich nicht möglich. Auf Friedhöfen werden grundsätzlich Reihengräber zur Verfügung gestellt (§ 2 Abs. 3 BestG). Näheres regelt die Satzung. Der Bestattungsanspruch ist auf Zuweisung eines Reihengrabes gerichtet. Er begründet keinen Anspruch auf Zuweisung einer bestimmten Grabstelle, sondern lediglich auf Gewährung einer Grabstelle schlechthin. Die Zuweisung erfolgt in Ausübung eines einseitigen Verwaltungsaktes. Damit ist der Bestattungsanspruch befriedigt. Der Friedhofsträger kann den einmal angewiesenen Platz später aus berechtigten Gründen wieder entziehen; jedoch nur unter Einräumung eines gleichwertigen Ersatzgrabes und Umbettung dorthin, es sei denn, dass die Ruhefrist abgelaufen ist. Das Nutzungsrecht am Reihengrab erlischt durch Ablauf der Ruhezeit. Eine Verlängerung des Nutzungsrechtes ist grundsätzlich nicht zulässig, da dies die Gestaltung und Neubelegung der Reihengrabfelder erschwert. Erst recht gilt dies für die nachträgliche Umwandlung eines Reihengrabes in ein Wahlgrab. Eine Wiederbelegung von Reihengräbern soll erst erfolgen, wenn die Ruhezeit für alle Gräber eines Reihengrabfeldes abgelaufen ist. Die beabsichtigte Wiederbelegung ist sechs Monate vor der Abräumung öffentlich bekannt zu machen. Nach Bekanntgabe des Abräumungszeitraumes können die Berechtigten die Grabanlagen auf ihre Kosten entfernen lassen; andernfalls ist die Friedhofsverwaltung berechtigt, die Anlagen zu beseitigen. Stirbt der Erwerber eines Reihengrabes während der Dauer des Nutzungsrechts, so ist dies kein Anlass für sein vorzeitiges Erlöschen. Da sich das Nutzungsrecht auf die Grabgestaltung und Grabpflege beschränkt, wird man eine Rechtsnachfolge der Angehörigen unterstellen können. Die in der Friedhofssatzung getroffene Regelung, wonach eine gemeinsame Bestattung nur durch die spätere Beisetzung der Asche des Zweitversterbenden ermöglicht wird, wenn die verbleibende Ruhezeit für die Asche 15 Jahre beträgt bei nach oben begrenzter Gesamtbestattungsdauer an der Grabstätte von 25 Jahren, begegnet angesichts der vorliegend angestellten Ermessenserwägungen – eingeschränkte Platzkapazitäten und insoweit bereits vor über 20 Jahren getroffene Grundsatzentscheidung, keine Wahlgrabstätten mehr auszuweisen, keinen verfassungsrechtlichen Bedenken (VG Trier, Urt. vom 24.5.2017 – 7 K 9781 / 16 –). Das öffentlichrechtliche Nutzungsrecht an einer Grabstätte steht stets unter dem Vorbehalt, vom Friedhofsträger neu geregelt und auch beschränkt zu werden. Die nachträgliche Beschränkung eines solchen Nutzungsrechts findet erst dort ihre Grenze, wo ein angemessener Ausgleich zwischen dem Vertrauten auf den Fortbestand der bisherigen Rechtslage und der Bedeutung des Anliegens des Friedhofsträgers verfehlt wird (OVG RhPf, Beschl. vom 28.4.2015 – 7 A 10982 / 14 –). Die Kündigung eines Grabnutzungsrechts oder ein Verzicht darauf ist nicht zulässig, solange die Ruhezeit nicht für alle in der Grabstätte bestatteten Personen abgelaufen ist. Ein entsprechender Teilverzicht auf das Nutzungsrecht an einer Hälfte einer Doppelgrabstätte könnte allenfalls zugelassen werden, wenn für die betreffende Grabhälfte alle Ruhezeiten abgelaufen sind (VG Neustadt/Wstr., Urt. vom 14.9.2015 – 5 K 895 / 14 –).

Streitigkeiten zwischen Hinterbliebenen um Totenfürsorge und Gedenkformen sind nicht selten. Sie werden nicht selten zivilrechtlich entschieden. So hat z. B. das BGH (Urt. vom 26.2.2019 – VI ZR 272 / 18 –) einen Abwehranspruch von Totenfürsorgeberechtigten gegen die Ablage von Gegenständen auf das Grab durch nicht Totenfürsorgeberechtigte bestätigt. So hat das AG Recklinghausen (Beschl. vom

12.2.2019 – 16 C 19 / 19 –) den Anspruch einer nicht Totenfürsorgeberechtigten gegenüber dem Totenfürsorgeberechtigten auf Nennung von Ort und Zeitpunkt der Bestattung abgelehnt.

Das Verwaltungsgericht Koblenz (Urt. vom 31.5.2016 – 1 K 1111 / 15.KO) hat eine Klage auf Verlängerung des Nutzungsrechts an einem Reihengrab abgewiesen. Nach Auffassung des Gerichts ergebe sich ein Anspruch auf Verlängerung der Nutzungszeit eines Reihengrabes weder aus der Friedhofssatzung noch aus den einschlägigen Bestimmungen des Gestattungsgesetzes. Zwar lasse das Gesetz die Einrichtung von Wahlgräbern mit der Möglichkeit der Verlängerung der Nutzungszeit grundsätzlich zu. Eine Rechtspflicht hierzu bestehe allerdings nicht. Insbesondere könne der einzelne Friedhofsnutzer eine Entscheidung der Ortsgemeinde für die Einrichtung von Wahlgräbern nicht erzwingen.

§ 15

Gemischte Grabstätten

(1) Ein Einzelgrabfeld nach § 14 Abs. 2 Buchst. b) kann durch Beschluss des Stadtrats/Ortsgemeinderats in ein Grabfeld mit gemischten Grabstätten umgewidmet werden.

(2) Gemischte Grabstätten sind bereits durch eine Erdbestattung belegte Reihengräber (§ 14 Abs. 1), in denen auf Antrag des Nutzungsberechtigten zusätzlich die Beisetzung einer Asche gestattet werden kann. Die Grabstätte gilt hinsichtlich der zweiten Bestattung als Urnenwahlgrabstätte.

(3) Das Nutzungsrecht an der Grabstätte verlängert sich ab dem Zeitpunkt der Beisetzung der Asche um die Ruhezeit nach § 11.

oder alternativ: (3) Die Dauer des Nutzungsrechts der Grabstätte richtet sich nach der Ruhezeit der ersten Bestattung. Die zusätzliche Beisetzung einer Asche darf im Einzelfall nur dann erfolgen, wenn die verbleibende Ruhezeit nach der ersten Bestattung noch mindestens 5 Jahre (Mindestruhezeit) beträgt.

§ 16

Wahlgrabstätten

(1) Wahlgrabstätten sind Grabstätten für Erdbestattungen oder Urnenbestattungen, an denen auf Antrag nach Zahlung der festgesetzten Gebühr ein Nutzungsrecht für die Dauer von... Jahren (Nutzungszeit)[2] verliehen und deren Lage im Benehmen mit dem Nutzungsberechtigten bestimmt wird.

(2) Es wird eine Urkunde, die Beginn und Ende des Nutzungsrechts enthält, ausgestellt. Aus dem Nutzungsrecht ergibt sich die Pflicht zur Anlage und Pflege des Grabes.

(3) Wahlgrabstätten werden als ein- oder mehrstellige Grabstätten, als Einfach- oder Tiefgräber oder in Form des § 17, vergeben[3].

(4) Während der Nutzungszeit darf eine weitere Bestattung nur stattfinden, wenn die Ruhezeit die Nutzungszeit nicht überschreitet oder das Nutzungsrecht für die Zeit bis zum Ablauf der Ruhezeit verlängert worden ist.

(5) Das Nutzungsrecht kann in diesen Grabstätten nur einmal ... Mal/für die gesamte Wahlgrabstätte für ... Jahre/für die satzungsmäßige Nutzungszeit wiederverliehen werden. Die Wiederverleihung erfolgt auf Antrag nach den in diesem Zeitpunkt geltenden Bestimmungen über den Inhalt des Nutzungsrechts und die zu zahlenden Gebühren.

(6) Schon bei der Verleihung des Nutzungsrechts soll der Nutzungsberechtigte für den Fall seines Ablebens aus dem in Satz 2 genannten Personenkreis einen Nachfolger im Nutzungsrecht bestimmen und ihm das Nutzungsrecht durch einen Vertrag übertragen. Wird bis zu seinem Ableben keine derartige Regelung getroffen, geht das Nutzungsrecht in nachstehender Reihenfolge auf die Angehörigen des verstorbenen Nutzungsberechtigten mit deren Zustimmung über:

die von der verstorbenen Person zur Totenfürsorge benannte Person.

die überlebende Ehefrau oder der Ehemann oder die Lebenspartnerin oder der Lebenspartner,

auf die Kinder,

auf die Enkel in der Reihenfolge der Berechtigung ihrer Väter oder Mütter,

auf die Eltern,

auf die Geschwister,

auf sonstige Erben.

Innerhalb der einzelnen Gruppen wird unter Ausschluss der übrigen Angehörigen der Gruppe die nach Jahren älteste Person nutzungsberechtigt.

(7) Der jeweilige Nutzungsberechtigte kann mit Zustimmung des Friedhofsträgers das Nutzungsrecht auf eine andere Person mit deren Zustimmung übertragen. Der Rechtsnachfolger hat bei der Friedhofsverwaltung das Nutzungsrecht unverzüglich nach Erwerb auf sich umschreiben zu lassen.

(8) Der jeweilige Nutzungsberechtigte hat im Rahmen dieser Satzung und der dazu ergangenen Regelungen das Recht, in der Wahlgrabstätte bestattet zu werden, bei Eintritt eines Bestattungsfalles über andere Bestattungen und über die Art der Gestaltung und der Pflege der Grabstätte zu entscheiden.

(9) Das Nutzungsrecht an unbelegten Grabstätten kann jederzeit, an teilbelegten Grabstätten erst nach Ablauf der letzten Ruhezeit zurückgegeben werden. Eine Rückgabe ist nur für die gesamte Grabstätte möglich.

(10) Bei Rückgabe von Wahlgrabstätten wird an den Nutzungsberechtigten die für die Wahlgrabstätte gezahlte Gebühr unter Berücksichtigung der Kostenentwicklung und der verbleibenden, auf volle Jahre abgerundeten Nutzungszeit anteilig zurückerstattet.

Erläuterungen:

Bei den Sondergrabstätten (Wahlgrabstätten) kann man Lage und Größe des Grabplatzes bestimmen. Die Nutzungsdauer kann nach Maßgabe der Friedhofsordnung nach Ablauf der ursprünglichen Zeitspanne verlängert werden. Auch kann das Nutzungsrecht an einem Wahlgrab vom jeweiligen Nutzungsberechtigten auf einen anderen Angehörigen übertragen werden (BVerwG, NJW 1992 S. 2908). Allerdings sind auch die Nutzungsrechte an Wahlgrabstätten nicht als vermögenswerte Rechte des Privatrechts anerkannt und genießen demgemäß auch keinen umfassenden verfassungsrechtlichen Schutz durch die Eigentumsgarantie nach Art. 14 GG. Sie werden vielmehr als subjektiv-öffentliche Sondernutzungsrechte eingestuft (BGHZ 25, 200). Der Fortbestand derartiger Wahlgrabstätten ist demgemäß nicht rechtlich gesichert. Ursprünglich unbefristet erworbene Wahlgrabstätten oder Rechtspositionen können später befristet werden. „Ewigkeitscharakter" kommt somit auch den Erbgrabstellen nicht zu (OVG NRW, NvwZ 1992 S. 1214). Aus Gründen der Verhältnismäßigkeit dürfen derartige „Altrechte" jedoch nicht ohne Weiteres beseitigt werden, vielmehr ist der Friedhofsträger gehalten, durch Übergangsregelungen derartige Grabrechte „weich" auslaufen zu lassen oder eine Verlängerung durch Gebührenzahlung (OVG Koblenz, NVwZ 1990 S. 96) einzuräumen. Eine Beschränkung der Nutzungszeit auf die Dauer der Ruhezeit (Ruhefrist orientiert sich daran, in welchem Zeitraum die natürliche Verwesung eintreten kann) ist bei Wahlgrabstätten allerdings grundsätzlich nicht zulässig (VG Gießen, DÖV 2005 S. 439).

Sondergräber können erst anlässlich des Todesfalles bzw. unter Lebenden nur an Personen eines bestimmten Alters (z. B. 65 Jahre) eingeräumt werden. Unzulässig ist aber, die Vergabe von Wahlgrabstätten durch eine zusätzliche Altersbeschränkung einzuschränken, also bei Eheleuten davon abhängig zu machen, dass der überlebende Ehegatte ein bestimmtes Alter (z. B. 55 Jahre) vollendet hat. Vgl. hierzu OVG Rheinland-Pfalz (NVwZ 1995 S. 510).

Sondergräber unterscheiden sich von den Reihengräbern durch Größe und die bevorzugte Lage. Sie sind zur Aufnahme nicht nur eines einzelnen Verstorbenen bestimmt und werden für eine längere Benutzungsdauer eingeräumt. Die Zulassung von Wahlgräbern ist Entscheidung des Friedhofsträgers. Eine Rechtspflicht, Wahlgräber bereitzuhalten, besteht nicht (HessVGH, GStB-H. 1980 / 269). Das Recht am Sondergrab endet mit dem Ablauf der Nutzungszeit, durch Rückgabe (Verzicht), an unbelegten Grabstätten jederzeit, an teilbelegten Grabstätten erst nach Ablauf der letzten Ruhefrist, sowie durch Schließung der Grabstätte im öffentlichen Interesse. Das Nutzungsrecht am Sondergrab kann nach Ablauf gegen Entrichtung einer Gebühr entsprechend der Friedhofsordnung verlängert werden. Ein Rechtsanspruch darauf besteht nicht, wohl aber ein Anspruch auf Gleichbehandlung. Einige Zeit vor Ablauf des Nutzungsrechtes sind die Nutzungsberechtigten hiervon zu unterrichten und zur Entrichtung der Verlängerungsgebühr aufzufordern. Überschreitet bei einer beabsichtigten Bestattung in einem Sondergrab die Ruhezeit das laufende Nutzungsrecht, so kann für die zur Wahrung der Ruhezeit notwendigen, über die Nutzungszeit hinausgehenden Jahre eine Ausgleichsgebühr gefordert werden. Die Dauer des Nutzungsrechts wird um diese Jahre verlängert. Die Nutzungsberechtigten an Sondergräbern sind zur angemessenen Instandsetzung verpflichtet, auch wenn die Grabstelle noch nicht belegt ist. Kommen sie dieser Verpflichtung nicht nach und bleiben bei Vernachlässigung Aufforderungen zur Instandsetzung unbeachtet, kann das Nutzungsrecht entzogen werden. Sind die Betroffenen nicht mehr feststellbar, so genügt eine befristete öffentliche Aufforderung mit Hinweis auf den Entzug der Nutzungsrechte. Eine klare Regelung der Rechtsnachfolge bei Sondergräbern liegt im Interesse aller Beteiligten. Fehlt eine entsprechende vertragliche Regelung, so tritt eine Rechtsnachfolge der Angehörigen ein. Die Reihenfolge ergibt sich aus dem Satzungsrecht. Zur Rechtsfrage des Übergangs des Nutzungsrechts im Wege der Rechtsnachfolge vgl. OVG Münster, Urt. vom 10.11.1998 – 19 A 1320 / 98 –.

In der Rechtsprechung hat sich die Auffassung durchgesetzt, dass die dem öffentlichen Recht angehörigen Sonderrechte an Grabstätten nicht unmittelbar dem bürgerlichen Erbrecht unterworfen werden können. Bei dem verliehenen und fortgeltenden Grabnutzungsrecht handelt es sich um ein subjektives-öffentliches Sonderrecht, welches allein in der Person des Rechtsinhabers steht (vgl. hierzu VG Magdeburg, Urt. vom 18.10.2013 – 9 A 155 / 12 –).

Die Nutzungsdauer von Wahlgrabstätten darf grundsätzlich auch für noch nicht abgelaufene Rechte verkürzt werden, wenn hierfür ein sachlicher Grund besteht. Dies hat das VG Trier (Urt. vom 17.2.2004 – 2 K 1831 / 03. TR –) entschieden.

Wegen einer Änderung ihrer Friedhofssatzung verkürzte die klagende Ortsgemeinde das aufgrund der bisherigen Friedhofssatzung bestehende Nutzungsrecht an Wahlgrabstätten von 40 auf 30 Jahre. Für bereits bestehende Nutzungsrechte enthielt die neue Friedhofssatzung eine Übergangsregelung dahingehend, dass die Nutzungszeit nicht vor Ablauf der Ruhezeit der zuletzt beigesetzten Leiche enden dürfe. Aufgrund dieser Satzungsänderung endete das 1964 erworbene Nutzungsrecht des im Rechtsstreit beigeladenen Inhabers einer Wahlgrabstätte – nach Ablauf der Ruhezeit der zuletzt beigesetzten Leiche – bereits im November 2000 und nicht mit Ablauf des Jahres 2003.

Die 2. Kammer bestätigte in ihrem o. g. Urteil die Rechtmäßigkeit der neuen Friedhofssatzung der klagenden Ortsgemeinde. Diese sei als Trägerin des Friedhofs grundsätzlich befugt, die Voraussetzungen, die Bedingungen und die Art der Benutzung zu regeln. Hierzu zähle auch die Befugnis, durch Abänderung ihres Satzungsrechtes bestehende Rechte zu schmälern oder einzuschränken, wenn sich diese Regelung im Rahmen des Friedhofszwecks halte und von einem sachlichen Grund getragen sei. Die Beschränkung der Nutzungsdauer von Wahlgrabstätten diene der Förderung des Friedhofszwecks, der in der angemessenen, geordneten und würdigen Bestattung der verstorbenen Gemeindeeinwohner bestehe und sei regelmäßig durch einen sachlichen Grund getragen, wenn der Bedarf an Grabstellen so groß sei, dass er voraussichtlich bei weiterem Verlauf eine Friedhofserweiterung notwendig machen würde, was die Kammer im zu entscheidenden Fall als erwiesen ansah. Die Richter wiesen des Weiteren darauf hin, dass der Friedhofszweck durch die Verkürzung der Nutzungsdauer zudem dadurch gefördert werde, dass neuen Gemeindemitgliedern die Möglichkeit eröffnet werde, schneller in den Genuss einer Wahlgrabstätte zu gelangen. Ferner würden so die zwischenzeitlich gestiegenen Sach- und Personalkosten nicht nur auf die Neuerwerber von Grabstätten umgelegt, sondern durch die Verkürzung und Wiedererwerbsmöglichkeit auch auf die Inhaber bestehender Nutzungsrechte.

Mit der Frage des Abwehrrechts eines Nutzungsberechtigten von Wahlgrabstätten gegen das „Heranrücken" von einheitlich gestalteten Gemeinschaftsgrabstätten auf einem kommunalen Friedhof hat sich das OVG NRW (Beschl. vom 22.7.2011 – 19 B 200 / 11 –) auseinandergesetzt.

Besonders auf älteren Friedhöfen stehen die Friedhofsverwaltungen häufig vor der Situation, dass wegen der veränderten Bestattungsgewohnheiten für Wahlgrabstätten nicht mehr genügend Nachfrage besteht und die Belegungspläne daher geändert werden müssen. Dadurch können uniforme Gemeinschaftsgrabstätten sehr nahe an noch fortbestehende Wahlgrabstätten heranrücken. Der Antragsteller wollte mit einer einstweiligen Anordnung erreichen, dass das Gericht dem Friedhofsträger verbietet, auf Grabfeldern, auf denen sich noch Wahlgrabstätten befinden, Gemeinschaftsgrabstätten einzurichten. Die Klage blieb erfolglos. Ein darauf gerichtetes Abwehrrecht stehe dem Antragsteller weder aus dem Nutzungsrecht an den Wahlgrabstätten noch aus seinem Recht auf Totenfürsorge aus Art. 1 und Art. 2 Abs. 1 GG zu. Das Nutzungsrecht an Wahlgrabstätten als öffentlich-rechtliches Sondernutzungsrecht an der Grabstätte umfasst über die Bereitstellung und Belassung der Ruhestätte auf angemessene Zeit hinaus das Recht, den Friedhof in Bezug auf die Grabstätte im Rahmen des durch die Friedhofssatzung konkretisierten Friedhofszwecks zu benutzen, was in diesem Rahmen die individuelle Gestaltung der Grabstätte und ein würdiges und pietätsvolles Totengedenken einschließt. Die angesprochenen Satzungsregelungen gewähren dem Antragsteller keine drittschützende Wirkung.

§ 17
Spezielle Wahlgräber

(1) Begräbniswälder § 5 BestG

Begräbniswälder dienen ausschließlich der Feuerbestattung oder dem Ausbringen der Asche. Es dürfen nur biologisch abbaubare Urnen bestattet werden. Der Friedhofsträger vergibt an den Einzel- oder Familiengrabstätten Nutzungsrechte für die Dauer von .....Jahren.

(2) Baumgrabstätten/Naturbegräbnisstätten auf Friedhöfen.

Baumgrabstätten/Naturbegräbnisstätten sind Urnengräber im Wurzelbereich eines Baumes/einer Rebe/eines Steines... die als Einzel- oder Familiengrabstätte vergeben werden. Es dürfen nur biologisch abbaubare Urnen beigesetzt werden[4].

(3) Grabstätten in Urnenwänden/Urnenstelen

(4) Grabstätten in gärtnerisch gepflegten Grabfeldern[5].

(5) Grabfelder für Tuchbestattungen § 12 BestG.

Grabfelder für Tuchbestattungen sind spezielle Grabfelder, in denen der Leichnam ohne Sarg nach den Vorgaben des § 9 dieser Satzung bestattet werden kann.

(6) Grabfelder Mensch/Tier

In Grabstätten Mensch/Tier können auf einem gesonderten und abgegrenzten Grabfeld bei der Beisetzung auf Antrag Urnen mit der Asche von Heimtieren[6] gemeinsam beigesetzt werden[7]. Die Regelungen des Tierische Nebenprodukte-Beseitigungsgesetz (TierNebG) bleiben unberührt. Es dürfen nur biologisch abbaubare Urnen verwendet werden. Mit Zustimmung des Antragstellers geht das Eigentum an den Beilegungen mit der Beilegung auf den Friedhofsträger über. Eine Herausgabe ist ausgeschlossen. Für die Entsorgung beim Abräumen der Grabstätte wird mit der Beilegung eine Gebühr auf der Grundlage der geltenden Friedhofsgebührensatzung erhoben. Die satzungsrechtlichen Regelungen für die Grabstätte gelten uneingeschränkt.

(7) Gedenkgrabstätten

Findet eine Flussbestattung statt, kann auf Antrag der Totenfürsorgeberechtigten eine Grabstätte mit Gedenkstein nach Maßgabe der geltenden Gestaltungsvorschriften errichtet werden. Die Regelungen für Grabstätten gelten entsprechend. Hierfür werden Nutzungsrechte für die Zeit von ....Jahren vergeben. Der Friedhofsträger erhebt eine Gebühr nach der Friedhofsgebührensatzung.

§ 18
Ehrengrabstätten/Soldatengräber

Die Zuerkennung, die Anlage und die Unterhaltung von Ehrengrabstätten obliegt ausschließlich dem Friedhofsträger. Für Ehrengräber von Angehörigen der Bundeswehr, deren Tod während einer besonderen Auslandsverwendung eingetreten ist, wird ein dauerndes Ruherecht eingeräumt (§ 7 BestG).

5.
GESTALTUNG DER GRABSTÄTTEN UND GRABMALE

§ 19
Wahlmöglichkeit

(1) Auf dem Friedhof werden Grabfelder mit allgemeinen Gestaltungsvorschriften (§ 20) und Grabfelder mit besonderen Gestaltungsvorschriften (§ 21) eingerichtet.

(2) Grabfelder mit besonderen Gestaltungsvorschriften sind in einem Belegungsplan festgelegt.

(3) Bei der Zuweisung einer Grabstätte hat der Antragsteller die Wahl, ob diese in einem Grabfeld mit allgemeinen oder mit besonderen Gestaltungsvorschriften liegen soll. Entscheidet er sich für eine Grabstätte mit besonderen Gestaltungsvorschriften, so besteht die Verpflichtung, die Gestaltungsvorschriften dieser Friedhofssatzung einzuhalten. Eine entsprechende schriftliche Erklärung ist durch den Antragsteller zu unterzeichnen.

(4) Wird von dieser Wahlmöglichkeit nicht rechtzeitig vor der Bestattung Gebrauch gemacht, wird eine Grabstätte im Friedhofsteil mit besonderen/alternativ: allgemeinen Gestaltungsvorschriften zugeteilt.

§ 20
Allgemeine Gestaltungsvorschriften

Jede Grabstätte ist so zu gestalten und an die Umgebung anzupassen, dass die Würde des Friedhofes in seinen einzelnen Teilen und in seiner Gesamtanlage gewahrt wird.

Die Grabmale und sonstigen baulichen Anlagen auf Grabfeldern ohne besondere Gestaltungsvorschriften unterliegen in ihrer Gestaltung und Bearbeitung keinen besonderen Anforderungen. Die übrigen Regelungen gelten jedoch uneingeschränkt.

Erläuterungen:

Die Gestaltung des Grabes und die Bepflanzung sind Gegenstand der Friedhofsordnungen und -satzungen. Zum Teil ist eine hohe Regelungsvielfalt festzustellen. Die Vorschriften über die Gestaltung der Grabstätten dürfen jedoch nur soweit gehen, wie es der Friedhofszweck verlangt. In einer Grabmalgestaltungsvorschrift kann zulässigerweise die Vollabdeckung der Grabstätten gefordert werden, wenn durch ein geologisch-bodenkundliches Gutachten geklärt ist, dass diese Maßnahme zur Erreichung des Friedhofszwecks – ungehinderte Leichenverwesung innerhalb der Ruhezeit geeignet ist (OVG NRW, NVwZ 1998 S. 869). Das Verbot der vollständigen Grababdeckung soll die ungehinderte Leichenverwesung innerhalb der satzungsgemäßen Ruhezeiten gewährleisten und ist verfassungsrechtlich nicht zu beanstanden (OVG Lüneburg, Beschl. vom 17.11.2011 – 8 LA 54 / 11 –).

Das OVG RhPf (Urt. vom 18.8.2001 – 7 C 11295 –) hat die Änderung einer Friedhofsatzung für unwirksam erklärt, in welcher ein Verbot der Erdbestattung unter Ausnahme bei Verwendung einer sogenannten „Grabhülle" geregelt werden soll. Eine solche Regelung stellt einen Eingriff in den aufgrund des Art. 2 Abs. 1 i. V. m. § 1 Abs. 1 oder Art. 14 Abs. 1 GG geschützten Wesensgehalt bestehender Wahlgrabnutzungsrechte dar. Ein solcher Eingriff kann gerechtfertigt sein, so die Richter, wenn die Bodenbeschaffenheit des Friedhofs zur Leichenzersetzung ungeeignet ist. Er ist jedoch unverhältnismäßig, wenn ein verbindliches Ausgleichskonzept für „Altfälle" (Wahlgrabstätte, in der bereits ein Familienangehöriger bestattet ist) fehlt. Mit dem fehlenden Rechtsanspruch auf eine Sondergrabstätte hatte eine rheinland-pfälzische Gemeinde den Antrag auf ein Doppelgrab abgelehnt, in welchem die bei einem Autounfall gleichzeitig verstorbenen Eltern der Antragsteller begraben werden sollten. Auch der Antrag auf eine gemeinsame Grabeinfassung wurde wegen eines vermeintlichen Verstoßes gegen die Gestaltungsvorschriften und dem – im Vergleich zu Reihengräbern – andersartigen Erscheinungsbild abgelehnt. Das VG Koblenz (Urt. vom 18.2.2010 – 1 K 1260 / 09 –) entschied, dass diese Einschätzung zu weit gehe und gab dem Antrag auf eine gemeinsame Grabeinfassung statt. Das Gericht konnte nicht erkennen, weshalb der optische Eindruck eines Wahlgrabes in Form eines Doppelgrabes der Würde des Friedhofes, auf dem nur Einzelgräber zulässig sind, widersprechen sollte. Auch die Gefahr, dass bei Auflösung eines der beiden Reihengräber ein die Friedhofswürde beeinträchtigender Torso einer vermeintlich ehemaligen Doppelgrabstätte entstehen könnte, war aufgrund der identischen Ruhezeit nicht gegeben. Das Verwaltungsgericht Gelsenkirchen sah in einem anderen Fall die Errichtung von zaunartigen „Grabeinfassungen" als nicht hinreichend bestimmt und daher als unwirksam an (VG Gelsenkirchen, Urt. vom 14.10.2003 – 14 K 3668 / 01 –).

Die Friedhofsverwaltungen müssen die grundgesetzlich geschützte Freiheit der Gestaltung der letzten Ruhestätte (Art. 2 Abs. 1 GG) beachten; andererseits haben sie dafür zu sorgen, dass die Grabgestaltung dem „Pietätsgebot" entspricht. Besondere nicht dem Friedhofszweck gebotene Vorschriften darf der Friedhofsträger nur dann erlassen, wenn gewährleistet ist, dass auf anderen Friedhöfen bzw. Friedhofssteilen Grabfelder zur Verfügung stehen, die den besonderen Gestaltungsvorschriften nicht unterliegen (vgl. hierzu VGH Mannheim, NVwZ-RR 1997 S. 359; VGH Kassel, NVwZ-RR 1989 S. 505; VGH München, Urt. vom 30.7.1990 – 7 B 90.136 –). So hatte das OVG Lüneburg (Urt. vom 27.9.1995 – 8 L 1219 / 93 –) eine Beseitigungsanordnung für die Einfassung von Grabstätten oder Grabstellen mit festem Material aufgehoben, weil dem Kläger auf dem Friedhof keine Möglichkeit verblieb, eine Grabfassung mit Naturstein herzurichten. Der Friedhofsträger hatte mit einem generellen Verbot des Einfassens von Grabstellen mit festem Material einer zunehmenden „Versteinerung" des Friedhofs entgegenwirken wollen. In bestimmten Abteilungen darf der Friedhofsträger somit im Rahmen seines pflichtgemäßen Ermessens seine ästhetischen Anschauungen durch spezielle Gestaltungsvorschriften durchsetzen, z. B. in Bezug auf die Grabeinfassung oder die Materialien (HessVGH, DVBl 1994 S. 342).

So sind nach Auffassung des BVerwG (DÖV 2004 S. 960) Gestaltungsvorschriften zulässig, die eine Glanz- und Spiegelwirkung von Grabmalen verbieten. Dies gilt insbesondere für grelle Wirkungen wie sie von schneeweißem Marmor, von Politur oder von überschwänglicher Goldschrift ausgehen. Deshalb sollten Grabmale dem natürlichen Alters- und Verwitterungsprozess ausgesetzt sein. Können besondere Gestaltungsideen und Ausnahmen von der Friedhofssatzung zugelassen werden, so enthält diese Regelung ein Rechtsfolgeermessen. Ein gläsernes Grabmal mit mittig eingefügtem Kreuz widerspricht der Friedhofswürde grundsätzlich nicht (VG Saarland, Urt. vom 5.8.2014 – 3 K 562 / 13 –). Es besteht daher nur ein Rechtsanspruch auf ermessensfehlerfreie Entscheidung (VGH München, NVwZ-RR 1991 S. 252). Gestaltungsvorgaben können nur durch Satzung und nicht durch Beschluss des Gemeinderates wirksam umgesetzt werden (vgl. VG Neustadt, Urt. vom 14.1.2004 – 1 K 2258 / 03 –).

Das VG gestattete in der gleichen Entscheidung eine Sandsteineinfassung für eine Grabstätte. Dem Fall lag folgender Sachverhalt zugrunde:

Der Grabnutzungsberechtigte hatte die Sandsteinumfassung errichtet, weil von dem höher gelegenen Friedhofsweg aus ständig Kieselsteine auf das Grabfeld gefallen seien. Die Gemeinde beanstandete die Einfassung, weil sie gegen die Friedhofssatzung verstoße. Diese sehe nämlich für den betreffenden Friedhofsteil vor, dass dort Grabumfassungen aus Stein und anderen Materialien nicht erlaubt seien. Sie versagte deshalb die Genehmigung für die Sandsteineinfassung. Dagegen klagte der Mann beim VG Neustadt. Die Richter gaben ihm Recht: Nach ihrem Urteil darf der Grabnutzungsberechtigte die Grabstätte nach seinen Vorstellungen gestalten, es sei denn, dieses Recht ist durch ein Gesetz eingeschränkt. In Rheinland-Pfalz können die Gemeinden nach dem Bestattungsgesetz zwar die Benutzung ihrer Gemeindefriedhöfe und die Gestaltung von Grabstätten durch Satzung regeln. Eine Satzung der Gemeinde, die dem Kläger die Sandsteinumfassung der Grabstätte verbieten könnte, existierte aber nach Auffassung des Gerichtes nicht.

Das VG Mainz (Urt. vom 27.4.2009 – 6 K 1117 / 08 –) hatte sich mit einem Fall befasst, bei welchem ein Nutzungsberechtigter ein Grabmal aufgestellt hatte, welches höher als die in der Satzung festgelegte Höhenbegrenzung (1,20 m) war. Das Gericht sah in der Überschreitung keinen Verstoß gegen den Friedhofszweck. Das Recht der Angehörigen über Bestattungsort sowie über Gestaltung und Pflege der Grabstätte zu entscheiden, ist Ausprägung der allgemeinen Handlungsfreiheit (Art. 2 GG). Begrenzt ist dieses Recht durch den Vorbehalt der verfassungsmäßigen Ordnung, wozu auch friedhofsrechtliche Gestaltungsvorschriften anzusehen sind. Regelungen der genannten Art sind zulässig, wenn und soweit sie durch den Friedhofszweck geboten sind. Andere – besondere Gestaltungsvorschriften sind nur zulässig, wenn in der Gemeinde die Möglichkeit besteht, in zumutbarer Weise auf Grabfelder ohne entsprechende Gestaltungsbeschränkungen auszuweichen. Es ist zweifelhaft, ob die Festsetzung eines maximalen Höhenmaßes für Grabmäler allgemein zulässig ist. Es ist jedenfalls nicht ohne weiteres ersichtlich, dass eine Höhenbegrenzung von 1,20 m durch den genannten Friedhofszweck geboten wäre. Eine solche Höhenbegrenzung ist rechtlich zudem besonders problematisch, wenn sie für einen bereits vorhandenen, über Jahrzehnte gewachsenen Friedhof eingeführt wird, obwohl sich auf dem Friedhof bereits Grabmäler befinden, die die Höhenmaße überschreiten und die den Friedhof prägen. Ein Verstoß gegen den beschriebenen Friedhofszweck wird nicht erkannt.

Eine durch eine gemeindliche Friedhofssatzung angeordnete Höhenbeschränkung für den Grabstein gilt nicht analog auch für den Grabschmuck, wenn die Satzung diesbezüglich keine Regelung enthält (VG Saarland, Urt. vom 8.12.2011 – 3 K 2256 / 10 –).

In Bezug auf eine beantragte Beseitigung eines Baumes auf einer Nachbargrabstätte vertrat der VGH Kassel (NVwZ-RR 1998, 435) die Auffassung, dass der Baum die Grabnutzung in unzumutbarer Weise behindern oder erschweren müsse. Dies hänge von den Umständen des Einzelfalls ab, insbesondere von der örtlichen Situation. Dabei ist nicht nur die Lage, die Größe und die Bepflanzung der Grabstätten zu berücksichtigten, sondern auch welche Bepflanzung dem Friedhof sein Gepräge gibt und ob bzw. wo auf dem Friedhof hohe Bäume üblich sind.

Das VG Saarland (Urt. vom 2.5.2012 – 3 K 633 / 11 –) hatte sich mit der Frage der Zulässigkeit eines ca. sechs Meter hohen Lebensbaumes und einer etwa gleich hohen Zypresse auf einem Grab auseinandergesetzt. Der Friedhofsträger hatte unter Bezugnahme auf die bestehende Friedhofssatzung die Entfernung der Anpflanzungen verlangt. Die Richter bestätigten die Anordnung des Friedhofsträgers. Die Bepflanzung des Grabfeldes in der festgestellten Form widerspreche der Friedhofssatzung. Zwar könnten die Anpflanzungen auch einen entsprechenden Rückschnitt erfahren, die Anordnung der Beseitigung sei aber deshalb nicht unverhältnismäßig. Auch die Tatsache, dass die Friedhofsverwaltung den Zustand über längere Zeit (20 Jahre) geduldet habe, mache die Anordnung nicht rechtswidrig. Die lange Untätigkeit führe nicht zum Verzicht der Rechtsposition des Friedhofsträgers.

Kirchliche Friedhofsträger haben einen großen Spielraum hinsichtlich der Gestaltungsvorschriften. Sie können dem Nutzungsberechtigten insbesondere religiös motivierte Einschränkungen auferlegen. Die als Körperschaft des öffentlichen Rechts anerkannten Religionsgemeinschaften (Art 140 GG, Art. 137

Abs. 5 WRV) haben kraft ihres Selbststimmungsrechts und des Körperschaftsstatus das Recht, innerhalb ihres Gemeindebereichs eigene Bestattungsplätze für ihre Gemeindemitglieder zu errichten (vgl. § 3 Abs. 1 BestG). Das BVerwG (Urt. vom 13.5.2004 – 3 C 26 / 03 –) gab in diesem Zusammenhang einem kirchlichen Friedhofsträger recht, der auf seinem Friedhof Vorschriften über die Grabgestaltung (Verbot des Aufstellens polierter spiegelnder Grabmale) erlassen hatte. Der Friedhofsbenutzer hatte zuvor unter Berufung auf seine Glaubensüberzeugung die Bestattung seiner Angehörigen auf einem nahe gelegenen kommunalen Friedhof abgelehnt. Wenn der Friedhofsbenutzer unter diesen Voraussetzungen die Bestattung auf dem konfessionellen Friedhof verlangt, ist ihm zuzumuten, sich in diejenigen Regelungen zu fügen, die dort als Ausfluss der gemeinsamen Glaubensüberzeugung getroffen sind.

Der weite Gestaltungsraum wird jedoch dann beschränkt, wenn der kirchliche Friedhof eine Monopolstellung einnimmt und somit der einzige Bestattungsort in der Gemeinde ist. In diesen Fällen gelten dieselben Maßstäbe wie für kommunale Friedhöfe, so dass eine Abteilung von Grabfeldern bereitzuhalten ist, für die lediglich allgemeine Gestaltungsvorschriften gelten (vgl. zur aktuellen Rechtsentwicklung *Brüning*, Kommunale Gestaltungsmöglichkeiten bei Friedhofssatzungen, WiVerw 2016 S. 37 ff.).

Die Begriffe „Grabstein" und „Grabmal" sind nicht deckungsgleich. Vielmehr handelt es sich beim Grabmal um einen Oberbegriff, bei dem Material, Form und Größe nicht festgelegt sind. Ein Grabmal kann demnach aus einem Grabstein bestehen, aber auch eine andere Gestaltung aufweisen. Diese Offenheit des Begriffs „Grabmal" lässt es auch ohne weiteres zu, ihn für mehrere nebeneinanderstehende Grabsteine auf einer Grabstätte zu verwenden, wenn sie eine gestalterische Einheit bilden (vgl. hierzu OVG Münster, Beschl. vom 15.6.2021 – 19 A 4386 / 18 –).

§ 21

Besondere Gestaltungsvorschriften

(1) Grabstätten und Grabmale in Grabfeldern mit besonderen Gestaltungsvorschriften müssen in ihrer Gestaltung und Bearbeitung nachstehenden Anforderungen entsprechen:

a) ...

b) ...

(2) Auf Grabstätten für Erdbestattung sind Grabmale mit folgenden Maßen zulässig:

a) Reihengrabstätten für Verstorbene bis zu fünf Jahren:
   1. Stehende Grabmale: Höhe m bis m, Breite bis m, Mindeststärke m.
   2. Liegende Grabmale: Breite bis m, Höchstlänge m, Mindeststärke 0 m.
b) Reihengrabstätten für Verstorbene über fünf Jahren:
   1. Stehende Grabmale: Höhe m bis m, Breite bis m, Mindeststärke m.
   2. Liegende Grabmale: Breite bis m, Höchstlänge m, Mindeststärke m.
c) Wahlgrabstätten
   1. Stehende Grabmale:
      a) bei einstelligen Wahlgräbern: Höhe m bis m, Breite bis m, Mindeststärke m;
      b) bei zwei- und mehrstelligen Wahlgräbern: Höhe bis m, Breite bis m, Mindeststärke m.
   2. Liegende Grabmale:
      a) bei einstelligen Wahlgräbern: Breite bis m, Länge m bis m, Höhe bis m,
      b) bei mehrstelligen Wahlgräbern: Breite bis m, Länge m bis m, Höhe bis m.

(3) Auf Urnengrabstätten sind Grabmale bis zu folgenden Größen zulässig: Urnenreihengrabstätten: ... Urnenwahlgrabstätten: ...

(4) Auf Gedenkstätten sind folgende Größen zulässig.....

(5) Grabfelder zum Ausbringen der Asche werden wie folgt gekennzeichnet....

(6) Der Friedhofsträger kann Ausnahmen von den Vorschriften der Absätze 1 bis ... und auch sonstige bauliche Anlagen zulassen, soweit er es unter Beachtung des § 20 für vertretbar hält.

§ 22
Errichten und Ändern von Grabmalen

(1) Die Errichtung und jede Veränderung von Grabmalen sind der Friedhofsverwaltung anzuzeigen mit der Erklärung, dass das Vorhaben der gültigen Friedhofssatzung entspricht.

(2) Der Anzeige sind beizufügen der Grabmalentwurf mit Grundriss und Seitenansicht im Maßstab 1: 10 unter Angabe des Materials und seiner Bearbeitung.

(3) Mit dem Vorhaben darf einen Monat nach Vorlage der vollständigen Anzeige begonnen werden, wenn seitens der Friedhofsverwaltung in dieser Zeit keine Bedenken wegen eines Verstoßes gegen die Friedhofssatzung geltend gemacht werden. Vor Ablauf des Monats darf begonnen werden, wenn die Friedhofsverwaltung schriftlich die Übereinstimmung mit der geltenden Friedhofssatzung bestätigt.

(4) Das Vorhaben ist erneut anzuzeigen, wenn das Grabmal oder die sonstige bauliche Anlage nicht binnen eines Jahres nach Einreichen der Anzeige errichtet bzw. geändert worden ist.

§ 23
Verbot von Grabmalen aus Kinderarbeit

(1) Grabmale und Grabeinfassungen aus Naturstein dürfen nur aufgestellt werden, wenn sie nachweislich ohne schlimmste Formen von Kinderarbeit im Sinne von Art. 3 des Übereinkommens Nr. 182 der Internationalen Arbeitsorganisation vom 17. Juni 1999 über das Verbot und unverzügliche Maßnahmen zur Beseitigung der schlimmsten Formen der Kinderarbeit hergestellt worden sind. Herstellung im Sinne dieses Artikels umfasst sämtliche Bearbeitungsschritte von der Gewinnung des Natursteins bis zum Endprodukt.

(2) Für die Nachweiserbringung gilt § 9 Abs. 2 und Abs. 3 Bestattungsgesetz Rheinland-Pfalz (BestG) in der jeweils gültigen Fassung.

§ 24
Standsicherheit der Grabmale

Die Grabmale sind ihrer Größe entsprechend nach den allgemeinen anerkannten Regeln des Handwerks zu fundamentieren und so zu befestigen, dass sie dauernd standsicher sind und auch beim Öffnen benachbarter Gräber nicht umstürzen oder sich senken können. Satz 1 gilt für sonstige bauliche Anlagen entsprechend.[9]

§ 25
Verkehrssicherungspflicht für Grabmale

(1) Die Grabmale und die sonstigen baulichen Anlagen sind dauernd in verkehrssicherem Zustand zu halten. Sie sind zu überprüfen oder überprüfen zu lassen, und zwar in der Regel jährlich/zweimal/im Frühjahr nach der Frostperiode und im Herbst. Verantwortlich dafür ist bei Reihengrabstätten, wer den Antrag auf Zuteilung der Grabstätte (§ 14) gestellt hat; bei Wahlgrabstätten der Nutzungsberechtigte.

(2) Scheint die Standsicherheit eines Grabmals, einer sonstigen baulichen Anlage oder von Teilen davon gefährdet, ist der für die Unterhaltung Verantwortliche (Abs. 1) verpflichtet, unverzüglich die erforderlichen Maßnahmen zu treffen.

(3) Bei Gefahr im Verzuge kann die Friedhofsverwaltung auf Kosten des Verantwortlichen Sicherungsmaßnahmen (z. B. Umlegen von Grabmalen) treffen. Wird der ordnungswidrige Zustand trotz schriftlicher Aufforderung der Friedhofsverwaltung nicht innerhalb einer festzusetzenden angemessenen Frist beseitigt, ist die Friedhofsverwaltung dazu auf Kosten des Verantwortlichen berechtigt. Sie kann das Grabmal oder Teile davon entfernen. Die Gemeinde/Stadt ist verpflichtet, diese Gegenstände drei Monate aufzubewahren. § 26 Abs. 2 Satz 4 gilt entsprechend. Ist der Verantwortliche nicht bekannt oder über das Einwohnermeldeamt nicht zu ermitteln, genügen als Aufforderung eine öffentliche Bekanntmachung und ein Hinweisschild auf der Grabstätte, das für die Dauer von einem Monat aufgestellt wird.

Anhang 1

Erläuterungen:

Verkehrssicherungspflicht für Grabmale

Ist der Friedhofsträger zum einen bereits unter den Gesichtspunkten der Verkehrssicherungspflicht gehalten, die Standfestigkeit von Grabmalen regelmäßig zu prüfen und ist dieser zum anderen nach der Friedhofssatzung unter den entsprechenden Voraussetzungen befugt, ein nicht standsicheres Grabmal umzulegen und sogar zu entfernen, so folgt daraus, auch die Befugnis zur Standsicherheitsprüfung in den Grenzen der Verhältnismäßigkeit durchzuführen. Diese Befugnis erstreckt sich nicht auch auf die Durchführung einer sog. Rüttelprobe, da nach den von der Friedhofssatzung in Bezug genommenen allgemein anerkannten Regeln des Handwerks davon auszugehen ist, dass eine Druckprobe ausreicht, um die Standsicherheit zu beurteilen. Die Druckprobe muss nicht mit einem Prüfgerät, sondern darf auch per Hand erfolgen. Der Friedhofsträger hat zu gewährleisten, dass auch bei einer Druckprobe per Hand die allgemeinen anerkannten Anforderungen, z. B. an Druckstärke und Druckdauer, eingehalten werden und eine Beschädigung der Grabmale durch die Prüfung selbst ausgeschlossen wird, d. h. insbesondere keine sog. Rüttelprobe erfolgt (vgl. VG Saarland, Beschl. vom 13.6.2008 – 11 L 418 / 08 –).

Ähnliches gilt, wenn die Grabbenutzungszeit abgelaufen ist und der ursprünglich Berechtigte trotz Aufforderung den Grabstein nicht beseitigt. In größeren Gemeinden mit mehreren Friedhöfen sollten die zuständigen Dienststellen einen Organisationsplan aufstellen, der sämtliche Anlagen der Gemeinde erfasst und verbindlich regelt, welche Ämter und Personen für die Unterhaltung und die Überwachung der Verkehrssicherheit verantwortlich sind.

Allgemeine Verkehrssicherungspflicht

Dem Friedhofsträger bzw. der Friedhofsverwaltung obliegt die Verpflichtung, die „Verkehrssicherheit" auf dem Friedhof herzustellen und dafür zu sorgen, dass die Besucher bei Beachtung der Benutzungsordnung nicht gefährdet oder geschädigt werden. Diese sog. Verkehrssicherungspflicht erstreckt sich nicht nur auf Hauptwege, sondern auch auf die Seiten- und Nebenwege, die Grabpfade sowie alle übrigen Zugänge zu den Gräbern. Um die Verkehrssicherheit des Friedhofs zu erhalten, muss der Anstaltsträger laufend den Friedhof und seine Einrichtungen darauf überwachen und etwa auftretende Mängel und Schäden rechtzeitig beseitigen. Er muss z. B. darauf achten, dass sich die Wege in einem verkehrssicheren Zustand befinden (Beseitigung von Unebenheiten wie Baumwurzeln etc.) und falls eine Gefahr hiermit verbunden ist, die Wege absperren. Die Grenzen der Leistungspflicht bestehen dort, wo der zur Erfüllung der Verkehrssicherungspflicht notwendige Aufwand in keinem Verhältnis zu dem zu erreichenden Erfolg steht. Es können daher auch nur solche Maßnahmen verlangt werden, die zumutbar sind. Eine Beleuchtung des Friedhofsgrundstücks kann nicht generell gefordert werden, da die Benutzungszeiten sich in aller Regel auf die Tagesstunden beschränken. Die Notwendigkeit könnte sich im Umkehrschluss ergeben, wenn die Friedhofskapelle z. B. bei Dunkelheit jedoch regelmäßig als Gebetsstätte für Gottesdienste benutzt wird. Zur Verpflichtung, Friedhofsbesucher vor Schäden zu schützen, gehört natürlich auch die laufende Kontrolle des Baumbestandes und der baulichen Anlagen des Friedhofes. Grundsätzlich genügt die Sichtkontrolle, verdächtiges Astwerk muss jedoch eingehend untersucht werden (OLG Hamm, Urt. vom 14.7.1987 – 9 U 295 / 86 –). Zum Umfang der Verkehrssicherungspflicht gehört auch die Instandhaltung von aufgestellten „Ruhebänken".

Sind Bänke unter Bäumen aufgestellt, so ist der Überwachung des Baumbestandes besondere Sorgfalt zu widmen. Unabhängig von der regelmäßigen Prüfung der Standsicherheit von Grabmalen kann sich der Anstaltsträger bei der Neuaufstellung von Grabsteinen darauf verlassen, dass der jeweilige Gewerbetreibende ordnungsgemäß arbeitet. Das gilt auch für eine etwaige Haftung des Nutzungsberechtigten. Die Streupflicht bei Schnee- und Eisglätte hängt von den örtlichen Verhältnissen ab. Die Hauptwege sind grundsätzlich zu streuen. Ähnliches ergibt sich auch aus einer Entscheidung des OLG München (Beschl. vom 4.11.2011 – 1 U 3221 / 11 –). Der Verkehrssicherungspflichtige muss auf Friedhöfen im Winter zumindest die Hauptwege streuen und sicherstellen, dass den Friedhofsbesuchern ein sicherer Zugang zu den Grabstätten gewährt wird. Dagegen ist der Bereich zu den Entsorgungsbehältern nicht streupflichtig; eine Verpflichtung zu deren Benutzung besteht nicht. Einen Friedhofsbesucher trifft daher ein Alleinverschulden an einem Sturz im Bereich um einen Entsorgungsbehälter, wenn er erkennen konnte, dass dieser Bereich im Gegensatz zu den Gehwegen nicht gestreut war (siehe auch Muster für eine mögliche Dienstanweisung zur Überwachung der Verkehrssicherungspflicht auf Friedhöfen).

§ 26
Entfernen von Grabmalen

(1) Vor Ablauf der Ruhezeit oder der Nutzungszeit dürfen Grabmale nur mit vorheriger Zustimmung des Friedhofsträgers entfernt werden.

(2) Nach Ablauf der Ruhezeit bei Reihengrabstätten, nach Ablauf der Nutzungszeit bei Wahlgrabstätten oder nach der Entziehung von Grabstätten und Nutzungsrechten werden die Grabmale und sonstigen baulichen Anlagen innerhalb einer Frist von drei Monaten vom Friedhofsträger oder seinem Beauftragten entfernt. Auf Antrag kann die Abräumung vom Verpflichteten selbst vorgenommen werden. Auf den Ablauf der Ruhezeit bzw. der Nutzungszeit wird durch öffentliche Bekanntmachung hingewiesen. Für das Abräumen der Grabstellen erhebt der Friedhofsträger bereits bei der Vergabe der Grabstätte eine Gebühr nach der geltenden Friedhofsgebührensatzung. Lässt der Verpflichtete das Grabmal und die sonstigen baulichen Anlagen nicht binnen drei Monaten abholen, geht es/gehen sie entschädigungslos in das Eigentum der Gemeinde/Stadt über, wenn dieses bei Erwerb des Nutzungsrechts oder bei der Genehmigung für die Errichtung des Grabmales oder sonstiger baulicher Anlagen schriftlich vereinbart wurde. Sofern Grabstätten vom Verpflichteten selbst abgeräumt werden, wird die Abräumgebühr nach ordnungsgemäßer Abräumung erstattet.

6.
HERRICHTEN UND PFLEGE DER GRABSTÄTTEN

§ 27
Herrichten und Instandhalten der Grabstätten

(1) Alle Grabstätten müssen im Rahmen der Vorschriften der §§ 20, 21 hergerichtet und dauernd instandgehalten werden. Dies gilt entsprechend für den Grabschmuck. Verwelkte Blumen und Kränze sind unverzüglich von den Grabstätten zu entfernen.

(2) Für die Herrichtung und die Instandhaltung ist bei Reihengrabstätten der Inhaber der Grabzuweisung (Verantwortlicher gemäß § 13 BestG), bei Wahlgrabstätten der Nutzungsberechtigte verantwortlich.

(3) Die für die Grabstätten Verantwortlichen können die Grabstätten selbst anlegen und pflegen oder damit einen Friedhofsgärtner beauftragen.

(4) Reihengrabstätten müssen innerhalb sechs Monaten nach der Bestattung, Wahlgrabstätten innerhalb von sechs Monaten nach der Verleihung des Nutzungsrechtes hergerichtet werden.

(5) Die Herrichtung, Unterhaltung und Veränderung der gärtnerischen Anlagen außerhalb der Grabstätten obliegen ausschließlich der Friedhofsverwaltung.

(6) Die Verwendung von Pflanzenschutz- und Unkrautbekämpfungsmitteln ist nicht gestattet.

Erläuterungen:

Grabstätten müssen dauerhaft instandgehalten werden. Dies gilt auch für Grabschmuck. Es handelt sich hierbei um das Gegenstück zum Nutzungsrecht. Die dem Nutzungsberechtigten obliegende Pflicht zur Grabpflege kann durch Vertrag auf den Friedhofsträger oder Dritte übertragen werden. Gelegentlich kommt es zum Streit darüber, ob auch nicht nutzungsberechtigte Personen sich mit der Grabpflege befassen dürfen, so z. B. die geschiedene Ehefrau des Verstorbenen. Maßgeblich ist hier der mutmaßliche Wille des Verstorbenen. Hatte der Verstorbene keinen letzten Willen in Bezug auf die Totenfürsorge geäußert, so steht das Grabpflegerecht den nächsten Angehörigen zu, so z. B. dem überlebenden Ehegatten im Verhältnis zur Mutter des Verstorbenen (AG Grevenbroich, NJW 1998 S. 2063). Das Eigentum am Grabschmuck (Blumen, Pflanzen, Gewächs) kann als wesentlicher Bestandteil des Bestattungsplatzes im Eigentum des Grundstückseigentümers, d. h. i. d. R. des Friedhofsträgers (§ 94 BGB), stehen. Werden allerdings bei der Beerdigung Blumen, Kränze und Gestecke niedergelegt, so bleibt der Niederlegende einstweilen Eigentümer, bis der Grabschmuck von berechtigten Personen (z. B. dem Friedhofsverwalter) entfernt wird. Auch die ins Grab mitgegebenen Sachen bleiben im Eigentum des Gebers. Verletzungen führen zu einer Ordnungswidrigkeit.

§ 28
Vernachlässigte Grabstätten

(1) Wird eine Grabstätte nicht ordnungsgemäß hergerichtet oder bepflanzt, hat der Verantwortliche auf schriftliche Aufforderung der Friedhofsverwaltung die Grabstätte innerhalb einer jeweils festzusetzenden angemessenen Frist in Ordnung zu bringen. Kommt er dieser Verpflichtung nicht nach, kann die Friedhofsverwaltung die Grabstätte nach ihrem Ermessen auf seine Kosten herrichten lassen oder vorzeitig einebnen.

(2) Ist der Verantwortliche nicht bekannt oder in angemessener Frist nicht zu ermitteln, genügt für die Durchführung der Maßnahme nach Absatz 1 eine öffentliche Bekanntmachung und ein Hinweis auf der Grabstätte.

Erläuterungen:

Das Nutzungsrecht an einer Grabstätte kann insbesondere bei nicht ordnungsgemäßer Grabpflege durch den Friedhofsträger entzogen werden; das Grab wird dann eingeebnet. Dieser Fall tritt ein, wenn die für die Grabpflege verantwortlichen Angehörigen die Grabstelle trotz Aufforderung nicht in einen friedhofswürdigen Zustand zurückversetzen. Die betroffenen Grabstellen können amtlich bekannt gemacht werden.

In diesem Zusammenhang hat sich der VGH München (Urteil vom 3.3.2023 – 4 B 22.819 –) mit der Frage der Eigentumsverhältnisse an den Grabsteinen beschäftigt. Eine Satzungsbestimmung, so die Richter, wonach Grabsteine, die nach der Beendigung des Grabnutzungsrechts nicht entfernt werden, nach Ablauf einer Frist von zwei Monaten entschädigungslos in die „Verfügungsgewalt" des Friedhofsträgers fallen, nicht gegen die Eigentumsgarantie verstoße.

Pfändung von Grabsteinen

Grabsteine haben einen nicht unerheblichen Wert. Daher sind sie für Gläubiger des Verstorbenen und Erben als Zugriffsobjekt von Bedeutung. Als sog. „Scheinbestandteile" (vgl. § 95 Abs. 1 BGB) unterliegen sie den Regeln der Mobiliarpfändung, so dass ggf. der Gerichtsvollzieher für die Pfändung zuständig ist. Allerdings befindet sich der Grabstein im Gewahrsam der Friedhofsverwaltung, so dass es ihrer Zustimmung bedarf (§§ 808, 809 ZPO). Vgl. zur eigentumsrechtlichen Einstufung von Grabmalen auch VG Gießen, Urt. vom 1.8.2013 – 8 K 4599 / 11. GI –).

Umstritten ist, ob und inwieweit bei Grabsteinen ein Pfändungsschutz in Betracht kommt. Unpfändbar sind nach § 811 Nr. 13 ZPO die zur unmittelbaren Verwendung für die Bestattung bestimmten Gegenstände (z. B. Sarg, Leichenhemd etc.). Nach einer Meinung erfasst diese Vorschrift auch Grabsteine (LG Verden, DGVZ 1990 S. 31). Eine vermittelnde Auffassung lässt aus Pietätsgründen nur eine Pfändung zugunsten von Lieferanten bzw. des Steinmetzes wegen seines Werklohnanspruchs zu (LG Braunschweig, NJW-RR 2001 S. 715; AG Miesbach, MDR 1983 S. 499). Die wohl h. M. verneint den Pfändungsschutz und hält in Härtefällen allenfalls einen Vollstreckungsschutz nach § 765a ZPO für möglich (so z. B. LG Wiesbaden, NJW-RR 1989 S. 575; LG Koblenz, DGVZ 1998 S. 11). Für diese „strenge Auffassung" spricht der Wortlaut des § 811 Nr. 13 ZPO, der nur die „unmittelbar" der Bestattung dienenden Gegenstände von der Vollstreckung ausnimmt. Allein Pietätsgründe haben im Recht der Zwangsvollstreckung keinen ausreichenden Niederschlag gefunden und können nicht zur Erweiterung des § 811 Nr. 13 ZPO mit der Folge der Gläubigerbenachteiligung führen. Solche (Pietäts-)Überlegungen müssen jedenfalls dann zurückstehen, wenn der Gläubiger auch einen Herausgabeanspruch aus (vorbehaltenem) Eigentum geltend machen könnte (LG Kassel, Beschl. vom 9.5.2006 – 3 T 699 / 04 –; BGH, Beschl. vom 20.12.2005, NJW-RR 2006 S. 570).

7.
LEICHENHALLE

§ 29
Benutzen der Leichenhalle

(1) Die Leichenhalle dient der Aufnahme der Leichen bis zur Bestattung. Sie darf nur mit Erlaubnis der Friedhofsverwaltung betreten werden. Die Friedhofsverwaltung kann hierfür bestimmte Zeiten festlegen, wobei in besonderen Fällen (z. B. Unfalltod) Ausnahmen möglich sind.

(2) Die Särge sind spätestens eine halbe Stunde vor Beginn der Trauerfeier oder der Beisetzung endgültig zu schließen.

(3) Die Särge der an einer nach seuchenrechtlichen Bestimmungen meldepflichtigen Krankheit Verstorbenen sollen in einem besonderen Raum der Leichenhalle aufgestellt werden. Der Zutritt zu diesen Räumen und die Besichtigung der Leichen bedürfen zusätzlich der vorherigen Zustimmung des Amtsarztes.

(4) Sofern die baulichen Voraussetzungen vorliegen, können unter Einhaltung geeigneter hygienischer Schutzmaßnahmen rituelle Waschungen durchgeführt werden.

Erläuterungen:

Für die öffentlichen Leichenhallen ist die Zulässigkeit eines Benutzungszwangs nur mit Einschränkungen vertretbar; insbesondere sind zumindest Ausnahmen für die Fälle vorzusehen, in denen andere geeignete Räume vorhanden sind. Es verstößt daher gegen grundrechtliche Freiheitsrechte und wäre ein unverhältnismäßiger Eingriff in die Berufsfreiheit, gewerbliche Bestattungsunternehmen von der Aufbahrung von Leichen in eigenen Leichenräumen völlig auszuschließen (vgl. hierzu VGH München, NVwZ-RR 2006 S. 417; BayVerfGH, NVwZ-RR 2005 S. 757). In verfassungskonformer Auslegung hat das OVG Hamburg (GewA 2006 S. 382) in einem Fall den Anspruch eines privaten Beerdigungsunternehmers auf die Erteilung einer Ausnahmegenehmigung für die Aufbewahrung Verstorbener in einem privaten Leichenaufbewahrungsraum bejaht.

Ein Benutzungszwang für kommunale Trauerhallen und Friedhofskapellen dürfte schon deshalb nicht gerechtfertigt sein, weil private Bestattungsunternehmen derartige Einrichtungen außerhalb des Friedhofs in gleicher Weise anbieten bzw. anbieten können.

8.
SCHLUSSVORSCHRIFTEN

§ 30
Alte Rechte

(1) Bei Grabstätten, die bei Inkrafttreten dieser Satzung bereits zugeteilt oder erworben sind, richten sich Ruhezeit, Gestaltung und Entfernen der Grabmale nach den bisherigen Vorschriften.

(2) Die vor dem Inkrafttreten dieser Satzung entstandenen Nutzungsrechte von unbegrenzter oder unbestimmter Dauer oder von mehr als... Jahren werden auf... Nutzungszeit(en) nach § 16 Abs. 1 oder § 17 Abs. 4 dieser Satzung seit Verleihung begrenzt. Sie enden jedoch nicht vor Ablauf eines Jahres nach Inkrafttreten dieser Satzung und der Ruhezeit der zuletzt beigesetzten Leiche oder Asche.

(3) Im Übrigen gilt diese Satzung.

Erläuterungen:

Rechtsverhältnisse an alten Grabrechten sind im Regefalle öffentlich-rechtlicher Natur. Wie ein Friedhofsträger das Recht hat, Voraussetzungen und Umfang der Benutzung des Friedhofs zu bestimmen, so ist er kraft seiner Autonomie auch berechtigt, die Benutzungsbedingungen zu ändern, wenn und soweit die Verwirklichung des Anstaltszwecks derartige Änderungen erfordert. Nutzungsrechte sind keine unabänderlichen Rechte und gewähren keinen Rechtsanspruch auf unverminderten Fortbestand, sondern können grundsätzlich durch Änderung der Friedhofsordnung einer neuen abweichenden Regelung unterworfen werden. Dies gilt vor allem dann, wenn die Grabstellen zu einer Zeit vergeben worden sind, wo eine Friedhofsordnung überhaupt noch nicht bestand und wo eine zeitliche Begrenzung unterblieben ist, wo also der Anstaltsträger von seiner Befugnis, die Benutzungsbedingungen festzusetzen, noch keinen Gebrauch gemacht hat. Eine nachträgliche Begrenzung des Nutzungsrechts verstößt weder gegen Treu und Glauben, da sich der Erwerber bei dessen Verleihung der Anstaltsordnung unterworfen hat. Die zeitliche Begrenzung älterer Dauerrechte durch eine neue Friedhofsordnung stellt keine Enteignung dar. Die nachträgliche zeitliche Begrenzung des Nutzungsrechts ist eine zulässige Inhalts- und Schrankenbestimmung des Eigentums (vgl. BVerwG, DÖV 1974 S. 390, BVerwG, Beschl. vom 3.10.1977 – VII B 116 / 77 –).

§ 31
Haftung

Die Gemeinde/Stadt haftet nicht für Schäden, die durch satzungswidrige Benutzung des Friedhofs sowie seiner Anlagen und Einrichtungen durch dritte Personen oder durch Tiere entstehen.

§ 32
Ordnungswidrigkeiten

(1) Ordnungswidrig handelt, wer vorsätzlich oder fahrlässig

1. den Friedhof entgegen der Bestimmungen des § 4 betritt,
2. sich auf dem Friedhof nicht der Würde des Ortes entsprechend verhält oder die Anordnungen des Friedhofspersonals nicht befolgt (§ 5 Abs. 1),
3. gegen die Bestimmungen des § 5 Abs. 3 Satz 1 verstößt,
4. eine gewerbliche Tätigkeit auf dem Friedhof ohne Zulassung ausübt (§ 6 Abs. 1),
5. Umbettungen/Ausgrabungen entgegen § 12 Abs. 2 vornimmt,
6. die Bestimmungen über zulässige Maße für Grabmale nicht einhält (§ 21),
7. als Verfügungsberechtigter, Nutzungsberechtigter oder Gewerbetreibender Grabmale oder sonstige Grabausstattungen ohne Zustimmung errichtet oder verändert (§ 22 Abs. 1 und 3,4),
8. Grabmale ohne Zustimmung der Friedhofsverwaltung entfernt (§ 26 Abs. 1),
9. Grabmale und Grabausstattungen nicht in verkehrssicherem Zustand hält (§§ 25, 27 und 28),
10. Pflanzenschutz- und Unkrautbekämpfungsmittel verwendet (§ 27 Abs. 6),
11. Grabstätten entgegen § 21 gestaltet oder bepflanzt,
12. Grabstätten vernachlässigt (§ 28),
13. die Leichenhalle entgegen § 29 Abs. 1 und Abs. 3 Satz 2 betritt.

(2) Die Ordnungswidrigkeit kann mit einer Geldbuße bis zu 1.000,-- EUR geahndet werden. Das Gesetz über Ordnungswidrigkeiten (OWiG) vom 24.5.1968 (BGBl. I S. 481) in der jeweils geltenden Fassung findet Anwendung.

§ 33
Gebühren

Für die Benutzung der von der Gemeinde/Stadt verwalteten Friedhöfe und ihrer Einrichtungen sowie das Ausstreuen der Asche auf öffentlichen Flächen außerhalb der Friedhöfe sind die Gebühren nach der jeweils geltenden Friedhofsgebührensatzung/Haushaltssatzung zu entrichten.

§ 34
Inkrafttreten

Diese Satzung tritt am Tage nach ihrer Veröffentlichung in Kraft. Gleichzeitig treten die Friedhofssatzung vom ... und alle übrigen entgegenstehenden ortsrechtlichen Vorschriften außer Kraft.

Anmerkungen

1) Hier können auch Regelungen getroffen werden, die eine namentliche Kennzeichnung am Rande des Grabfeldes zulassen (sog. halbanonyme Grabstätten).
2) Die Nutzungszeit muss wesentlich länger bemessen sein als die Ruhezeit, um dem Wesen des Wahlgrabes zu entsprechen (BVerwG, Urteil vom 8.3.1974 – VII c 73.72 –; VGH Kassel, Beschl. vom 4.10.2005 – 8 TG 491 / 05 –).
3) Der Friedhofsträger regelt in § 17, welche Grabformen er auf dem Friedhof anbietet. Die Aufzählung ist nicht abschließend.
4) Die Ruhezeit kann in § 11 differenziert geregelt werden unter Einhaltung der Mindestruhezeit.
5) Dies sind Grabstätten, in denen der Friedhofsträger oder ein von ihm Beauftragter Grabpflegeleistungen anbietet (z. B. Memoriengärten ö. Ä.).

6) Als „Heimtier“ wird ein Tier einer Art bezeichnet, das normalerweise von Menschen zu anderen als zu landwirtschaftlichen Nutzzwecken gefüttert und gehalten, jedoch nicht verzehrt wird (VO EG Nr. 1069 / 2009, Art. 3 32009R1069).

7) Dem Pietätsgedanken soll in besonderem Maße Rechnung getragen werden.

8) Auf konkrete Vorgaben hinsichtlich der besonderen Gestaltung wurde bewusst verzichtet. Hier legt der Friedhofsträger fest, wie die Grabstätten in den Grabfeldern nach dem Angebot vor Ort im Einzelnen zu gestalten sind, z. B. Größe, Rasen, Grabeinfassungen, Grabplatten, Ausrichtung, Gedenktafeln, Schmuck und Blumen, Materialien etc. Die Gestaltungsfreiheit einschränkende Regelungen setzen das Vorhalten von Grabfeldern mit allgemeinen Gestaltungsvorschriften voraus (sog. Zweifelderwirtschaft).

9) Allgemein anerkannte Regeln des Handwerks sind z. B. die TA-Grabmal oder die Richtlinie des Bundesinnungsverbandes des Deutschen Steinmetz-, Stein und Holzbildhauerhandwerks für das Fundamentieren und Versetzen von Grabdenkmälern in der jeweils geltenden Fassung.

Anhang 2

Muster einer Dienstanweisung zur Kontrolle der Verkehrssicherheit auf kommunalen Friedhöfen

1. Allgemeines

1.1 Der Friedhof ist ständig in einem würdigen, seinem Charakter entsprechenden Zustand zu erhalten. Das verantwortliche Friedhofspersonal hat insbesondere für die Sauberkeit und Ordnungsmäßigkeit des Friedhofs, der Friedhofswege, des allgemeinen Baum- und Pflanzenschmuckes und der in allgemeiner Benutzung stehenden Friedhofseinrichtungen zu sorgen.

1.2 Alle Teile des Friedhofs (Wege, Einrichtungen, Ruhebänke usw.) müssen während der Öffnungszeiten verkehrssicher sein und von Benutzern und Besuchern gefahrlos benutzt werden können, soweit diese Teile zur Benutzung freigegeben sind.

1.3 Zuständig für die Erhaltung der Verkehrssicherungspflicht ist das Grünflächenamt/Bauamt.

2. Friedhofswege

2.1 Friedhofszugänge, dem allgemeinen Verkehr dienende Haupt- und Nebenwege, Grabpfade sowie Einfassungen und Begrenzungen von Wegen sind in regelmäßigen Zeitabständen auf Schäden und Mängel laufend zu kontrollieren.

2.2 Die Häufigkeit der Kontrollen richtet sich insbesondere nach dem äußeren Zustand und nach der Frequentierung durch Benutzer und Besucher. Sie sind jedoch mindestens einmal im Monat vorzunehmen.

2.3 Anlässlich der Kontrollgänge ist sorgfältig darauf zu achten, dass alle Mängel, die die Sicherheit von Benutzern und Besuchern gefährden könnten, erfasst werden. Dabei ist insbesondere auf starke Verschmutzungen durch Lehm, größere Vertiefungen, Unebenheiten (besonders an Pflaster und Platten) sowie Stolperstellen infolge überstehender Baumwurzeln zu achten.

2.4 Die Kontrollen werden durch den Friedhofswärter /... ausgeführt. Er führt ein Kontrollbuch, in das er alle Kontrollen sowie die dabei festgestellten Mängel unter Angabe des Datums einträgt. Kleinere Mängel hat er selbst zu beseitigen; im Übrigen veranlasst er die schnellstmögliche Beseitigung durch... Bei Gefahr im Verzuge hat er die Gefahrenstelle durch Absperreinrichtungen bzw. Hinweisschilder zu sichern.

2.5 Darüber hinaus ist sicherzustellen, dass auch im Winter grundsätzlich alle Hauptwege des Friedhofs, vor allem an Tagen mit starkem Besucheraufkommen (z. B. Begräbnisse, Totengedenktage) verkehrssicher sind. Für Nebenwege mit geringfügigem Verkehr und Grabpfade besteht dagegen grundsätzlich keine Streupflicht. Findet jedoch ein Begräbnis statt, müssen auch die zur Begräbnisstätte führenden Nebenwege, die Zugänge zur Friedhofskapelle sowie die Zugangswege zur Leichenhalle sicher begehbar sein. Die Abstreuung eines dem normalen Verkehrsbedürfnis entsprechenden breiten Streifens ist ausreichend.

2.6 Die Streupflicht obliegt dem Friedhofswärter /... Er führt auch das Streubuch.

3. Bäume

3.1 Sämtliche auf dem Friedhofsgelände befindlichen Bäume sind einer eingehenden Sichtkontrolle, d. h. einer äußeren Gesundheits- und Zustandsprüfung zu unterziehen.

3.2 Die Kontrolle erfolgt zweimal im Jahr, und zwar im Frühjahr und im Herbst, durch die Stadtgärtnerei /... Über die regelmäßigen Besichtigungen und Kontrollen sowie die dabei festgestellten Mängel ist eine Niederschrift zu fertigen. Hierbei ist das „Kontrollblatt zur Überwachung von Straßenbäumen" zu verwenden.

3.3 Bäume und deren Teile müssen entfernt werden, wenn sie Benutzer und Besucher gefährden, nicht mehr standsicher sind oder herabzustürzen drohen. Bei den regelmäßigen Überprüfungen ist auch der Stammfuß eines Baumes bis zum Erdboden genau zu besichtigen. Dazu müssen nötigenfalls Unkraut, Gras und ähnliche Sichtbehinderungen zurückgedrängt oder entfernt werden.

3.4 Außer den regelmäßigen Überprüfungen sind eingehende Untersuchungen der Bäume, z. B. Abklopfen, Bohrungen, jeweils dann erforderlich, wenn Anzeichen für eine Erkrankung vorhanden sind – beispielsweise trockenes Laub, dürre Äste, äußere Verletzungen – oder andere besondere Umstände – z. B. starke Stürme und Unwetter – dies angezeigt erscheinen lassen.

4. Grabmale

4.1 An Grabmalen sind im Rahmen der Verkehrssicherungspflicht Standfestigkeitskontrollen durchzuführen.

4.2 Durch Presseveröffentlichung ist jeweils rechtzeitig vor Beginn der Standfestigkeitskontrollen darauf hinzuweisen. Dabei ist auch auf die Verpflichtung der Nutzungsberechtigten hinzuweisen, Grabzeichen stets standsicher zu halten.

4.3 Die Kontrollen obliegen dem... Sie sind einmal jährlich nach Ablauf der winterlichen Frostperiode so rechtzeitig durchzuführen, dass sie vor den Osterferien abgeschlossen sind. Über die Durchführung der Kontrolle ist eine Niederschrift anzufertigen.

4.4 Ein Grabmal gilt dann als standfest, wenn es lotrecht steht und bei nachfolgend beschriebenem Vorgehen keinerlei Neigung, Schwankungen, Lockerungen oder sonstige Standsicherheitsmängel aufweist.

4.5 Das zu überprüfende Grabmal ist zunächst behutsam mit einer Hand zu rütteln; ergeben sich keine Beanstandungen wegen der Standfestigkeit, ist das gleiche durch kräftiges Rütteln zu wiederholen. Einzelne Baumteile und Aufbauten sind auf die gleiche Art und Weise zu überprüfen.

4.6 Ergeben sich an einem Grabmal Beanstandungen, so ist dies in einer Niederschrift zu vermerken. Das Grabmal ist mit einem Aufkleber zu kennzeichnen. Grabmale, die umzustürzen drohen (Gefahr im Verzuge), sind umzulegen. Kann ein Grabmal, z. B. wegen seiner Größe oder seines Gewichtes, nicht umgelegt werden, so ist der durch den Umsturz gefährdete Bereich sofort durch Absperrschranken oder Absperrband abzusperren.

4.7 Bei Reihen- und bei Wahlgräbern ist der Nutzungsberechtigte der Grabstätte schriftlich auf das nicht mehr standfeste Grabmal hinzuweisen und unter Angabe der Beanstandung aufzufordern, binnen angemessener Frist die Standfestigkeit fachmännisch wieder herzustellen. Bei Reihen- und bei Wahlgräbern, deren Nutzungsberechtigte nicht ohne weiteres zu ermitteln sind, erfolgt der Hinweis durch öffentliche Bekanntmachung. Falls der Nutzungsberechtigte bei Gefahr im Verzuge nicht oder nicht unverzüglich herangezogen werden kann, ist sofort ein Steinmetz mit der Beseitigung der Gefahr zu beauftragen. Der Nutzungsberechtigte ist hierüber nachträglich schriftlich in Kenntnis zu setzen und auf seine Kostenersatzpflicht hinzuweisen.

5. Bauliche Anlagen

5.1 Alle festen baulichen Anlagen (Gebäude, Friedhofsmauern) sind einer regelmäßigen Kontrolle, mindestens einmal jährlich, auf ihren ordnungsgemäßen und funktionsgerechten Zustand hin zu unterziehen. Darüber hinaus sind nach Unwettern zusätzliche Kontrollen durchzuführen. Der Leiter des Bauamtes /... gibt in solchen Fällen entsprechende Anweisungen.

5.2 Alle beweglichen Anlagen, insbesondere Tore, sind mindestens einmal monatlich zu kontrollieren. Über alle Kontrollen ist eine Niederschrift zu fertigen.

5.3 Sofern von einer baulichen Anlage eine Gefährdung für Benutzer und Besucher ausgeht, sind unverzüglich die erforderlichen Maßnahmen zur Beseitigung der Gefährdung vorzunehmen. Bei einer unmittelbaren Gefahr ist die Gefahrenquelle durch Absperreinrichtungen und Hinweisschilder zu sichern.

Stichwortverzeichnis

Die Zahlen verweisen auf die Seiten des Beitrags.

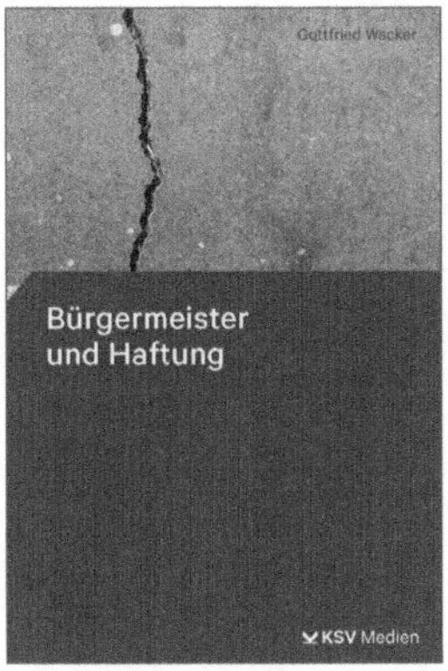

Ritgen

Wehrhafte(re) Kommunen

Darstellung, 2. Auflage 2025,
Softcover, 158 Seiten, 20 €,
ISBN 978-3-8293-2076-4

Wacker

Bürgermeister und Haftung

2026, Softcover,
146 Seiten, 25 €,
ISBN 978-3-8293-1743-6

Latsch

Bürgermeister und Krisenkommunikation

2. Auflage 2025,
Softcover, 278 Seiten, 20 €,
ISBN 978-3-8293-2047-4

Krupop

Das Einmaleins des Beamtenlebens

2024, Softcover,
132 Seiten, 20 €,
ISBN 978-3-8293-1887-7

Schneider

Stadt | Staat | Strategie

2021, Kartenset,
10 €,
ISBN 978-3-8293-1742-9

Patze-Diordiychuk | Renner | Hadamitzky

Leitlinien für Bürgerbeteiligung

2025, Softcover,
200 Seiten, 20 €,
ISBN 978-3-8293-1896-9

www.ksv-medien.de